U0574669

述而作

老子章句 淺釋

劉瑞符◎原著

何曉岩◎校訂

社會科學文獻出版社
SOCIAL SCIENCES ACADEMIC PRESS (CHINA)

老子章句淺釋

劉瑞符著

自　序

　　余喜讀《老子》一書，旁及各家註解與專論老子思想之文，隨讀隨記，以資備忘。前歲拙編《讀史兵略評釋》一書脫稿，並承中國文化大學出版部刊行，得有餘暇，乃將歷年所讀有關《老子》之筆記，加以整理，間以己見，以成此書。名之為淺釋者，以余非老學專家，所知者淺，所註者文，以待高明先進之教正耳。

　　《老子》一書之版本甚多，文有小異，且書中有誤字及錯簡者，涉及文義，註者緣以為解，或背經文之義，謹據先儒近賢之考訂，先正經文，然後註解；而對於各家之註解及愚見所及，皆有論述，以申究經文之真義，期無悖乎老氏之旨。

　　《老子》內容，可概括為兩大項：一為講自然之道者，一為講人如何法此自然之道，以為治身、用兵、經國之用。明乎前者，則後者自易瞭然。故讀《老子》，當先讀廿五章、廿一章、四十二章、六章、卅四章、十四章、四章、一章、五十一章、廿六章、七十六章、七十八章、八章，則可瞭然於自然之道矣。本書所附

《淺述老子思想》一文，其中二、三、四項，即係根據以上各章所撰述者，對於認識自然之道及其可以為法之義，當能有所助益也。

劉瑞符

一九八二年十二月一日

序

老子是道家學派的創始人，而道家又是中國傳統文化和傳統哲學中，與儒家學派雙峰並峙、雙流競注和半分天下的重要思想文化資源。在佛教傳入中國以前，中國人的理論思維、生存智慧和思想觀念及行為方式等，基本上都是從儒道兩家的思想中汲取營養和得到訓練的，並由此形成了潛在於中國人的精神成長史中的文化胚胎或文化基因。因此，在當今人類面對生態、社會、道德、人性、價值等多方面嚴重危機的時代，重讀《老子》及儒道兩家的經典，會對我們今天的世界、社會及人生有所警示和啟迪。

正如一位西方學者所說，"地球這顆宇宙行星，被四個既相關聯又不受控制的動力所推動：科學、技術、工業與資本主義（利潤）"。這四大動力在經過自工業文明以來不到三百年的時間裏，其所創造的物質財富的總和，已大大超過了人類自產生以來到工業文明誕生的近三百萬年所創造的物質財富的總和。在歷史的演進中，這四大動力在為人類創造了無限福祉的同時，也創造了一個人類迄今為止最大的"產品"——欲望。

近三百年的工業文明，在"知識就是力量"、"知識就是權力"、"天人二分"以及"人定勝天"的堪天思想和弱肉強食的社會達爾文主義等理論和口號的指導下，工具理性急劇膨脹，"利益最大化"成為社會經濟發展的唯一指標，並堂而皇之地成為人們公開吹捧的基本理論和基本信條，它甚至超越了經濟領域，一躍而為社會人生的價值追求和實現各種欲望滿足的基本動力。從某種意義上說，"工業文明實質上就是一架創造欲望的發動機"。而欲望沒有止境，人類的欲望永遠沒有辦法完全滿足，它所導致的祇能是當下的人的人欲橫流。這種幾近失控的創造欲望工具，排除了人類自身精神文明的需要，不但無法使人感受到幸福，反而却在更大程度上，把人類真正的生活空間及合理的欲望滿足和合理的物質需求，壓縮到與"利益最大化"完全相反的方向，遂使得社會生活的各個領域都"越來越多地受制於算計，受制於攫取利益的技巧"。而老子及其創立的道家學派，不正是看到了人類文明發展中的貪婪、擴張、巧偽、機詐、算計和浮華所帶來的所有弊端對人類自身發展的戕害。

老子著書立說的最大動機和目的，就在於糾正人類文明發展中的異化現象，使人冷靜、清醒、收斂和柔和。他所建立的道論或形而上學，即是以"道"為最高範疇，從世界本原或本體的高度，重新釐定人與自然、人與社會、人與人及人自身的靈與肉等關係的平衡和協調。可以說，老子對中國哲學的最大貢獻，即是

　　　　　　　　　　　　　　　　　老子章句淺釋

他的道論。他以"道"取代或置換了"帝令"、"天命"及一切妖魔鬼怪的權威，消解了這些曾統治人間頭腦的人格神的彼岸性、神秘性和絕對性，從而實現並完成了人類文明軸心期的"哲學突破"，使人們對構成人類處境的宇宙、社會、人生產生了新的理解、新的認識，這是中國早期哲學和思想的一次具有革命性的變革和昇華。用胡適的話說："老子是中國哲學之祖"，"中國哲學到了老子的時候，才可當得起哲學兩個字"。然而，兩千多年來，世之解老、註老或評老、論老者，對老子卻多有成見或誤解。其中誤解最深者，莫過於"道"和"無為"兩個概念。而老子哲學最具創見者也莫過於"道"和"無為"。

老子是哲學家、是智者，他以超越歷史與時代的哲學智慧，提出了"道"的學說，建立了中國哲學史上第一個具有形而上學性質的哲學體系，故對老子思想的理解，關鍵於對"道"的把握。因為老子思想在自然、社會、人生等多個層面上，都是圍繞"道"這一最高範疇展開的，如果不能正確理解和把握老子"道"這一範疇的理論特點和精神實質，便無法真正進入老子的形上世界和思想奧堂。

老子認為，"道"是一切存在的總根源。"萬物之宗"、"玄牝之門"、"天地根"、"天地母"、"道生萬物"等都是對道的指稱。在老子看來，無論從時間上說，還是從空間上說，道都是天地萬物統一共存的基礎。萬物的性能也依賴道而有正常的發揮。此即"天得一以清，地得一以寧，神得一以靈，谷得一以生，侯王得一以為天下正"。凡屬道家學派者，不論黃老學派或莊子學派，都共同認為道是萬物的本根，是世界統一性的根源，由此引發出中國哲學的宇宙生成論及本體論。

老子認為道是萬物的本根，但並不意謂着道即是像帝令、天命那樣的主宰者，道體是自然的。老子講"道法自然"，又講"道生之，德畜之，……夫莫之命而常自然"，又講"吾不知誰之子，象帝之先"等。這是講道的自然性，表明道是以自己的樣子為法。道的性質是自己而然，自然而然，非有使然者。非指在道之外，還有一個比道更根本的物質實體或萬能的神靈。總之，道的自然性，表明道不是神靈，也不是人格神的上帝。它沒有意志，沒有命令，生成萬物而不私有，成就萬物而不恃己功，衣養萬物而不宰割，皆為自然化生而已，為中國早期哲學從宗教神學中解放出來奠定了理論基礎。

道的另一個特點是其超越性或曰形畢體論。《老子》第一章、第十四章都是講這個問題。老子一再申言大音希聲、大象無形、大道無稱等，意在強調道不是某物，道是超形名、超言說的形上本體。一但說它是什麼，就必然有了規定性。有規定性的東西就不具有普遍性，因此也就不具備"本體"的條件。這反映老子抽象思維水平的提高。本體論與生成論不同，本體論是對事物作邏輯的分析，它不講發生的問題，其所關註或探討的是事物存在的根據和本質。盡管在老子哲學中，仍留有生成論的痕跡，但其道論的主要傾向，還是對本體論的揭示。從本體論的角度看，道是一個無所不備的大全，通常的名不能表達其豐富性和普遍性。道無所不備，故不可遍舉，說"溫"而失"涼"，說"圓"而失

"方"，說"大"而失"小"，說"短"而失"長"。因此用通常的名來稱說道是不可能的，一旦稱說，便失去周遍性，此之謂"超越"或稱"言不盡意"。

如果祇強調了道的超越性，便可能忽視或否定道的實存性，這樣也就會使"道"成為人類頭腦中自生的東西或精神性的東西。這也是歷來對老子批評最激烈的地方。在老子的道論中，道既不是絕對觀念，也不是相當於"零"的空無。形上之道，雖恍惚無形，但在其深邃遼遠和闇昧中，確是"有象"、"有物"、"有精"、"有信"。"自古及今，其名不去"。儘管歷史上註老者對象、物、精、信有不同的解釋，但不可否認它們都是"有"。這應看做是老子對道的實存性的描述。道雖然超言絕象，但並非無有，它祇是在於說明道的形上性質。對於道，人們看不見、聽不到、摸不着、說不出，但並不是頭腦中的絕對精神，而是從萬物中抽象出來的、實存的、實有的，不能脫離萬物而存在的總根源、總規律，後來莊子把它發展為"道惡乎在？無所不在。"

此外，在老子的道論中，還有一個極為重要的概括："大曰逝，逝曰遠，遠曰返"；"反者道之動"。這是老子對宇宙變化規律的認識。宇宙間的萬物無一不在運動變化之中，"道卽變之所以，由道乃有逝，既逝而愈遠，遠乃終於反。反是由道而有之動，道亦卽反之所以。一切變化莫不反"（張岱年語）。此卽由老子開創的對事物運動變化法則的總概括。這一概括的基本涵義是"事物在一方向上演變，達到極度，無可再進，則必一變而為其反面，如是不已。事物由無有而發生，既發生乃漸充盈，進展以進於極盛，乃衰萎墮退而終於消亡；而終則有始，又有新事物發生。凡事物由成長而剝落，謂之反；而剝落之極，終而又始，則謂之復。……一反一復，是事物變化的規律。"（張岱年語）老子的"遠曰返"、"反者道之動"、"吾以觀復"、"各復歸其根"等，均構成老子道論的重要內容。

老子思想的第二大要點，即是無為論。如果說道論所體現的是老子的哲學智慧，那麼無為論體現的則是老子的政治智慧。"無為"二字在《老子》書中出現的頻率僅次於"道"字。在老子思想中，"道"、"無為"、"自然"這三個概念可謂是三位一體的關係，故常稱"道常無為"、"自然無為"或"天道自然無為"等。從這些稱謂中，我們可以看到這三個概念在內涵上的高度一致性："自然"是"道"的根本屬性。"無為"則是"道"的表現形態或表現形式。既然道的常態是無為，人道也就要效法天地，以符合天道的性質，所以人道也要無為。人道的基本要求即在於順乎萬物之自然或天道自然，即是遵從事物發展的必然趨勢和必然規律。這個順任自然的無為之道，從形上的道落實到社會層面或政治層面，即構成老子政治哲學的基本原理和基本原則。其與《周易》"推天道以明人事"的原理也基本契合。

無為論所以可歸為老子的政治哲學，是因為老子講無為，多是針對統治者或聖人、侯王而發的。如"道常無為而無不為，侯王若能守之，萬物將自化。……不欲以靜，天下將自定"；"為學日益，為道日損，損之又損，以至於無為，無為而無不為。取天下常以無事，及其有事，不足以取天下"；"愛民治國，能無為乎"

等。至於"有為"一詞,《老子》書僅一見,即"民之饑,以其上食稅之多,是以饑。民之難治,以其上之有為,是以難治"。老子的"無為"也正是正對"上之有為"。因此什麼是"無為",什麼是"有為",以及與無為、有為相聯繫的"無事"、"有事"、"無治"、"無不治"等概念最為難解,這也是歷來老學研究中眾說紛紜乃至嚴重誤解的地方,同時它也正是老子政治哲學的精髓所在,故不能不辨。

從《老子》書中涉及"無為"的材料看,老子提倡無為的動機,正是針對"有為"的情事。故老子所謂的"有為",非指正面意義上的有為,而是指統治者肆意伸張主觀意欲,強制妄為,甚至以權謀、法術乃至國家利器收刮聚斂、巧取豪奪、宰割民生。老子看到當時的統治者"有為"之政的禍害已經是非常嚴重了。他說:"以正治國,以奇用兵,以無事取天下。吾何以知其然哉?以此:天下多忌諱,而民彌貧;人多利器,國家滋昏;人多伎巧,奇物滋起;法令滋彰,盜賊多有。故聖人云:我無為而民自化,我好靜而民自正,我無事而民自富,我無欲而民自樸。"這裏的"我",顯然是指國家的統治者;這裏的"無事",並不是什麼事都不做,而是指不要多事,不要妄為。老子看到統治者不足以真正做到有為,而是以有為、政績等冠冕堂皇的口號為幌子,強制妄為,兜售私貨,以達到個人的目的。這樣的"為"衹是虛假的"有為",是一種巧智詐偽的"有為",這樣的"為"越多,國家的危害越大,甚至給國家和百姓帶來災難。此即老子所謂"以智治國,國之賊;不以智治國,國之福"。由此看來,老子的"無為"恰是針對這種"有為"而發，於是也就說出一段頗能驚世駭俗的話：

不尚賢，使民不爭；不貴難得之貨，使民不為盜；不見可欲，使民心不亂。是以聖人之治，虛其心，實其腹；弱其志，強其骨。常使民無知無欲，使夫智者不敢為也。為無為，則無不治。

老子的這些話，是《老子》書中最具爭議的一章，能不能正確理解這句話，可以看做是否能讀懂老子無為思想的重要標誌。歷代註老者，多因學派立場不同而有完全相反的註解，這並不奇怪，問題在於對《老子》文本的解釋，不能拘泥於字面的表述，而應深入到對老子思想體系整體意義的把握，尤其應注意老子"正言若反"的方法預設。據此，我們可以對"虛心"、"弱志"和"無知無欲"作出更符合老子本義的解釋：即保持心靈的清明寧靜，減損張揚奔競的心志，消解心智的巧偽和貪慾的擴張。如果把這一章的思想歸納為老子的愚民政策，便是誤讀了老子。在老子看來，不一味地標榜賢才異能，人們便不會競相奪取功名；不寶貴難得的貨品，人們便不會做盜賊；不炫耀那些引起貪慾的東西，人們就不會被迷亂。所以有道之君治理天下，要淨化眾生的心靈，滿足人們的安飽，減損人們奔競的心志，增強人們的體魄。常使人們自我消解虛偽巧詐的心智和貪婪擴張的慾念，這樣就會使那些自作聰明的人不敢妄為。以無為的態度去治理國家，國家就會無所遺漏地得到治理。

由以上可知，老子的無為說，主要提示了治理國家的政治原則，其要點可歸結為兩個方面：一為思想，二為行為。思想上要

"知常"，行為上不能妄作。對此，可概觀《老子》十六章文：

"致虛極，守靜篤。萬物並作，吾以觀復。夫物芸芸，各復歸其根。歸根曰靜，靜曰復命。復命曰常，知常曰明。不知常，妄作兇。知常容，容乃公，公乃全，全乃天，天乃道，道乃久，沒身不殆。"

"知常"即"知道"，亦即按着客觀世界的規律性去行動。若不按客觀規律行事，即是"妄作"。妄作，則結果必兇。老子批評的"有為"，即是不按客觀規律辦事的妄作。因此所謂"無為"，可簡要界定為"知常而為"。漢代的《淮南子》一書，對老子的"無為"說作了發揮和總結，可以說完全符合老子"無為"的本義。《淮南子》說："所謂無為者，不先物為也；所謂無不為者，因物之所為也。"這是說，所謂"無為"，乃"不先物為"，即不能在客觀事物發生前冒然為之，亦即不能超越客觀事物之規律，任憑主觀猜測或主觀片面之認識去做事，此即老子的"不知常，妄作兇"。所謂"無不為"，乃"因物之所為"，即憑藉或根據客觀事物之發生及其規律去做事，亦即老子的"知常而為"。由此亦可見，"無為"並非不為，而是不要先於物而為；"無不為"乃是"有為"，這種"有為"是不違背客觀事物及其規律的"為"。《淮南子》界定的"無為"與"無不為"甚合老子本義。這一界定是從理論層面揭示人的主觀能動性與客觀規律性的關係，《老子》和《淮南子》更重視客觀規律性對主觀能動性的制約。

《淮南子》還從政治或個人修為及認識論角度界定"無為"這一概念。這種界定對理解老子無為說也具有重要意義。它說"吾所謂無為者，私志不得入公道，嗜慾不得枉正術。循理而舉事，因資以立功。”這是說，老子所謂“無為”，是指不要把個人的主觀意志或主觀成見強加或摻雜在公共的道理中；也不能以個人的嗜好和欲望歪曲或干擾正確的政策和方法，要遵循客觀規律和道理去做事，要根據客觀條件去立功建業。這些議論，可謂是老子無為說之正解。

《老子》可稱得上是一部古今奇書、中國文化之瑰寶。深讀之，猶如燥熱中遇一股洌風、饑渴中飲一杯清泉，不僅可以解熱、止渴，更可以體悟其中精神，增長自己的智慧。但其書實不易訓詁，雖衹有五千言，但却“辭要而趣遠，語精而義深，運思浹於無名，立說超乎有相，凡宇宙之奧理，史乘之軌跡，物類之象徵，人事之法儀，率以片言，攝其妙諦”（高亨語）。再加上老子自稱之“正言若反”，遂使後世註家難於徹達，亦難於盡通其意。

臺灣學者劉瑞符先生積多年心力，覃研《老子》，孜孜不倦，採舊說之長，匯衆家之善，沉浸反復，申以己意，捃《老子章句淺釋》一書。該書由臺灣華欣文化事業中心於一九八二年出版，一九八七年再版，在臺灣頗有影響。劉瑞符先生生前，將該書版權交付何曉岩先生，並委託代為在大陸出版。

臺灣與大陸，血濃於水，學脈同根，文化同源，上下五千年之中華文明，實可謂理一分殊，多元一體。學術向為天下之公器，劉君生前對曉岩先生的囑託於今實現，可喜可賀。該書在大陸出版之際，曉岩先生囑予為該書寫序並同時寄來書稿。讀之，深受啓發。該書對《老子》的註解、文義和論述，皆篤實可觀。其文簡約、明確，不務穿鑿，不求藻飾，發微闡要，補闕證僞，言而有據，引而有源。深信該書在大陸出版，定有流傳也。

李中華

2013 年 4 月敘於北京大學

再版記

　　每當夜幕拉下，周天的星座呈現出莊嚴迷人的圖案時，總能勾起我們對古老民族的圖騰與信仰的探尋。有時，心底會默然騰湧出那些最古老的問題：

　　我，從哪裡來，要到哪裡去？

　　萬物的起源、宇宙的目的是什麼？

　　我們信仰是什麼，文明存在的意義又是什麼？

　　說起信仰，在中國的佛教、伊斯蘭教都引自西域，唯有老子所創的道教，是我們的本土信仰。而老子五千言《道德經》，自古就被認為是玄之又玄的上乘之作，鮮有人能真正入得其門徑，領略其深奧智慧。

　　其實，《道德經》無外乎就是講了兩個字——"道"和"德"。

　　雖然現在我們還常常用"道"和"德"二字來作為對世人、世事的評判標準，但是，當新興的網絡世界裡出現了"鍵盤俠"這一類人後，我們似乎對"道"和"德"又產生了新的疑問，究竟何為"道"，何為"德"？答案，也許終究要回到老子的五千言中去探尋……

道可道，非常道。世界上存在的一切本是有其規定性的，無論是宇宙萬物的發生、運動，還是人類社會的存在、發展，都不能離開"道"，這是"道"的記憶體性使然。道生萬物，於是，人類將道視為信仰，一旦事物的發展偏離了"道"，必然會出現異象。著名主持人白岩松曾表示："社會時常顯出濃重的戾氣。我們不能只簡單譴責這一戾氣橫生的現象，也不能指望肇事者被懲罰就萬事太平。"的確，究其戾氣之根源，是因為社會發展偏離了"道"，國人信仰有所缺失。信仰缺位就會失去敬畏，對社會無敬畏，對生命無敬畏，甚至對天地無敬畏。於是，我們的新聞裡充斥著有毒的生薑、蘸了甲醛的娃娃菜……環顧世界我們會發現，只有在中國，每年的"3·15"打假都會成為一場"盛宴"；只有在中國，"怕吃虧"的心理會凌駕於別人的生命之上。

"道"是形而上的，常常流於恍惚無形，但卻演繹著新陳代謝、物質迴圈，亙古維持著陰陽變幻玄機。當世風有失淳樸善良而流於譎詐虛偽，德便由道而生人類智慧，杜絕貪盜巧利之私欲，讓民風重抱質樸。老子說：上善若水，水善利萬物而不爭。"德"如同這"水"，與"善"相近，正所謂，惟天下之善，能盡其性，盡人之性；惟天下至善，能經綸天下之大經，立天下之大本，知天下之化育。而以"不爭"為表現形態，其意是遵從事物發展的必然規律，一言以蔽之，便是"無為"。

"無為"，於天道而言，"天地生萬物，然生而不有，為而不

　　　　　　　　老子章句淺釋

恃，長而不宰"。因為自然界的無為，營造出宜於萬物生長之環境，萬物順應環境才能自然生長；於人道而言，"道常無為而無不為。侯王若能守之，萬物將自化"。治國當應天順民，無為而治。老子提倡無為，卻不是真的要我們面對一切惡的形態無所作為，而是要以萬物之運行規律為準則，無為而有為。放到修己也是如此，順應本性以行天道，謙虛柔和，無過無不及，做到自身意念，無欲無為，無為而勝有為。當社會上的大多數都能做到"無為"了，則"戾氣"必將悄然銷匿。

無論是庭間一隅，還是曠野田疇，無論是滾滾江水還是浩瀚宇宙，有人類的地方就應該有信仰，有靈魂的筆尖不敢碰觸的領域。惟有如此，自然才能正常運轉，社會才能和諧相處。《道德經》只有五千言，卻是字字珠璣，揭示了萬事萬物最根本的規律。無形之"道"產生了有形之"萬事萬物"，修道之"德"，教給人修身、治家、治國的應備的世界觀與方法論。"道""德"二字，提綱挈領，演繹了中國古典哲學的最高範疇。《道德經》高遠的價值思辨，如同古老的城牆，界定著古代人的辛苦勞作與歷史回聲的嚴肅壯美，更界定著現代人對美好的追求與心靈響往的方向！

糜爛奢侈的物質生活已將我們拖入了一個以權力和財富為信仰的時代。人們在社會、生態、價值、人性等方方面面都面臨著重重的危機。在國內生產總值口號的鼓舞下，人們牧心於金錢，目標輕浮，人格膚淺。

近年來，某部演繹明代歷史的電視劇熱播時，人們爭相討論，劇中人物的衣著打扮，是不是在仿照韓國古裝？殊不知，韓國古代裝扮，正是學了中國明代人物的裝束。隨著韓日旅遊的大熱，人們爭相去日本看唐宋，去韓國看明朝。而在中國能看到什麼？看到的是將流傳千古的珍貴文物推倒，在其廢墟上重建起來的一座又一座"奇奇怪怪"的建築。

當我們譴責日本無視歷史的時候，我們似乎也不曾真正反省過。著名歷史學家內藤湖南認為，文明和人一樣，也會經歷成長、衰老和死亡。當年的崖山海戰，大宋王朝精英階層全部殉國，一脈相承數千年的華夏文明自此而絕，中國喪失了最好的發展機會，甚至墮落得一發不可收拾：宋亡之後無中國，明亡之後無華夏，滿清之後無漢人，"文革"之後無信仰，改革之後無道德……

中國五千年的傳統文明，已經變得縹緲虛空。重讀《道德經》，尋回潛在於中國人的精神成長史中的文化根基，顯得尤為重要！

在數字技術不斷革新的當下，電子出版物充斥左右，我們越來越被碎片式的閱讀分裂的時候，社會科學文獻出版社人文分社宋月華社長以及其團隊，秉承歷史責任感和專業精神，欲意傳承經典重建傳統，編纂"述而作"系列，並將《老子章句淺釋》再版編入其系列，其卓然高遠之睿識，定為中華後人敬仰。僅此書以寄意，深表謝忱！

何曉岩

二零一六年五月十八日於深圳聽雨軒

目　录

老子章句淺釋

老子章句淺釋

淺述老子思想

一　時代背景

老子思想之產生，自有其時代背景，知其所處之時代，即可獲知其思想產生之故。然而《史記·老子列傳》對於其生卒年代，却無明確交代。《老子列傳》既云："孔子適周，將問禮於老子……"據此則老子或當稍長於孔子。而又云："老萊子亦楚人也，著書十五篇，言道家之用，與孔子同時云。"此老萊子是否即孔子所問禮之老子，則未說明。惟既稱"亦楚人也"，當非前云孔子所問禮之老子，即老萊子與老子，似為二人。又云："自孔子死後百二十九年，周太史儋見秦獻公……或曰儋即老子，或曰非也，世莫知其然否。"此又以傳聞之言，以儋或為老子。據此，則老子又晚於孔子百餘年矣，與前云孔子問禮之老子，自屬二人。則《老子》一書究為何人所著，及其生卒年代，均有疑問。是以研究老子之生卒年代者，或以《老子列傳》中之部份資料為據，或以其他旁證之資料為據，其結果莫衷一是。

胡適之氏以孔子曾適周問禮於老子為據，推斷老子年長於孔子，而以為孔子適周總在他三十四歲以後，當西曆紀元前五一八年以後。老子比孔子至多不過大二十歲，老子當生於周靈王初年，當西曆紀元前五七〇年左右。蔣錫昌氏以叔向曾引用老子之言："天下之至柔，馳騁乎天下之至堅。""人之生也柔弱，其死也剛強。萬物草木之生也柔脆，其死也枯槁。"並以叔向為晉平公時人，與孔子同時。因據《老子》之書已為孔子同時及近時所見，則老子必為孔子問禮之人為可信。據胡氏、蔣氏之說，老子當為春秋時人，其書自為此時之作品。吳康氏胡哲敷氏均亦主此說。

梁啓超氏以《史記·老子列傳》曾云："老子之子名宗，宗為魏將，封於段干。"因言照《史記》的說法，老子既為孔子前輩，（指孔子適周問禮於老子）他的兒子宗，即不能捱得到做魏將。因魏之列為諸國，在孔子卒後六七十年，並提出孔子、墨子、孟子，始終沒有提起老子；及就《老子》一書的語詞等論證，以為老子是戰國時人，不是春秋時人。馮友蘭氏也以為孔子以前，無私人著述之事，故《老子》不能早於《論語》。《老子》的文體，非問答體，故應在《論語》、《孟子》後。《老子》之文為簡明之"經"體，可見其為戰國時代之作品。

《史記·孔子世家》，孔子生於魯襄公廿二年（周靈王廿一年），即西曆紀元前五五一年；卒於魯哀公十六年（周敬王四十一年），即西曆紀元前四七九年。時在春秋時代後期，即如胡適之氏所論斷老子大於孔子二十歲，亦當在春秋後期。

　　　　　　　　　　　　　　　　老子章句淺釋

老子究為春秋時人或戰國時人，雖無定論，然對老子思想時代背景之研究，似無大差異。蓋周室自平王東遷，王權逐漸式微，及後進入春秋時代，各封建諸侯，日趨獨立，自專其國，貪人土地，利人財貨，互相攻伐侵併，戰爭頻仍，益以人倫道喪，社會不安，暴政虐民，生民流離，此種情況，愈演愈烈，以迄於戰國時代之末。究其原因，皆由人君之私欲為祟。老子目睹其情，以悲天憫人之心，針對時弊，闡發其清靜無為卽無欲無私，虛靜謙下，柔弱不爭之道，以為治國理民之方，冀以挽救世之頹風，恢復和平，以拯天下萬民，此與儒家所倡修齊治平之道異途同歸耳。

二　道卽自然

《老子》提出科學的非神的"道"之觀念，突破了其當時及其以前的有神論之天道觀念，此種天道觀念，認為天乃有意志、有喜怒、有好惡的人格化之萬物主宰，舉凡國家之興廢治亂，與人間之災祥禍福，皆取決於此萬物主宰之意志，而《老子》則一反其說。廿五章云：

"有物混成，先天地生……獨立不改，周行而不殆；可以為天下母。吾不知其名，字之曰道。"

所謂"物"，卽指道而言。所謂"混成"，卽自然而成；自然者，自己如此也。所謂"獨立不改，周行而不殆"，言道至高無上，而永遠遍存於宇內也。所謂"可以為天下母"，言道為天下萬物之母體，卽為天下萬物之根源也。所謂"吾不知其名，字之曰道。"言以道為此自然物體之代名也。道是自然而成，是道卽自然也。萬物皆由道而生，即萬物皆自然而生也。故《老子》所稱之"道"，並非有意志、有喜怒、有好惡之物體，此與其以前及其當時之天道觀念，絕然相反而合乎科學者也。

三　道生萬物

《老子》以"道"為自然之代名詞，取義於道路為人所必經，而萬物皆由自然而生也。道何以能衍生萬物？廿一章云：

"道之為物，惟恍惟惚。恍兮惚兮，其中有物；惚兮恍兮，其中有象；窈兮冥兮，其中有精；其精甚眞，其中有信。"

所謂"恍惚"、"窈冥"，無形之義也。所謂"物"，謂物質也。所謂"象"，亦物也。所謂"精"，種子也，物生之原也，即所謂"物"也。言道體無形，而其中有萬物之所以生之種子也。一章云：

"無，名天地之始；有，名萬物之母……此兩者，同出而異名。同謂之玄，玄之又玄，衆妙之門。"

其以"無"名天地之始者，以道體之無形也。其以"有"名萬物之母者，以道體之中有物生之種子也。所謂"此兩者，同出而異名"，言"有""無"皆出於道，即道兼有無，有無一體也。所謂"衆妙之門"，言萬物之所從出也。六章云：

"玄牝之門，是謂天地根。"

所謂"玄牝之門"，即"衆妙之門"之義也。所謂"天地根"者，言天地萬物之根源也。故道之衍生天地萬物，非無中生有，而為無中有"有"，有此物生之種子，而物自生成之以生生不絕，由簡而趨於繁。即四十二章所云：

"道生一，一生二，二生三，三生萬物"也。

天地萬物皆由道而生，先天地而後萬物，故廿五章云："故道大天，大地，大人，亦大！"謂道大於天，大於地，大於人，可謂至大矣！以其衍生天地萬物之用，無可比擬者也。此亦言道之在宇內為至高無上之理也。

按：經文"故道大天，大地，大人，亦大！"舊讀為"故道大，天大，地大，人亦大。"據老子譽道為"大"之旨而改讀如文。其說詳見廿五章之論述。

四　人當法道

老子提出自然之道者，非徒為空無之論，要在用之於人事，即道之可法者，人當法之。而其重點則在於為人君者，當以道為法而修其身、治其國也。即廿五章所謂："人法地地，法天天，法道道；法自然。"之義也。言人當法地之道，法天之道，法道之道，此皆以自然為法也。惟自然之道，亦非皆可以為法者也。廿三章云："飄風不終朝，驟雨不終日。孰為此者？天地。天地尚不能久，而況於人乎！"即言飄風驟雨之不足以為法者也。故老子所謂"法自然"，乃言其所可以為法者而法之也。

按：經文"人法地地，法天天，法道道；法自然。"舊讀為"人法地，地法天，天法道，道法自然。"採李約氏之說，改讀如文，詳見廿五章之論述。

卅四章云：

"大道氾兮，其可左右。萬物恃之而生而不辭，功成不名有，衣養萬物而不為主……萬物歸之而不為主……"言萬物恃道而生，而道默然，未嘗言說生物之能也。道生成萬物，而不以為有功，自居其名也。道覆育萬物，而不為其主宰以君臨之也。五十一章云：

"物，道生之，形之；德畜之，成之……生而不有，為而不恃，長而不宰，是謂玄德。"所謂玄德者，清靜無欲也。皆言道有謙靜、無欲、無私之德也。

按：經文"物，道生之，形之；德畜之，成之。"王弼本及世本原文為"道生之，德畜之，物形之，勢成之。"據高亨氏考正改如文。詳見五十一章之論述。

八章云：

"水善利萬物而不爭，處衆人之所惡，故幾於道。"所謂"衆人之所惡"，謂卑下之地也。七十八章云：

"天下莫柔弱於水，而攻堅強者，莫之能勝。"六十六章云：

"江海所以能為百谷王者，以其善下之……"言水與江海有不爭處下之德也。

卅二章云：

"天地相合，以降甘露，民莫之令而自均。"言天地相合以降甘泉雨露，萬物以之而生而長，乃天地之自為，非民之令而使之然也。七章云：

"天長地久。天地所以長且久者，以其不自生，故能長生。"言天地不自貴其生，故能長久存在也。五章云：

"天地不仁，以萬物為芻狗。"言天地不自恃其覆載萬物，萬物恃之以生之為仁，而視萬物如芻狗之為無知無識之物，不責望之報其仁恩也。又云：

"天地之間，其猶橐籥乎？虛而不屈，動而愈出。"言天地之間，如風箱之中空，萬物以之而生生不絕，其用無窮也。皆言天地有無私、無欲、虛空之德也。

十六章云：

"夫物芸芸，各歸其根。歸根曰靜……"言萬物皆依恃其根而生而長，然根埋土中，不自見於外，故曰"靜"也。六十一章云：

"天下之牝，牝常以靜勝牡，以靜為下。"言牝以勝牡者，以其能靜而居下也。是萬物之根與天下之牝皆有靜而處下之德也。

以上所舉經文所言自然之道之足法者，法其無私無欲、虛靜謙下、柔弱不爭之德，乃針對時弊以立言也。人君若能以之為法而修其身、治其國，則身無不修，國無不治者矣。至於修身治國之如何以道為法，經文中言之甚詳，茲不贅述。

五　解老之誤

《老子》廿五章有"法自然"之語，其義為法自然之用，卽法自然無為無私、虛靜謙下、柔弱不爭之德也。而解之者，或誤為法自然之體，於是以"自然"解"無為"，以"無為"為"順自然"，"無所作為"，"不為"，以老子無為之治為"不治之治"，"無治之治"，"放任主義"；任人民之自相治理而不加干涉，任人民之自生自滅，而不加輔理。誠如此，則人民何有需於國家王侯以為之治者！且以不治而為治，則政失其治，安可以為治！老子言"為"，而未嘗言"不為"；言"治國"，而未嘗言"不治"，而世亦無不為之為，亦無不治之治也。六十章"為之於未有，治之於未亂。"六十五章"以智治國，國之賊；不以智治國，國之福。"七十四章"若使民常畏死，而為奇者，吾得執而殺之，孰敢？"既云"為之"，"治之"，"治國"，又云"為奇者吾得執而殺之"，焉能謂老子之"無為"為"不為"，為"放任"，為"不干涉"，為"不治之治"，為"無治之治"！卅八章"上德無為而無以為……上仁為之而無以為。"高亨氏釋："無以為者，無所因而為之，無所為而為之。"所謂"無所因""無所為"而為之，即非為私而為之也。此非為私而為之，即"無為"，亦即無私而為之義也。"無為"為老子思想之主體，以曲解"無為"為"不為"，為"放任"，為"不治"，為"無治"，遂使老子拯民救世之積極思想，一變而為遁世之消極思想矣。魏晉之以清談放誕而誤國者，即由於此也。

或以為老子反對智識，主張愚民政策，並以老子之語以為據：

"古之善為道者，非以明民，將以愚之。"（六十五章）

"智慧出，有大偽。"（十八章）

"棄聖絕智，民利百倍。"（十九章）

"絕學無憂。"（十九章）

《老子》所云："將以愚之"之"愚"，乃純樸之義，而非無知無識之愚昧也。意為使人民生活、思想純樸，而不趨於妄知妄想，詐偽多欲也。所云"聖"、"智"、"智慧"，皆巧詐之義，而非真知、真智慧也。所謂"絕學"，為棄絕世俗名利之學，非真知之學，非道之學也。而且老子云：

"知其雄，守其雌，為天下谿。" "知其白，守其辱，為天下谷。"（廿八章）

"自知者明。"（卅三章）

"知常曰明。"（五十五章）

"知者不言。"（五十六章）

"學不學，復眾人之所過。"（六十四章）

"知，不知；上。"（七十一章）

所謂"知"、"學"，皆要求知、要求學也。惟所要求之"知"、"學"，為真知，為道耳。故以老子反對知識及主張愚民政策者，以曲解經文之義也。或以為老子反對仁義禮法，並以老子之語以為據：

"大道廢，有仁義。"（十八章）

"絕仁棄義，民復孝慈。"（十九章）

"夫禮者，忠信之薄，而亂之首。"（卅八章）

"法令滋彰，盜賊多有。"（五十七章）

《老子》所謂"大道廢，有仁義。"言世人不能完全行無為之道，乃有仁義之倡，以教人為善，故仁義亦道也，非謂仁義之不可行也。所謂"絕仁棄義"之仁義，言當棄假仁假義之名以為治，不以仁義要利於世也，非謂棄絕仁義也。所謂"禮者，忠信之薄，而亂之首。"言世風澆薄，忠信不行，而制禮法以濟忠信之不足，非謂因禮法而忠信不行以致亂也。惟禮法過於繁苛，或藉禮法以為奸詐殘虐，民無所措，不安其業，盜賊起矣。所謂"法令滋彰，盜賊多有。"非謂法可廢也。故依經文之義，不能謂老子反對仁義禮法也。

或以為老子反對文明文化，除誤以為老子反對知識之論據外，並以下面老子之語以為據：

"五色，令人目盲；五音，令人耳聾；五味，令人口爽；馳騁田獵，令人心發狂；難得之貨，令人行妨。"（十二章）

"人多伎巧，奇物滋起。"（五十七章）

"是以聖人之治，虛其心，實其腹，弱其志，強其骨。常使民無知無欲……"（三章）

《老子》所謂"五色，令人目盲；五音，令人耳聾；五味，令人口爽；馳騁田獵，令人心發狂；難得之貨，令人行妨。"言縱欲之足以傷身敗德也。所謂"人多伎巧，奇物滋起。"言人君崇尚製造精巧之物，以饜其欲，則流風所尚，趨於奢糜也。所謂"虛心"、"弱志"，言使之心無私欲，志無爭盜也。所謂"實腹"、"強骨"，言使無飢餒而身體健強也。老子以上所云，皆誡人不能縱欲也。老子云：

"見素抱樸，少私寡欲。"（十九章）

"知足者富。"（卅三章）

"知足不辱，知止不殆，可以長久。"（四十四章）

"罪莫大於多欲，禍莫大於不知足，咎莫大於欲得；故知足，常足矣。"（四十六章）

所謂"知足"，"少私寡欲"，皆言人欲之當節制，而非絕欲也。

人生而有欲，此"欲"即為社會文明文化進步之原動力，故人之欲不會絕，亦不當絕；然若縱欲無度，則害不可量。個人縱欲，則戕害身心；人君縱欲，則身喪國亡；此老子所以誡人不能縱欲而當節欲之故也。若以老子之主張節欲，而謂其反對文明文化，不亦過當乎！

或以《老子》云："將欲歙之，必固張之；將欲弱之，必固強之；將欲廢之，必固興之；將欲奪之，必固與之。"（卅六章）遂謂此為權詐之術、陰謀之言而鄙之，加老子以任術數之惡名。殊不知老子書所言者，為治國之道，而用兵即治國之一也，故老子不諱言兵，亦猶儒家所謂"足食足兵，民信之矣。""善人教民七年，亦可以即戎矣。""子之所慎，齋、戰、疾。""必也臨事而懼，好謀而成者也。"（均見《論語》）老子所言與奪歙張之術，即兵謀之道也。老子云：

"以道佐人主者，不以兵強天下。"（卅章）

"夫用兵者不祥，不得已而用之。"（卅一章）

"用兵有言：吾不敢為主而為客……"（六十九章）

"夫慈，以戰則勝，以守則固。"（六十七章）

由以上老子所言，其用兵思想，為不以兵稱強於天下。然不得已時，不能不應敵之兵，即"不敢為主而為客"也。然兵事既起，則求戰而能勝，守而能固，此兵謀之所以不能不用也。孫子云："上兵伐謀"，即此意也。故不能以老子言兵謀之道，而以之為權詐之術、陰謀之言而鄙之也。老子之書亦不因此而稍貶損其價值也。

第一章

道可道，非常道；名可名，非常名。

【註解】

"道可道"，第一個"道"字，理也；謂世俗所謂事物之理也。第二個"道"字，說也；謂可以言辭具體表達之也。"常道"，謂永恒不變之道，卽廿五章"字之曰道"之"道"，自然之道也。"名可名"，第一個"名"字，謂世俗指物就事以制之名也。第二個"名"字，命名也；稱號之義。"常名"，謂永恒不變之名，卽以"道"為混成之物之命名也。

【文義】

謂凡可以言辭具體表達之道理，乃世俗事物之理，其理可變；非永恒不變之道，卽非自然之道也。蓋自然之道，無色，不可得而視；無聲，不可得而聽；無形，不可得而搏；寂寥恍惚，不可致詰，無法以言辭具體表達其究竟者也。是以道之可道者，卽可道之道，非常道也。凡世俗指物就事所制之名，其名可變，非永恒不變之名，卽非"自然之道"之名。蓋"道"本無名，無可以

老子章句淺釋

名之也。是以可名之名，非常名也。謂"道"之不可以名也，經文之義，在闡說"自然之道"之不可說、不可名；而命名之為"道"者，乃擬設之詞，所以為立說之便也。

【論述】

王弼氏以"可道之道，可名之名，指事造形，非其常也。故不可道，不可名也"為解；謂指事造形之道、之名，非常道，非常名也。而常道不可以道，不可以名也。王安石氏以"常者，莊子所謂'無古無今，無終無始。''道'本不可道，若是可道，則是其跡，則非吾之常道也。'道'本無名，有可名，則非吾之常名"為解。所謂"跡"者，指事造形也。所謂"無古無今，無終無始"，即永恆不變之義也。蘇轍氏以"莫非道也，而可道不可常，惟不可道，而後可以常耳……'道'不可道，況可得而名之乎！凡名皆其可道者也"為解。所謂"凡名者皆其可道者也"，謂可道者，世俗之道；可名者，世俗之名也。李息齋氏以"常者，不變之謂也。物有變而道無變"為解。所謂"而道無變"，"道"者，謂"常道"也，"自然之道"也。蔣錫昌氏以"《莊子·繕性》：'道，理也。'此道為世人所習稱之道，即今人所謂'道理'也。第一'道'字，應從是解。《廣雅·釋詁二》：'道，說也。'第二'道'字，應從是解。'常'，乃真常不易之義"為解。高亨氏以"道可道，猶云道可說也。名可名，云名可命也……皆可說者，非常道也……皆可名者，非常名也……其意以為吾所謂'道'之一物，乃常道，本不可說也；吾所稱'道'之名，乃常名，本不可命也……常道者，自然界之道；常名者，自然界之名也"為解。所謂"自然界"，即"有物混成"之物也。其義皆是。

天下萬物生於有，有生於無。

【註解】

"有"，謂道中有物、有精，卽物生之原也。"無"，謂道體也。道體無形，故名之曰"無"也。

【文義】

　　天下萬物皆生於道中有物生之原，而此物生之原乃蘊於道中也。

【論述】

　　經文自四十章移此。說明見該章。王弼氏以"天下之物，皆以有為生；有之所始，以無為本"為解。所謂"以有為生"，言道中有物生之原，萬物由此而生也。所謂"以無為本"，言道以"無"為體，卽道體無形，而"有"蘊於其中也。呂吉甫氏以"唯'有'能為天下生萬物，而'無'又能生天下之有"為解。言唯有物生之原能生天下萬物，而道體之中有此物生之原也。其義均是。

無，名天地之始；有，名萬物之母。

【註解】

"無"，謂"道"也。道體無形，故以"無"名之也。"始"，初也，根源之義。"有"，亦謂"道"也。"道"中有物、有精，為物生之原，故以"有"名之也。"母"，物之所由生也。（參閱廿五章"可以為天下母"之解。）亦根源之義。

【文義】

　　謂道體無形而為天地之根源，故可以"無"名"道"也。

"道"中有物、有精，而為萬物之根源，故可以"有"名"道"也。道為天地萬物之根源，"有""無"同屬於"道"，"有""無"同體也。

【論述】

右經文斷句，自嚴遵、王弼二氏以來，均以"無名，天地之始；有名，萬物之母。"為讀。王安石氏始以"無，名天地之始；有，名萬物之母。"為讀。以"有""無"並稱道也。蔣錫昌氏則力言以"無名"、"有名"之讀為是，而以"無"、"有"之讀為非。其言曰："司馬光、王安石、蘇轍輩讀此，皆以'有'字'無'字為逗，不知'有名'、'無名'為老子特有名詞，不容分析。卅二章'道常無名'，'始制有名'；卅七章'吾將鎮之以無名之樸'；四十一章'道隱無名'；是其皆可以'無'與'有'為讀乎？"然四十章"天下萬物生於有，有生於無""有""無"皆言"道"也，何必概以"有名""無名"言"道"為是耶？故蔣氏之論，不免於偏執也。高亨氏以"梁先生（啟超）曰：以'無'名彼天地之始。以'有'名彼萬物之母"為是，並以四十章"天下萬物生於有，有生於無"為證。其說是也。

王雱氏以"受命於無，而成形於有，故曰：天地之始，萬物之母"為解；是"無""有"皆言"道"也。"道"為天地之始，萬物之母，即"道"為天地萬物之根源也。嚴靈峯氏以"有生於無，'無'即自然也。自然者，以無所由為義，即無而自來，是為始也。故以'無'字以命名天地所自始也。母，能生物也……道者，萬物之所以成也，萬物由道而生，是為母也。'有'即道也。

故用‘有’字以命名萬物之所自生也”為解。所謂“無”，即自然
也；自然，即道也，“有”亦謂道也。此皆以“有”“無”為一體
之論也。蔣錫昌氏以“天地未闢以前，一無所有，不可思議，亦
不可名，故強名之‘無名’。天地既闢，萬物滋生，人類遂創種名
種號，以為分別，故曰‘有名’。質言之，人類未生，名號未起，
謂之‘無名’；人類既生，名號已起，謂之‘有名’”為解。廿五
章“有物混成，先天地生。”老子字此混成之物曰“道”，道生於
天地之先，天地萬物即由道衍生，故不能謂“天地未闢以前，一
無所有”也。名由人起，人類之前，有“物”無“名”；既有人
類，“物”始有“名”。此“名”乃物之名，非“道”之名也。下
文有“兩者，同出而異名。”“兩者”即謂“有”“無”也，謂
“有”“無”同出於道也。是“有”“無”皆所以名“道”，非物之
名也。所謂“人類未生，名號未起，謂之“無名”；“人類既生，
名號已起，謂之“有名”，似誤。

故常無，欲以觀其妙；常有，欲以觀其徼。

【註解】

“常無”，常謂“道”也，言以“無”名“道”也。即上文“無，名天地之始。”
之義。“妙”，微妙也。即道體無形，而為衍生天地萬物的根源之微妙也。“常有”，
常謂“道”也，言以“有”名“道”也。即上文“有，名萬物之母。”之義。
“徼”與“妙”同義。即道體有物而所以有衍生天地萬物之微妙也。

【文義】

　　謂以“無”名“道”者，欲以使人察知道體無形，而為衍生

　　　　　　　　　　　　　　　　　　　　老子章句淺釋

天地萬物的根源之微妙也。以"有"名"道"者，欲使人察知道體無形而有物，其所以能為衍生天地萬物的根源之微妙也。皆言道用廣大而微妙，此所以以"無""有"名道之故也。

【論述】

經文斷句，多以"常無欲"、"常有欲"連讀者，如河上公、王弼、呂吉甫、成玄英、蔣錫昌諸氏，並以"欲"為人之欲望、欲念，而據以為解，似皆非經文之旨。

高亨、嚴靈峯、余培林諸氏，皆以"常無""常有"連讀是也。蓋上文以"有"、"無"名"道"，此則說明其所以以"有"、"無"名"道"之故，自當以"常無"、"常有"連讀也。高亨氏以"'常無，欲以觀其妙'，猶云欲以'常無'觀其妙也。'常有，欲以觀其徼'，猶云欲以'常有'觀其徼也。因特重'常無'與'常有'，故提在句首，此類句法，古書中恒有之"為解。此以文字句法而證當以"常無""常有"連讀也。嚴氏以"應從'有'、'無'為讀……且《老子》書中，多言無欲，除此處外，無有以'有欲'連文者。況老子以致虛守靜以觀萬物反復，而'有欲'則不虛靜矣，又豈可觀徼乎！"為解。余氏以"這樣的斷法，（指以常無欲、常有欲連讀）無論在文字上或意義上都說不通。就文字上說，與上文不能相貫，（上文，指"無，名天地之始；有，名萬物之母。"）'故'字也沒有着落。就意義上說，老子固主張'無欲'，但却決不贊成'有欲'。三章云："不見可欲，使民心不亂。"十九章云："見素抱樸，少私寡欲。"五十七章云："我無欲而民自樸。"都是證明。老子既教人'無欲'、'寡欲'、'不見可欲'，怎麼會主張‘有欲’以觀其徼！且既‘有欲’，又如何能夠觀徼？所以以‘無欲’、‘有欲’為句，完全不合老子思想。此處應承上文以‘無’、‘有’為句”為解。皆以《老子》經文內容及其思想，以證當以“常無”、“常有”連讀。其說皆是。

此兩者，同出而異名，同謂之玄。

【註解】

“此兩者”，謂“無”與“有”也。卽上文“無，名天地之始；有，名萬物之母。”“同出”，謂出之於同一根源也。“有”“無”一體之義也。“異名”，名不同也，謂一名之為“無”，一名之為“有”也。“玄”，謂“道”也。

【文義】

謂“無”與“有”，出之於同一根源，同謂之道；“有”“無”為一體也。

【論述】

“此兩者”，河上公、成玄英、曹道沖、劉巨濟、蔣錫昌諸氏皆以無欲、“有欲”為解；以將上文讀為“常無欲”、“常有欲”之故也。

王安石、陸農師、張默生、高亨、嚴靈峯、周紹賢諸氏，皆以“無”與“有”為解。王弼氏以“始”、“母”為解，所謂“始”，其名為“無”也；所謂“母”，其名為“有”也。其義皆是。

“同出而異名”，王安石、劉巨濟、曹道沖、宋常星、蔣錫昌、高亨、嚴靈峯諸氏，皆以同出於“道”為解。河上公氏以“玄”

為天，天卽道也。王弼氏以"玄"為"始"，母之所出；卽言
"始"、"母"同一根源也。王安石氏以"玄"為"道"；蔣錫昌氏
以"玄"為"無名"。所謂"始，母之所出"，"無名"，言"道"
也。"有""無"同出於道，卽以"玄"為"道"也。而"道"兼
"有""無"，是"有""無"皆"道"也。周紹賢氏以"兩者，
指'無'與'有'而言。'有''無'雖然異名，然而有生於
無……'無'為'道'之體，'有'為'道'之用，體用不離，
相通為一，故曰：此兩者同出而異名"為解。其義是也。

玄之又玄，衆妙之門。

【註解】

"衆妙"，萬有也；謂天地萬物也。"門"，所從而出入者也；謂天地萬物之所從
出也。

【文義】

　　謂道兼"有""無"，以"無"為道之名，言其體也；以"有"
為道之名，言其用也。體用皆玄，卽體用皆道，故謂之"玄之又玄"，
而天地萬物皆從之而出也，卽廿五章"可以為天下母"之義也。

【論述】

　　王弼氏以"衆妙皆從同而出，故曰：衆妙之門也"為解；言
萬有皆由道而出也。劉巨濟氏以"衆妙者，萬物之妙也。萬物皆
有妙，而皆出於道，則道妙萬物也"為解；亦言"道"為萬物之
所從出也。其義亦是。

第二章

天下皆知美之為美，斯惡已；皆知善之為善，斯不善已。

【註解】

"美"、"善"，同義，謂名也。"已"，義同"矣"。

【文義】

謂人君為美善之名以治天下，揚顯其名之美善，使天下皆知其君之美善，此乃惡與不善，以其不合於無為之道也。言人君當以"無為"為治，而非為名而治，方為真美真善也。

【論述】

河上公氏以"自揚己美，使彰顯也""有危亡也""有功名者也""人所爭也"為解；義為自行揚顯其美名，使人皆知之，有危亡之虞。以功名為務，則人皆爭趨於功名矣；以其皆不合於"無為"之道也。陸農師以"美至於無美，天下之真美也；善至於無善，天下之真善也。"為解。所謂"無美"、"無善"，言不自以其美為美，不自以其善為善，而使人不知其為美、為善也。其義均是。

范應元氏以"倘矜之以為美，伐之以為善，使天下皆知者，則必有惡與不善繼之也"為解。所謂"矜之以為美"，矜誇其美也。所謂"伐之以為善"，自居其善也。此務於美、善者，必有惡與不善繼之，即繼之以為惡為不善也。其義亦是。吳澄氏以"聖人不以事而事，故其事無所為；以不教而教，故其教無所言。無為、不言，則雖有美、有善，而人不知，是以其美其善，獨尊獨貴，而無可與對。若有為之事，有言之教，則人皆知其為美、為善，而美與惡對，善與不善對，非獨尊獨貴，不可名之美善矣"為解。以"事無所為"，"教無所言"，為美為善；以"有為之事"，"有言之教"不可名之為美善，即名之為"惡"為"不善"也。

故有無相生，

【註解】

"有無"，謂道也。

【文義】

道攝有無，無形而有物，生生不息，以有為利，以無為用，其用無窮，言治國當以"無為"為用。"為無為，則無不治"矣。

【論述】

河上公氏以"見有而為無也"為解；其義是也。呂吉甫氏以

"天下之物生於有，有生於無，是之謂有無之相生"為解。所謂
"天下之物生於有，有生於無。"言道中有物，道體無形，有在無
中，有無為一體，物以之生；故所謂"有無"者，謂道也。宋常
星以為"相生二字，即是生生不已，變化不窮之義。"所謂"生生
不已"，言道之衍生萬物，其用無窮也。

難易相成，

【文義】

事有難易，難易在人。"天下難事，必作於易。"易而不為，
"多易必多難"。言治國當能先機，"為之於未有，治之於未亂。"
"圖難於其易"，則無難矣。

【論述】

河上公氏以"見難而為易也"為解。呂吉甫氏以"難事作於
易，而易亦由難之，故無難"為解。言能先為之於易，則難無由
而生矣，是無難也。其義皆是。

長短相形，

【註解】

"形"，較也，計較之義。"長短"，喻善惡也。

【文義】

謂人有善惡，"善者吾善之，不善者吾亦善之。"不可計較也。
言治國當"常善救人，常善救物。"則人無棄人，物無棄物，人盡

其材，物盡其用，民安其生矣。

【論述】

　　"形"字，王弼本作"較"。劉師培氏以為"《文子》云：'長短不相形'。《淮南子·齊俗訓》：'短脩相形'。疑《老子》本文亦作'形'，與'生''成''傾'協韻。'較'為後人旁註之字，以'較'釋'形'，校者遂以'較'易'形'矣。"畢沅氏以為"古無'較'字。本文以'形''傾'為韻，不應作較。"蔣錫昌、高亨、嚴靈峯諸氏，皆以"形"為是，因據改。河上公氏以"見短而為長也"為解；以"長"為善，以"短"為不善也。宋常星氏以"天下之事，有長必有短，有短必有長。修道之人，果能明長短之理，不起是非人我之情，不生太過不及之念，何有長短之分，長短之事"為解；言不計較事之長短，則事無長短矣。例之於人，亦猶是也。

高下相傾，

【註解】

"高下"，謂位之尊卑也。

【文義】

　　位有高下，人有尊卑。"貴以賤為本，高以下為基。""江海所以能為百谷王者，以其善下之。"言治國者當以謙卑自處也，則"天下樂推而不厭"矣。

【論述】

　　河上公氏以"見高而為下也。"其義是也。

宋常星氏以"高者不可為下，下者不可為高，各安其本分，循其自然，安有相傾之理。惟高者自恃其高，而有凌物傲世之氣；是高者傾於下，下者不自安其下，而有欺上滅長之心，是下者傾於高"為解。是高者宜為下也。呂吉甫氏以"以高為是，而百谷為川瀆之源，則高有以傾乎下；以下為是，而川瀆為百谷之歸，則下有以傾乎高"為解。所謂"川瀆為百谷之所歸"，即"江海所以能為百谷王"之義；則高者宜為下也。

音聲相和，

【註解】

"聲"，回應也。

【文義】

音發有應，上行下效。"以智治國"，民應之以智；"我無為而民自化，我好靜而民自正。"言治國者當以無為、虛靜而身為導也。"不欲以靜，天下將自定"矣。

【論述】

河上公氏以"上唱下必和也"為解，所謂"和"即應之也。上唱下必應之，即上行下效之義也。

先後相隨。

【註解】

序有先後，人之情，爭先而恐後；聖人不爭先而居後。"後其身而身先"，"不敢為

　　　　　　　　　　　　老子章句淺釋

天下先，故能成器長。"言治國當以不爭為務也。"夫唯不爭，故天下莫能與之爭"矣。

【論述】

蘇轍氏以"方且自以為前，而有前於我者先之；斯則後矣"為解。呂吉甫氏以"自秋冬而望春夏，則春夏前而秋冬後；自春夏而望秋冬，則秋冬前而春夏後；是之謂前後相隨"為解。皆言先後無定，先非必終為先，後非必終為後，先可以為後，後可以為先，此聖人居後不居先，而可以為先之道也。

是以聖人處無為之事，行不言之教。

【註解】

"無為"，無私也。"言"，謂法令也。"教"，誠也。繩約之義。

【文義】

謂持道以行之人君，以無私而治，不專恃法令以教誠繩約其民也。

【論述】

河上公氏以"以道治也。""以身師導之也。"所謂"以道治也"，以道之無為無私而治也。所謂"以身師導之也"，以無為無私而化其民，卽不以教令而繩約其民也。蔣錫昌氏以"聖人治國，無形無名，無事無政，此聖人處無為之事也。"以無形、無事而解"無為"也。惟聖人治國之措施，似不能無形、無事也。

張默生氏以"是以聖人作事，崇尚無為，教人不必多言。"為

解；以言為言說也。聖人教人不必多言，此與無為之道，似無
關也。

萬物作焉而不辭，

【註解】

"作"，始也。"辭"，言說也。

【文義】

謂道為萬物之始，萬物皆由道而生也。道始萬物而不言說，
為而不言也。道為自然而非有意志之物，不能言說也。言聖人治
國，當以為法也。

【論述】

嚴靈峯氏以"此謂大道化育萬物而不言說也。"其義是也。宋
常星氏以"言地生成萬物，千變萬化，自然而然，當作而作，未
嘗辭而不作也。可比聖人教化萬民，亦千變萬化，自然而然，當
然而然，亦未嘗而不行也"為解。以"辭"為辭謝之義也。

生而不有，

【註解】

"有"，謂自有之也；表事與物之所屬也。

【文義】

謂道為萬物之始，生育萬物，而不以萬物為己之所私有也。
言聖人治國，當以之為法也。

老子章句淺釋

【論述】

高亨氏以"不以萬物為己之私物也"為解。張默生氏以"造作生長萬物，並不據為己有"為解。嚴靈峯氏以"此言道生萬物，不據為己有也"為解。其義皆是。宋常星氏以"此言天地以無心為心，生育萬物，皆自然而然，未嘗容於有心也。聖人亦是以無心為心，教化萬民，亦皆自然而然，未嘗容於有心也"為解。所謂"未嘗容於有心"，言無自有之意而為之也。

蔣錫昌氏以"此謂任民自生，而聖人不私有其民，而為庇護保養也"為解。所謂"不私有其民"，固是也。若謂不為"庇護保養"，則失聖人所以治國養民之道矣。

為而不恃，

【註解】

"為"，施也。"恃"，依仗也。

【文義】

謂道施澤萬物，而不以之為依仗，以待萬物之報也。言聖人治國，當以之為法也。

【論述】

河上公氏以"道所施為，不恃望其報也"為解。高亨氏以"河上公註是也。為，施也。恃，德也，心以為恩之義也。'為而不恃'者，猶云施而不德，謂施澤萬物而不以為恩也"為解。所謂"不以為恩"，即不待萬物之報之義也。其義是也。

張默生氏以"有所作為，而不自恃其能"為解。嚴靈峯氏以"此言道畜養萬物，不恃其能；施而不待報也"為解。所謂"不恃其能"，與前解以"恃"為"德"雖有不同，而其義亦是。

蔣錫昌氏以"此謂任民自為，而聖人不賴己力而為輔助也"為解。聖人治國，不以其力輔助人民，失治國之義矣。"任民自為"，則為無政府主義，社會將大亂不已矣。聖人無為者，無私而不妄為也，為合於道者則為之，非不為之義也。

功成而弗居，夫唯弗居，是以不去。

【註解】

"居"，謂自居其功也。"不去"，常存之義。

【文義】

謂"道"成萬物，其功至大，而道不自居其功；以道之無為無私也。前文所云"作焉不辭"，"生而不有"，"為而不恃"，皆是也。以其不自居其功，其功常存不去。聖人治國之道，亦猶是也。

【論述】

成玄英氏以"覆載萬物，功格天地，照燭蒼生，光逾日月，而將功於物，不處其德也。""言獨夫能造化天地，亭毒含靈，有大至功而推功於物者，豈唯聖人乎！只為能忘其功，而至功彌遠，聖德斯在，是以不去"為解。言聖人之法道以為治也。嚴靈峯氏以"萬物皆由道生，生而不有，為而不恃，此卽功成不居也。不居其功，然其功終不可沒。故曰：不去。不去，則常存也"為解。其義是也。蔣錫昌氏以"'功成而不居'，謂人民功成而聖人不居也。'夫唯不居，是以不去。'謂夫唯聖人不居人民之功，故其功永留世間而不去也"為解；所謂"功成""不去"，皆指"道"而言。經文之義，謂聖人治國，當法道之"功成而弗居"，能不自居功，其功常存；非謂"人民功成而聖人不居也。"

第三章

不尚賢，使民不爭；

【註解】

"尚賢"，尚，矜伐也。謂自以為賢，驕恃凌物也。"爭"，謂爭勝也。

【文義】

謂君上不自以為賢，驕恃凌物，而自處謙下，後其身，外其身以為治而不爭，則民莫能與之爭矣。

【論述】

"尚賢"，宋常星氏以"'賢'之一字，不可作聖賢，是自賢之'賢'。'尚'之一字，以尊大自處，謂之尚"為解。所謂"自賢"，所謂"以尊大自處"，即自以為賢，驕恃凌物之義也。其義是。

河上公氏以"辯口明文，離道行權，去質尚文。"為賢，以"厚祿仕官"為尚。王弼氏以"能"為賢，以"嘉名"為尚。張默生氏以"崇尚賢能"為尚賢。王雱氏以"出衆"為賢。成玄英氏以"貴"為尚，以"能"為賢。魏源氏以"瑰材畸行"為賢。劉驥氏以"不忘名"為尚賢。皆以"賢"為賢能之義，以"尚"為貴重之義也。

蔣錫昌氏以"賢"為多財，"不尚多財"為不尚賢。此又一解也。

不貴貨，使民不盜，

【註解】

"貴貨"，貴，重也。謂以財貨為重也。橫征暴斂之義。"盜"，竊盜也。

【文義】

謂君上自奉儉約，不橫征暴斂，以逞其私欲，使民安其業，遂其生，而不生竊盜之心。

【論述】

"不貴貨，使民不盜"，王弼本原作"不貴難得之貨，使民不為盜"。馬敍倫氏以為"《北堂書鈔》二七引作'不貴貨，使民不盜'。則《書鈔》所引，疑古本也。今王本作'不貴難得之貨，使民不為盜。'蓋後人以六十四章改之矣。成疏曰：'率土賤珍，則盜竊不起，故言不盜'。則成亦無'為'字。"高亨氏、嚴靈峯氏皆以為是。嚴氏並謂"《抱朴子·詰鮑篇》：'尚賢，則民爭名；貴貨，則盜賊起。'亦'尚賢'、'貴貨'對文。景龍本亦無'為'字。"因名據改。

劉巨濟氏以"上貴貨專利，而使民窮於不足，亦安得無盜乎"為解。所謂"窮於不足"，衣食不足，無以維其生也。所謂"貴貨專利"，言在上橫斂民財，以逞其私欲也。其義是也。

王弼氏以"貴貨過用，貪者競趣，穿窗探篋，沒命而盜"為解。所謂"貴貨過用"，言以財貨為重，而縱欲奢汰也。魏源氏以"貨以難得為貴，則民病其無，而至於盜"為解。呂吉甫氏以"民之盜，常出於欲利，知貨非上之所貴，則不為盜矣"為解。宋常星氏以"凡世間一切所貴重者，皆為難得之貨，為上者若有貴愛之心，為下者必起貪得之妄；貪之不得，未有不為盜者也"為解。張默生氏以"若是以難得的貨財為貴，大家便習慣於貪得的心理，很容易引起人的盜心"為解。皆言君上重貨，則下起貪欲之心，起而為盜，上行下效也。言君上不能重貨也。其義亦通。

不見可欲，使民心不亂。

【註解】

"不見"，不可見，不能見，謂無也。"可欲"，所欲也；謂尚賢、貴貨也。"亂"，不治也；不安定之義。

【文義】

謂君上無尚賢、貴貨之私欲，行無為之政，使民無爭、盜之心，安定不亂，國家自底於治平矣。重申君上之不可尚賢、貴貨也。

【論述】

王弼氏以"故可欲不見，則無所亂矣"為解。所謂"可欲不

老子章句淺釋

見”，言君上無尚賢、貴貨之私欲也。所謂“則無所亂”，言民無爭盜之心，安定不亂也。周紹賢氏以“人情相同，人之所欲亦相同。在上者不縱欲以誘人民，使民見可欲，競起追求，以亂心理。故不尚賢，不啓民爭名之心；不貴難得之貨，不啓民奪利之心；凡聲色玩好一切淫樂可欲之事，在上者皆當自戒，以免上行下效、迷惑人心；人心迷惑，縱欲無度，則盜竊亂賊乃作矣”為解。其義均是。

是以聖人之治：虛其心，實其腹，弱其志，強其骨。

【註解】

“治”，謂治國之道也。“其”，謂民也。“虛心”，謂心無私欲也。“實腹”，謂腹無飢餒也。“弱志”，謂志無爭、盜也。“強骨”，謂身體健強也。

【文義】

謂聖人治國之道，在使民心無私欲，腹無飢餒，志無爭盜，身體健強也。無私欲、無飢餒，則不爭、不盜矣。

【論述】

高亨氏以“四‘其’字，皆指民言。虛其心者，使民無知（智）無欲也。實其腹者，使民無饑（飢）也。弱其志者，使民不爭不盜不亂而無為也。強其骨者，使民體力堅實也”為解。其義是也。

蔣錫昌氏以“‘虛其心’與‘弱其志’文異誼同；‘實其腹’與‘強其骨’文異誼同，皆不必強為分別者也。”並引十二章“是以聖人為腹，不為目"以解曰："此章之'虛其心'，即彼章之'不為目'，此章之'實其腹'即彼章之'為腹'。老子以'腹'代表一種簡單清靜，無知無欲之生活；以目代表一種巧偽多欲之生活。簡言之，'為腹'即無欲之生活，亦即此文所謂'實其腹'，或'強其骨'也。'不為目'，即不為多欲之生活，亦即此文所謂'虛其心'或'弱其志'也"。言聖人之治身，當生活於無欲，而不為多欲之生活也。其解亦可供參考。

常使民無知無欲，使夫智者不敢為也。

【註解】

"知"與智同義，謂巧詐也。"欲"，私欲也；指名利而言。"為"，作為也；盜亂之義。

【文義】

謂能虛民之心，弱民之志，實民之腹，強民之骨，常使民無名利之念，無巧詐之行；雖有巧詐之徒，亦不敢倡為盜亂之事。蓋天下治平，和之者寡也。

【論述】

嚴靈峯氏以"使之守真反樸，無智無欲也。'民之難治，以其智多'；民既無智無欲，則智巧者亦無所施其伎倆矣"為解。其義是也。

張默生氏以"知識既然沒有，欲念也就很淡薄了。若使民常保得這樣無欲的天真狀態，縱然有詭計多端的陰謀家，也就無所施其伎倆了”為解。其以“智者”為“詭計多端的陰謀家”，即巧詐之徒，是也。惟以“知”為“知識”，似非經文之義。蓋老子之言，乃反對巧詐，而非反對知識也。

為無為，則無不治。

【註解】

“為”，作為也。指不尚賢、不貴貨，不見可欲而言。“無為”，無私欲也。

【文義】

謂聖人之治國，不尚賢，不貴貨，不見可欲，使民虛心、實腹、弱志、強骨，而己無私欲，則無不治平矣。

【論述】

王安石氏以“有為無所為，無為無不為；聖人為無為，則無不治矣”為解。嚴靈峯氏以“‘道常無為而無不為’，無不為，故無不治也”為解。其義皆是。

第四章

道沖而用之，或不盈；

【註解】

"道"，謂自然之道。"沖"，虛也，空也；"無"之義。"或"，常也。"不盈"，不窮也。謂道衍生天地萬物之用不窮也。

【文義】

謂"道"以虛空卽以"無"為用，衍生天地萬物，其用或不窮也。

【論述】

"沖而用之"，高亨氏云："既言'沖'，又言'不盈'，文意重複，疑'盈'當讀為逞，'盈''逞'古通用。'逞'，盡也……謂道虛而用之，或不盡也。"其說是也。蘇轍氏云："沖然至無耳"。李息齋氏云："道沖虛而妙"。張默生氏云："道是以虛為用的"。嚴靈峯氏云："沖，虛也。"皆謂道以"虛"、"無"為用也。

"或不盈"，王弼氏以"沖而用之，用乃不能窮。滿以造實，實來則溢，故沖而用之，又復不盈，其為無窮，亦已極矣"為解。所謂"滿以造實，實來則溢"，以滿則實，實則溢也。滿實，虛空之反也。所謂"沖而用之，用乃不能窮。"即以"沖"為虛，以"不盈"為不窮也。蔣錫昌氏以"'不盈'，猶言不窮"為解。張默生氏以"……可是用起來，似乎是沒有窮盡的樣子"為解。所謂"用乃不能窮"，"猶言不窮"，"用起來似乎是沒有窮盡"，皆言道衍生天地萬物之用無窮盡也。

淵兮，似萬物之宗；湛兮，似或存。

【註解】

"淵"，深也；不可測之義。形容道用之無窮也。"宗"，本也。根源之義。"湛"，沉也，沒也；形容道體之無形也。"或"，常也。"存"，存在也。

【文義】

謂道之用淵兮無窮，為天地萬物所從出之根源；而道體湛兮無形，常存在於宇內也。

【論述】

王弼本"宗"字下有"挫其銳，解其紛，和其光，同其塵"四句。嚴靈峯氏據譚獻、馬敍倫、陳柱諸氏，認係五十六章誤簡之說，以為"此四句與上下文俱不相應，似當刪去。"是也。惟蔣錫昌氏以"複文為《老子》特有之文體，不能因其複出，遂謂之錯簡。馬（敍倫）說非是。"為辯。故蔣氏以及其他各家依此所註經文之義，乃不免有附會之處。茲據嚴氏之說，刪此四句。

"淵兮，似萬物之宗"。李息齋氏以"其深妙，愈用而愈不窮，物物自道，而道未嘗物"為解。所謂"其深妙，愈用而愈不窮"，即以"淵兮"為道用之無窮盡也。所謂"物物自道"，即言"道"能衍生天地萬物，而為天地萬物之根源也。河上公氏以"道淵深不可知也，似為萬物之宗祖"為解，陸農師氏以"深不可識，而為萬物之祖師"為解。蔣錫昌氏以"所以形容道體之恍惚深遠，以道為萬物之宗也，然又不可得而形名也"為解。所謂"宗祖"、"宗師"亦皆根源之義也。

張默生氏以"直似萬物的宗主，也可說他是主宰萬物的"為解。所謂"他是主宰萬物的"，似不妥。五十一章"為而不恃，長而不宰。"卅四章"衣養萬物而不為主"，"萬物歸焉而不為主"。且"道"為自然，亦不能自識其主宰萬物也。李宏甫氏云："一似萬物之宗，而非有以宗之也。"即謂"道"似若萬物之宗主，而非有為萬物宗主之意也。"湛兮，似或存"，高亨氏以"湛者，黯不可見之貌；道不可見，故曰：湛兮，似或存"為解。嚴靈峯氏以"'湛'，沉也；沒也。'道隱無名'沉沒而不可見，故曰：'湛兮。'"為解。所謂"黯不可見"，"沉沒而不可見"，皆謂道體無形。其說皆是也。至河上公氏解"湛兮"為"湛然安靜"，劉驥氏解為"湛然長寂"，朱晴園氏解為"虛靈不昧"，皆非經文之本義也。

河上公氏解"似或存"為"長存不亡"，黃茂材氏解為"常存而不壞也。"皆謂道之永遠存在也。即廿五章"周行而不殆"之義，其說是也。至劉驥氏之解"似或存"為"若亡而存"，朱晴園氏之解為"似無而實有"，以道無形而有物以解之也。

吾不知其誰之子，象帝之先。

【註解】

"其"，謂"道"也。"子"，嗣也；謂所從出也。"象"，通像，肖似也。"帝"，天也；謂天地也。

【文義】

謂吾不知"道"之所從而出，卽由何而生，似在天地之先，卽已存在。卽廿五章"有物混成，先天地生。"之義。蓋"道"為自然而成，故謂不知其所從出也。

【論述】

河上公氏以"老子言吾不知'道'所從生。""'道'自在天地之前，此言'道'乃先天地生也"為解。成玄英氏以"帝，天地。既能生天生地，似在天地之先也"為解。皆以"帝"為天地也。是也。

高亨氏以"象，猶似也。'象帝之先'，猶言似天帝之祖也。"祖，卽"先"之義。解"先"為祖，亦通。

第五章

天地不仁，以萬物為芻狗；

【註解】

"不仁"，謂仁而不自以為仁，不炫耀其仁也。"芻狗"，結草為狗，巫祝用之，以喻無識之物也。

【文義】

謂天地覆載萬物，萬物恃之而生生不絕，此有仁於萬物也。然天地不自知其於萬物之仁也，不自炫耀其於萬物之仁也。如視萬物為無識之芻狗，而不望萬物之報其仁也。蓋以天地之無為無私而喻仁人之道也。

【論述】

"芻狗"，陸德明氏《釋文》引李頤云："結芻為狗，巫祝用之。"是也。其他各家註釋，亦多類同。

"天地不仁"，河上公氏以"天地施化，不以仁恩，任自然也"

老子章句淺釋

為解。王弼氏以"天地任自然，無為無造，萬物自相治理，故不仁也"為解。黃茂材氏以"天地之於萬物，無傷而已，任之自然"為解。蘇轍氏以"天地無私，而聽萬物之自然，故萬物自生自死。死非吾虐之，生非吾仁之也"為解。蔣錫昌氏以"言天地不保養萬物，而任其自保自養"為解。皆以天地不施仁於萬物，而任萬物之自然為解也。殊不知天地並非未施仁於萬物，以天地為自然之體而無意志者，是以雖施仁於萬物而不能自知，而不能自炫也。

"以萬物為芻狗"，河上公氏以"天地生萬物，人最為貴，天地視之如芻草狗畜，不責望其報也"為解。所謂"不責望其報"者，以芻狗為無識之物，故言不責望其報也。實則天地無意志，不能責望其報也。劉驥氏以"天地之於萬物，因其自然，付之自爾，無愛利之心，故言不仁。是猶束草為狗，祭祀所用，適則用之，過則棄之，無容心焉"為解。解老者多為此說，並非是。

聖人不仁，以百姓為芻狗。

【註解】

"聖人"，謂國君也。

【文義】

謂國君之治國，當法天地之施仁於萬物，無私無欲，而不自以為仁，不自炫其仁，不責望百姓之報之也。此法天天、法地地之義也。

【論述】

河上公氏以"聖人愛養萬民，不以仁恩，法天地，行自然。"

"聖人視百姓如芻草狗畜，不責望其禮意" 為解。所謂 "不以仁恩"，不自以為仁恩也。蓋既愛養萬民，必施之以仁恩也。其義在言國君愛養萬民，當法天地之施仁於萬物，而不自以為仁，不自炫其仁，不責望萬民之報之也。所謂 "不責望其禮意"，即不責望其報之義也。

周紹賢氏以 "本章言天地無私，化生萬物，各遂其性，純任自然。為政者若能法天道之大公，無偏無頗，自然可達盛治。" "《莊子・天運篇》以芻狗比先王之法，已為過時被棄之物，不宜再用。《淮南子・齊俗訓》以芻狗比聖人立法，隨時舉事，世易則法變。父母對子女，亦慈亦嚴，嚴並非不慈；政府對人民，有德有威，威並非不德，有時必須 '董之用威'。（《大禹謨》）用威所以輔助德政之實施，此即聖人不仁，芻狗百姓之意也。" 所解 "不仁"、"芻狗"，以 "不仁" 為立法用威而治國，以 "芻狗" 為適時變法，其義亦通。

其他解老者，頗多以用芻狗祭祀，既用之後，則棄之不顧之義，以為聖人之治國，以百姓為芻狗，於其生死禍福毫不理會，而任其自然，使其自相治理之說，皆非是。治國者不理百姓之生死禍福，安能稱治！使其自相治理，安用國家！蓋天地無意志，而任萬物之自然；人類有意志，有思想，有私欲，故聖人之治國，則不能純任其自然也。

天地之間，豈猶橐籥乎！虛而不屈，動而愈出。

【註解】

"橐籥"，冶鐵用具，猶今之風箱，用以煽火者也。"不屈"，不竭也；不盡之義。

　　　　　　　　　　　　　　老子章句淺釋

"動"，用也。"愈出"，無窮之義，言其用也。

【文義】

謂天地之間，如風箱之中空也。風箱中空，故鼓風煽火，其氣不盡，用而無窮。天地之間如風箱之中空，萬物以之而生生不絕，其用無窮。此言虛空之道，其用無窮，人君當以之為法也。亦"法天天"、"法地地"之義也。

【論述】

河上公氏以"天地之間空虛，和氣流行，故萬物自生……橐籥中虛空，故能有聲氣"為解。橐籥中空故能有聲氣，故能有其不盡之用也。劉巨濟氏以"天地之兩間能虛……虛者，橐籥之體也；不屈，則以虛故也，橐籥之用也"為解。黃茂材氏以"天位乎上，地位乎下……今以橐籥以喻天地之道，幾為無蘊矣。虛無，體也，故不屈；動不已也，故愈出"為解。皆以萬物之生，由於天地間之虛空也。若非天地之間為虛空，則萬物無由而生於其間，卽無萬物之生也。蓋言虛空之為貴，其用無窮，以喻人君當以之為法也。

多言數窮，不如守中。

【註解】

"多言"，言，號令也，法令之義；謂法令繁多也。"數"，枚也，計數之器。謂謀策也。"中"，通沖，虛也。無為之義。

【文義】

謂以法令繁多之策而治國，"法令滋彰，盜賊多有。"其策無效，故曰數窮。不如守虛靜無為之道，以治其國也。

【論述】

余培林氏以"'多言'的'言'，指聲教法令，非僅限於言語。'多言數窮'，是說政令煩苛，則加速敗亡""所以不如抱守清虛，無為無事"為解。以"言"為聲教法令，以"多言"為政令煩苛，以中為虛，其義是也。以"數"為"速"，其義亦通。高亨氏以"多言數窮，故行不言之教。中者，簿書也……國必有圖籍；蓋謂有國者守其圖籍而已，不多教命也"為解。以"中"為"簿書"，以"言"為"教命"。教命者，即法令也。

張默生氏以"中字，是有中空的意思，好像橐籥沒被人鼓動的情狀，正是象徵着一個虛靜無為的道體。吾人常常以自己的小聰明，妄作主張，你有你的道理，他有他的道理，則言論越多，離得真理越遠……何如蠲除私見，守着虛靜無為的道體呢"為解。以"中"為"虛靜無為"，以"言"為"言辭"也。

蔣錫昌氏以"'多言'即有為也。'數'借為'速'。此'中'乃老子自謂其中正之道，即無為之道也。言人君有為則速窮，不如守清靜之道之為愈也"為解。以"多言"為"有為"，有為者，無為之反也。以"中"為無為之道。其義與王弼氏所註"愈為之則愈失之矣"同。

宋常星氏以"人之言語，妙在中節，不貴於多……倘若頻仍太甚，未有不理窮而辭拙者也。總不如守中，無太過，無不及。時然而後言，則言無瑕謫，語無口過"為解。以"言"為"言辭"，以"中"為"適中"也。

　　　　　　　　　　　　　　老子章句淺釋

第六章

谷神不死，是謂玄牝；

【註解】

"谷神"，謂"道"也。谷虛空，而道以虛空為用，故以喻之也。"不死"，不盡不窮之義，言道之用也。四章"道沖而用之，或不盈"之義也。"玄牝"，牝，母也，生之所自也；謂道為衍生萬物之母體也。

【文義】

謂"道"衍生天地萬物，其用不窮不盡，可謂衍生萬物之母體也。

【論述】

"谷神不死"，王弼氏以"谷神，谷，中央無者也。無形無影，無逆無違，處卑不動，守靜不衰，物以之成，而不見其形"為解。以空為喻而解谷神為道，以物以之成而解玄牝也。嚴復氏以"以其虛，故曰谷；以其因應無窮，故稱神。以其不屈愈出，故曰不死"為解。屈，盡也。嚴靈峯氏以"言道以沖虛為用，其用無窮，故曰：谷神不死"為解。皆是也。

高亨氏以"'谷神'者，道之別名也。'谷神'者，生養之神。道能生天地養萬物，故曰：'谷神'。'不死'，言其長在也"為解。以道用而解"谷神"，以長在而解"不死"，其義亦通。

河上公以"谷，養也。人能養神，則不死也"為解。（谷，讀穀。《廣雅·釋詁》："穀，養也。"）蔣錫昌氏以"此谷字乃用以象徵吾人之腹，卽道家所謂丹田，以腹亦空虛深藏如谷也。神者，腹中元神或元氣也"為解。皆以世俗道家吐納導引修道之術為解，背離經文之義遠矣。

"是謂玄牝"，陸農師以"玄牝者，生天生地也""玄牝者，言其體也"為解。卽謂"道"為天地萬物所從生之母體也。其義是也。魏源氏以"天下之物，惟牝能受生，若夫受而不見其所以受，生而不見其所以生，則尤玄妙不測之牝也"為解。所謂"牝"，卽"母"之義也。以"玄"為玄妙不測，其義亦通。

玄牝之門，是謂天地根。

【註解】

"門"，所從而出入者也。"根"，根源也。

【文義】

謂天地萬物由玄牝（道）而生而出，玄牝（道）為天地萬物生出之門，是以玄牝（道）為天地萬物之根源。

老子章句淺釋

【論述】

王安石氏以"其門，則天地所由生之門也"為解。所謂"其門"，卽玄牝之門。謂天地萬物皆由玄牝所生也。陸農師氏以"所謂玄牝之門者，其子由之而生"為解。所謂"其子"，謂天地萬物也。魏源氏以"可以母萬物，而萬物皆從此門出，豈非天地根乎"為解。所謂"母"，生養之義也。高亨氏以"道生天地，故為天地根"為解。嚴靈峯氏以"道者，天地萬物之所從出，故曰：天地之根"為解。"天地萬物之所從出"，卽"道生天地"也。以上諸氏之說，其義皆是。

綿綿若存，用之不勤。

【註解】

"綿綿"，長不絕之貌；謂"道"用之生生不絕也。"若存"，存而不可見也；無形之義。"用"，謂"道"之用也，卽道之功能也。"不勤"，無盡也。

【文義】

謂道之為物，生生不絕，存而無形，其用無窮盡也。

【論述】

"綿綿"，王安石氏以"遠而不絕"為解，蘇轍氏以"微而不絕"為解，黃茂材氏以"相繼"為解，嚴靈峯氏以"不絕"為解，張默生氏以"連續不斷貌"為解。所謂"不絕"者，謂道用之生生不絕也。

"若存"，蘇轍氏以"存而不可見"為解，宋常星氏以"不見其存而存"為解,朱晴園氏以"似存而非存"為解:皆存而無形之義也。

"不勤",王雱氏、高亨氏皆以"不盡"為解,嚴靈峯氏以"無窮"為解,皆是也。王弼、王安石、蘇轍諸氏皆解"勤"為勞,似非是。

高亨氏以為:"'綿',疑借為'昏'。昏古讀若民,與綿音相近。'昏昏',猶冥冥也,不可見之義也。唯其冥冥不可見,故曰若存。"其說可供參考。

第七章

天長地久。

【註解】

"長久"，謂長而且久，時無盡已，永存之義。

【文義】

謂天地之生，長而且久，時無盡已也。

【論述】

河上公氏以"謂天地長生久壽，以喻教人也"為解。所謂
"長生久壽"，即長生也。所謂"以喻教人也"，喻聖人治國之道
也。成玄英氏以"舉天地以況聖人"為解，其義皆是。

天地所以能長且久者，以其不自生，故能長生。

【註解】

"不自生"，不貴己之生也。無私、無欲之義。"長生"，生存長久，永壽之義。

【文義】

謂天地之所以長生永壽者，以其無私無欲，生養萬物，而不貴己之生，無生之累，故能長生久壽也。

【論述】

河上公氏以"天地所以獨長且久者，以其安靜，施不求報；不如世人居處，汲汲求自饒之利，奪人以自與。以其不求生，故能長生不終也"為解。所謂"安靜"，即無私無欲也。所謂"不汲汲求自饒之利，奪人以自與"，即不害人之生而貴己之生也。所謂"長生不終"，即長生永壽也。成玄英氏以"言天地但施生於萬物，不自營己之生也"為解。蔣錫昌氏以言天地不自私其生也"為解。所謂"不營己之生"，"不自私其生"，皆為不貴己之生也。

天地何以不自生？程俱氏論曰："天、地、人一原耳。天之所以為天，地之所以為地，人之所以為人，固同。而天地之能長且久，而人獨不然，何哉？天不知其為天，地不知其為地，今一受其形而為人，則認以為己，曰人耳。謂其養生不可以無物也，則騁無益之求；謂其有身不可以不愛也，而營分表之事。厚其生而生愈傷，養其軀而軀愈病，其不為中道夭者亦幸矣。"所謂"騁無益之求"，"營分表之事"，皆所以自以有身而愛其身，以其有意志、有靈性、有私欲之故也。所謂"天不知其為天"，"地不知其為地"，天地無意志、無靈性之故也。有意志、有靈性則有私欲，無意志、無靈性則無私欲，此人與天地之所不同者也。經文之義，在喻人應法天地之無私欲，則可以長久也。

　　　　　　　　　　　　　　　　　老子章句淺釋

是以聖人後其身而身先，外其身而身存；非以其無私耶？故能成其私。

【註解】

"聖人"，謂國君也。"後其身"，先以為人也；無私之義。"外其身"，為人而不為己也；亦無私之義。"私"，謂身先、身存也。

【文義】

謂國君以無私而治其國，先以為人，而不為己，以百姓之心為心，則萬民擁戴，而身先、身存；此以其無私之故也。以其無私之故，故能成其身先、身存之私也。經文之義，在喻人君之治國，應效天地之無私也。

【論述】

河上公氏以"先人而後己者也，天下敬之，先以為長""薄己而厚人，百姓愛之如父母，神明祐之若赤子，故身常存""聖人為人所愛，神明所祐，非以其公正無私所致乎""人所以為私者，欲以厚己也。聖人無私，而己自厚，故能成其私也"為解。王弼氏以"無私者，無為於身也。身先、身存，故曰能成其私也"為解。宋常星氏以"聖人體天地之道……先人而後己，不以爭先於天下，是以謂之後其身。天下亦莫不推尊仰望。既已推尊而仰望，其身未有不先於人者。以道德為本，幻身為末，不求榮顯於一身，是以謂之外其身，天下亦莫不尊親而永保。既以尊親而永保，此身未有不長存者"為解。其義皆是也。

第八章

上善若水。

【註解】

"上善"，大善也，謂行合於道者，指聖人而言。

【文義】

謂聖人行合於道，其善若水也。

【論述】

河上公氏以"上善之人，如水之性"為解。王安石氏以"善者，可以繼道，而未足以盡道；故上善之人若水矣"為解。呂吉甫氏以"上善者，道之所謂善也……故若水焉"為解。李宏甫氏以"言天下之善者，莫善於水，而聖人之善若之"為解。所謂"上善"者，指聖人而言也。蔣錫昌氏以"'上善'，謂上善之人，即聖人也"為解。其義皆是。

或以"上善"指"水"而言，亦通。

水善利萬物而不爭，處衆人之所惡；

【註解】

"善利萬物"，謂滋養萬物，以利其生也。"不爭"，謂不爭高上也。"所惡"，惡、音戊，憎也；指卑下而言。

【文義】

謂水滋養萬物，以利其生，而不爭高上，自趨於衆人所憎惡之卑下之地。聖人之行，亦宜傚之如是也。

【論述】

河上公氏以"水在天為霧露，在下為泉源也""衆人惡卑溼垢濁，水獨靜流居之也"為解。所謂"霧露"、"泉源"，皆萬物賴以滋生者也。王安石氏以"水之性善利萬物，萬物因水而生；然水之性至柔至弱，故曰'不爭。'衆人好高而惡卑，而水處衆人之所惡也"為解。以水性之至柔至弱，故不爭為高上也。吳澄氏以"蓋水之善，以其灌溉浣濯，有利萬物之功，而不爭處高潔，乃處衆人所惡卑污之地"為解。其義皆是。蓋經文之義，在以此而喻聖人之行當以水為法也。

故幾於道。

【註解】

"幾"，近也。"道"，謂自然之道也。

【文義】

謂水性近於自然之道也。"道"，"萬物恃之而生而不辭，功成

不名有，衣養萬物而不為主。"（見卅四章）"水善利萬物而不爭，
處衆人之所惡。"皆無為無私也。故曰："幾於道"。此以喻聖人之
治國，以水為法，則合於道。

【論述】

河上公氏以"水性幾與道同"為解。成玄英氏以"幾，近也。
言行此三能，故近於道"為解。所謂"三能"，言"善利萬物"、
"不爭"、"處衆人之所惡"也。呂吉甫氏以"雖未足以為道，幾於
道矣"為解。蔣錫昌氏以"幾，近也。言水德近於道也"為解。
皆以水性近於道為解，是也。

張默生氏以"上善的人，既有這樣的美德，又具有善利萬物
的胸懷，所以也和道體相近"為解。謂聖人有如水之德，卽近於
道矣。

居善地，

【註解】

"居"，處也。"地"，至下之義。《荀子·儒效篇》："至下謂之地。"又《禮論篇》：
"地者，下之極也。"

【文義】

謂居下而不居上，如水之"處衆人之所惡"也。

【論述】

河上公氏以"水性善喜於地，在草木之上，卽流而下"為解。
所謂"水性善喜於地"，言水性之就下也。王雱氏以"趣下而流"

為解。蘇轍氏以"避高趨下，未嘗有所逆"為解。所謂"趣下而流"、"避高趨下"，皆言如水之趣下而居也。所謂"未嘗有所逆"，言不爭為上也。呂吉甫氏以"江海之所以為百谷王者，以其下之也，故居則善地"為解。蔣錫昌氏以"言居好下也。居好下者，即六十一章'大者宜為下'之義"為解。皆言聖人居下不居上，如水之"處眾人之所惡"也。

高亨氏以為"居善地，義不可解。'地'疑當作'坤'，形近而譌。《易·說卦》：'坤，順也。'居善坤者，謂居以順物為善也。"經文之義，謂聖人效水之居下也。"居善地"，即居下之義。高氏之說，疑非。

心善淵，

【註解】

"淵"，《管子·度地篇》："出地而不流者，命曰淵水。"淵水，止水也；靜之義。靜，謂清靜，言無欲也。

【文義】

謂聖人無欲，如淵水之清靜也。

【論述】

王安石氏以"淵，靜也"為解，是也。成玄英氏以"淵，止水也"為解。止水，即靜而不流之水也。黃茂材氏以"靜可以鑒也"為解。劉驥氏以"以靜則明也"為解。曹道沖氏以"淵者，水之上雖有風波，莫能動其靜深"為解。吳澄氏以"淵，謂靜深也”為解。皆以“淵”為“靜”之義也。嚴靈峯氏以“‘致虛極，守靜篤。’‘我無欲而民自樸。’‘心善淵’也”為解。以“淵”為“靜”，以“靜”為無欲，其說甚是。

蔣錫昌氏以“‘心善淵’，言心好深藏也。十五章‘古之善為士者，微妙玄通，深不可識。’《史記‧老子列傳》：‘老子曰……良賈深藏若虛，君子盛德，容貌若愚。’此皆所謂‘心善淵’也”為解。本章經文之義，在言聖人之行，效水之德；“淵”當指水之德而言。故蔣氏之說，疑非。

與善仁，

【註解】

“與”，施與也。“仁”，愛也；愛民之義。言施惠於民也。

【文義】

謂聖人施惠於民而不求其報，如水之善利萬物而不爭也。

【論述】

蘇轍氏以“利澤萬物，施而不求報”為解。王安石氏以“施不求報”為解。劉驥氏以“利物而不求報也”為解。黃茂材氏以“濟物之功博也”為解。宋常星氏以“水之德，施萬物而不伐其功，利萬物而不求其報”為解。其義均是。

吳澄氏以“與之善，必親仁。與，謂伴侶；仁，謂仁人”為解。謂與仁人相交與也。與仁相交與，固是，然非本章之旨也。

蔣錫昌氏以“‘與’為‘敵’意。六十八章‘善勝敵者不

老子章句淺釋

與'，謂善勝敵者不敵也，與此文誼均同。'與善仁'，言敵好愛也"為解。謂愛其敵也。以兵言之，"戰不必勝，不足以言戰；攻不必克，不足以言攻。"若戰而愛敵，戰而不敵，何戰之有！何勝之有！何克之有！所謂"善勝敵者不與"，"與"，謂鬥也，言不以兵與敵戰鬥而爭勝，而以謀勝敵之謂也；非所以愛敵也。蔣氏之所解似誤，亦與本章經文之旨不合。

言善信，

【註解】

"信"，實也，不欺之義。

【文義】

謂聖人之言，信而不欺，若潮水之不失其時也。

【論述】

成玄英氏以"信，實也。水能澄鑒儀貌，妍醜不欺……亦言三潮不失時候"為解。宋常星氏以"潮不失時"為解。薛蕙氏以"其言有徵而不爽"為解。皆以信而不欺為解，是也。

蔣錫昌氏以"老子之所謂'言'者，只是'不言'，'不言'卽是'無為'。其所謂'信'者，只是實行無為之治，而於民之善惡得失，渾渾噩噩，毫不加以分別理會也。故'言善信'者，猶言聖人實行無為之治，因此卽為聖人好信之表示也"為解。惟本章經文之義，在言聖人之治國，以水為法。水之利澤萬物，無為無私也。解水之為"無為"，固不能謂為非是，然解"信"為"無為"，則非是。至解無為之治為"於民之善惡得失，渾渾噩噩，毫不加以分別理會也。"則似不妥。蓋無為之治，以"無為"而治其國也，既言治國，則安可"對民之善惡得失，渾渾噩噩，毫不加以分別理會"誠如此，則治而無治，天下大亂矣！歷史上有如此以治其國者乎？其失誤之處，在解"無為"為不為也。不為，安可以為治？古今解老子"無為"之義如蔣氏者，不乏其人，讀者其審諸！

正善治，

【註解】

"正"，政也，古正、政通用。"治"，理也。

【文義】

謂聖人為政利民，若水之於物，即若水之利萬物也。

【論述】

河上公氏以"無有不洗，清且平也"為解。蘇轍氏以"洗滌羣穢，平準高下，善治也"為解。周紹賢氏以"洗滌汙濁，德澤普及，人羣向化"為解。皆言為政清平也。宋常星氏以"水以生萬物為政……以水之政，觀聖人之參天地，贊化育，安百姓，和萬物。使天下各盡其道，各遂其生；皆是聖人之'政善治'也"為解。即以水為法而為政利民之義也。

蔣錫昌氏以"'正'當讀如字。老子治國，主張清靜無為，故即以清靜之道為正，此老子特有名詞也。此文'正善治'，謂好清靜之道為治也"為解。本章經文之義，在言法水以為政，故"正"解作"政"為勝。

事善能，

【註解】

"事"，謂處事立功也。"能"，謂水之曲折隨形，無往不利，因事制宜之義。

【文義】

謂聖人處事立功，因事制宜，能圓能方，如水之曲折隨形，無往而不利也。

【論述】

河上公氏以"能方能圓，曲折隨形"為解。蘇轍氏以"萬物賦形，而不留於一"為解。所謂"不留於一"，言不執著也。卽劉巨濟氏所謂"水以圓方而不滯為能也。"王安石氏以"適方則方，隨圓則圓"為解。王雱氏以"唯變所施，故無不能也"為解。周紹賢氏以"方圓曲直，因事制宜，攻堅通塞，順利無阻"為解。皆言水性曲折隨形，能方能圓，可以無往不利也。聖人之處事立功，當以之為法也。宋常星氏以"應事接物之間，隨方就圓；處人待己之際，不拘不泥"為解。卽以水為法之義也。

動善時。

【註解】

"動"，行動也，作為之義。"時"，伺也，伺合適之時，因時制宜也。

【文義】

謂聖人有所作為，因時制宜，伺機而發，如水之遇下則流，乘隙而動也。

【論述】

吳澄氏以"動之善，貴其時；時，謂當其可"為解。劉仲平氏以"動善時，蓋因時而動，動之善也"為解。張默生氏以"他的舉動，必能適當其會"為解。所謂"當其可"、"因時而動"、"適當其會"，皆謂因時制宜，伺機而發也。宋常星氏以"人能不違天時，不逆人事，可行則行，可止則止，事不妄為，言不妄發，亦如水動善時之妙也"為解。所謂"如水動善時之妙"，即以水之動為法也。

蔣錫昌氏以"其實老子之所謂'動善時'者，非聖人自己有何積極之動作而能隨時應變；乃聖人無為無事自己淵默不動，而一任人民之自作自息也"為解。以"動"為"淵默不動"，非經文之義也。

夫唯不爭，故無尤。

【註解】

"不爭"，謂以上居善地，心善淵，與善仁，言善信，正善治，事善能，動善時之事也。"尤"，咎過也。

【文義】

謂聖人以水為法。而居善地，心善淵，與善仁，言善信，正善治，事善能，動善時，如水性之不爭，故無咎過也。

【論述】

　　成玄英氏以"前釋唯水與聖，獨以不爭，為能虛柔順，故無尤過也"為解。李宏甫氏以"居善地七句，皆聖人利萬物而不爭之實"為解。林休庵氏以"種種任道，物我無爭，夫唯不爭，故無過尤矣"為解。所謂"種種任道"，即以水為法也。劉驥氏以"兼此七善，而不與物爭，故無尤，此其所以幾於道"為解。嚴靈峯氏以"言以上七事，皆不爭之德。'夫唯不爭，故天下莫能與之爭。'所以無過失也"為解：其義皆是。

第九章

持而盈之，不如其已。

【註解】

"持"，執而不釋也。"盈"，滿器也。以喻人之驕矜也。"已"，止也。

【文義】

謂持盈則溢，不如止而勿持；以喻人之驕矜則危，不如謙退自處也。

【論述】

河上公氏以"盈，滿也。已，止也。持滿必傾，不如止也。"為解。成玄英氏以"持，執也。盈，滿也。已，止也。言不能靜退謙虛，恒欲執求盈滿，誇矜我大、意在陵人，必致傾危，不如止而勿行也。故《莊子》云：'厄滿則傾危'。又《書》云：'滿招損，謙受益'"為解。宋常星氏以"持盈者，取喻盈滿之器，恐有傾失之患；故持之於盈，不如已之而不可持也"為解。其義皆是。

揣而銳之，不可長保。

【註解】

“揣銳”，揣，捶也，治擊之義。銳，鋒利也，剛強之義。“長保”，永無折傷之義。

【文義】

謂捶物使之銳利，固便於用也，然銳則易折，不能永無折傷也。此以喻人之剛強，不若柔弱也。七十六章：“故堅強者死之徒，柔弱者生之徒。”所謂堅強，即剛強之義也。

【論述】

王弼本“銳”作“梲”。易順鼎氏以為“實則王本作‘銳’，與古本作‘梲’不同。註云：‘既揣末令尖，又銳之令利，勢必摧衄。’是其證。《文子·微明》篇、《淮南子·道應訓》作‘銳’，並同。”蔣錫昌氏、嚴靈峯氏均以為是。因據改。

王弼氏以“既揣末令尖，又銳之令利，勢必摧衄，不可長保也”為解。劉驥氏以“揣度以成其銳，銳則挫矣，故不可長保”為解。所謂“勢必摧衄”，“銳則挫矣”，以銳則易折也。王氏以“揣”、“銳”分解，以“銳”為動詞，亦無傷其義。

宋常星氏以“人之聰明才智，貴乎收斂，不可炫露。譬如治利刃者，用心磨礪而揣治之，鋒鋩銛利而益求其銳……不知此等利刃，雖有斷物之能，終有傷折之害；揣銳太過，所以不可長保。人之聰明才智，炫露太過，與此一樣”為解。此解“揣銳”為鋒鋩過露也。

金玉滿堂，莫之能守。

【註解】

"金玉滿堂"，謂聚斂財貨，至於極富也。"守"，守而不失也。

【文義】

謂聚斂財貨至於極富，貪不知足，終不能守之不失，而身為物役。此戒令不可貪欲而應知足也。

【論述】

劉驥氏以"金玉滿堂，累於物也，累於物，則欲之者多；故'莫之能守。'"為解。所謂"累於物者，積其財富也"。所謂"欲之者多"，富者，貧之所怨而欲奪其財，此以生不能守之也。宋常星氏以"人之不顧身命之重，妄貪金玉之多，縱然金玉積至滿堂，臨命終時，守之不得"為解。此以死不能守之也。劉師立氏以"金玉必累，戒之在貪"為解。所謂累，身為物所役而累其身也。所謂"戒之在貪"者，言經文之義在戒人之貪而應知足也。周紹賢氏以"貪夫不擇手段，聚斂貨財，必然招寇盜之害"為解。所謂"招寇盜之害"，累其身也。

富貴而驕，自遺其咎。

【註解】

"富貴"，謂位高榮寵也。"咎"，災殃也。

老子章句淺釋

【文義】

謂競於仕進，至於位高榮寵，而恃以驕人，自取災殃，蓋驕者必敗也。此戒人當韜晦知止也。

【論述】

河上公氏以"大富當賑貧，貴當憐賤，而反驕恣，必被禍患也"為解。劉驥氏以"富貴而驕，害於德也，害於德，則攻之者眾；故'自遺其咎'"為解。嚴靈峯氏以"既富且貴，應知止足；不自韜晦，反以驕人，驕者必敗，'自矜者不長'，言自惹災禍也"為解。周紹賢氏以"富貴易遭人忌，而再加驕傲，豈非自造咎戾，自取災禍乎"為解。其義皆是。河氏、嚴氏雖將富貴分而解之，於義無傷也。

功成身退，天之道哉！

【註解】

"身退"，退身，不以身先也。不居功之義。"天之道"，謂自然之道。

【文義】

謂不以身先，功成而不居，乃合於自然之道也。

【論述】

土弼本無"哉"字。"哉"字原為"載"字，乃十章之首字，改"載"字為"哉"字移此，說見該章首句論述。

余培林氏以"'身退'，非必退身避位，凡'不有'、'不恃'、'不居'皆是。'天之道'，自然之道。""功成身退，始合自然之道"為解。其義是。

　　河上公氏以"言人所為,功成事立,名跡稱遂,不退身避位,則遇於害,此乃天之常道也"為解。成玄英氏以"所以佐世之功,成富貴之名,遂者必須守分知足,謙柔靜退,處不競之地,遠害全身。能為是者,深合天眞之道也。功成名遂者,謂退身隱行,行自然也"為解。宋常星氏以"若功既成矣,當善終其功;名既遂矣,當善全其名。善終善全者,非身退不可"為解。皆解"身退"為退身避位也。

第十章

營魄抱一，能無離乎？

【註解】

"營"，治也；修治之義。"魄"，魂魄；謂精神也。"抱"，持也。"一"，謂道也。

【文義】

謂人之修治其精种，能持道不離乎？自省之義。言人之精神修養，應持道不離，即不離於道也。

【論述】

"營魄抱一"，唐玄宗以前本作"載營魄抱一"。玄宗改"載"為"哉"，屬原九章末句末字讀。孫貽讓、馬夷初、蔣錫昌諸氏，皆以為是。因據刪"載"字並移於九章。"營魄"，河上公、魏源、蔣錫昌諸氏，皆解為"魂魄"，以名詞解之，非是。下文"專氣致柔"，"滌除玄覽"，與此"營魄抱一"文體同例。“專”、“滌”皆為動詞，故“營”字亦當以動詞為解，即修治之義。

蔣錫昌氏以“‘營魄’，魂魄也。即今語所謂精神。‘抱一’者，專心於一念之謂。‘營魄抱一’言將精神專心一念於導引之術，而勿使散失雜馳也。可知‘抱一’乃古時道家一種衛生之術也”為解。其所解“營魄”為魂魄之非是，上已論及。至所謂“抱一”為道家一種衛生之術，亦非是。

專氣致柔，能嬰兒乎？

【註解】

“專”，專一也。“氣”，精神之表現於外者，謂之氣。“致”，至也。“柔”，柔和也。“嬰兒”，嬰兒無私欲，且筋骨柔弱，以喻人之柔和無欲也。

【文義】

謂能專一其氣至於柔和而無私欲如嬰兒乎？自省之義。言人應如嬰兒之柔和而無私欲也。

【論述】

高亨氏以“《管子·內業篇》：‘搏氣如神，萬物備存。’尹註：‘搏，謂結聚也。’老子之‘專氣’與管子之‘搏氣’同。氣者，人之精神作用也。嬰兒之精神作用，不分馳於物，且骨弱筋柔，故曰：‘專氣致柔，能嬰兒乎？’”為解。所謂“專氣”與“搏氣”同，即結聚其氣，專一其氣也。所謂“不分馳於物”，即言嬰兒無物之欲也。其義是。

滌除玄覽，能無疵乎？

【註解】

"滌除"，消除也，盡去之義。"玄覽"，妄見也。"疵"，病也，謂私欲也。

【文義】

謂能盡去妄見，守道不離，而無纖毫私欲乎？自省之義。言人應盡去妄見，守道不離，而無纖毫私欲也。

【論述】

高亨氏以"'覽'讀為'鑒'，'覽'、'鑒'古通用……玄者，形而上也；鑒者，鏡也。玄鑒者，內心之光明，為形而上之鏡，能照察事物，故謂之玄鑒。《莊子·天道篇》：'聖人之心，靜乎天地之鑒，萬物之鏡也。'亦以心譬鏡。洗垢謂之滌，去塵謂之除。《說文》：'疵，病也。'人心中之欲，如鏡上之塵垢，亦卽心之病也。故曰：'滌除玄覽，能無疵乎？'意在去欲也"為解。其義是也。奚侗氏以"'玄覽'為妄見；'疵'，贅也"為解。所謂妄見，卽高氏所謂"心中之欲"也。所謂"疵，贅也"，贅，卽病也。卽去心中妄見，卽去心中之欲，蓋妄由欲生也。

愛民治國，能無為乎？

【註解】

"無為"，無所為，無私之義。

【文義】

謂愛民治國能無私乎？自省之義。言愛民治國當無私也。

【論述】

"無為"，王弼本原作"無知"。俞樾氏曰："唐景龍碑作'愛民治國，能無為。'其義勝，當從之。"劉師培、高亨兩氏，均以俞說為是，因據改。

蘇轍氏以"雖於愛民治國，一以無心遇之。苟其有心，則愛民者適以害之，治國者適以亂之也"為解。李息齋氏以"以愛愛民，愛始不周；以事治國，國始不治。清靜臨民，民將自化"為解。王安石氏以"愛民者以不愛愛之乃長，治國者以不治治之乃長；惟其不愛而愛，不治而治，故曰無為"為解。皆以"無為"為不為也。世無不愛之愛，亦無不治之治，故"無為"並非不為。"無為"之義乃無私也。解"無為"為"不為"者，皆非是。

天門開闔，能為雌乎？

〔註解〕

"天門"，天，謂天下；門，人之所由從也。言天下之人也。"開闔"，開闔相尋，紛擾相爭之義。"為雌"，雌，牝也。靜也。居靜處下之義。六十一章"牝常以靜勝牡，以靜為下。"

【文義】

謂天下之人紛擾相爭，羣爭為雄以為勝之際，能居下處靜而為不爭之事乎？自省之義。言當自處靜下以為勝也。

老子章句淺釋

王弼氏以"天門,謂天下之所由也。開闔,治亂之際也。或開或闔,經通於天下,故曰:'天門開闔'也。雌應而不唱,因而不為,言天門開闔,能為雌乎?則物自賓而處自安矣"為解。所謂"天下之所由",言天下之人也。所謂"治亂之際",言天下之人紛擾相爭,羣爭為雄,各欲為上也。所謂"應而不唱,因而不為",言自處靜下,不與人爭雄爭上也。所謂"則物自賓而自安矣",言以不爭之故,天下莫能與之爭,而自為勝也。其義是。

河上公氏以"治身當如雌牝,安靜柔弱。治國應變,和而不唱"為解。所謂"治身當如雌牝,安靜柔弱",卽以"雌"為靜下之義也。所謂"治國應變,和而不唱",卽不與人爭先之義也。

明白四達,能無知乎?

【註解】

"明白四達",謂通達於道也。"知"讀智,巧詐之義。

【文義】

謂通達於道,能無巧詐之行乎?自省之義。言通達於道者,不能有巧詐之行也。

【論述】

"無知"二字,王弼本原作"無為"。俞樾氏以為"唐景龍碑作'明白四達,能無知。'其義勝,當從之。"高亨氏亦以為是。因據改。

蔣錫昌氏以"謂聖人知'道'真確，則決不至於用其巧詐有所作為也"為解。張默生氏以"'明白四達'，卽言對於大道能大澈大悟，對於事理能觸類旁通。'無知'，讀作'無智'，卽不用私智的意思"為解。所謂"知'道'真確"，"對於大道能大澈大悟"，卽通達於道也。所謂"決不至於用其巧詐有所作為"，"不用私智"，卽無巧詐之行也。其義皆是。

生之，畜之。生而不有，為而不恃，長而不宰，是謂玄德。

【按】

右經文馬敍倫氏考證，以為"為五十一章之錯簡"。嚴靈峯氏以為"馬說是也，當從之"。因據刪。其解見五十一章。

　　　　　　　　　　　　　老子章句淺釋

第十一章

三十輻共一轂，當其無，有車之用。

【註解】

“輻”，音福，車輪中直木也。“轂”，音谷，輻所湊也。古者，車三十輻，輪之中為轂，空其中，輻所貫也。“無”，謂轂與車之中空也。以轂中空，始得植輻貫軸以成車輪。

【文義】

謂轂以中空，始得植輻貫軸以成車輪，輪得轉行；車箱中空，始能載人其上，而有車之用也。言車之用為“無”為“空”也。

【論述】

河上公氏以“古者，車三十輻共一轂者，轂中有孔，故衆輻湊之。‘無’，謂空虛。轂中空虛，輪得轉行；輿中空虛，人能載其上也”為解。吳澄氏以“輻，輪之轑也；轂，輪之心也；無，空虛之處也……車載重行遠，然非轂輨空虛之處，可以轉軸，則不可以行也”為解。成玄英氏以“當其無者，箱、轂內空也。只為空能容物，故有車用”為解。所謂“箱”，車箱也。王弼氏以“轂所以能統三十軸者，無也。以其無能受物之故，能以寡統衆也”為解。皆以車之用為“無”為“空”也。其說皆是。

埏埴以為器，當其無，有器之用。

【註解】

“埏”，音延，水和土也。“埴”，音十，黏土也。“無”，謂器中空虛也。

【**文義**】

謂以水拌和黏土而製成陶器，以器中空虛，可以盛物而有器之用。言器之用為“無”為“空”也。

【**論述**】

河上公氏以“埏，和也。埴，土也。和土以為飲食之器，器中空虛，故得有所承受”為解。所謂“有所承受”，言器之可以盛物也。吳澄氏以“埏，和土也。埴，土之黏膩者。為器，謂以水和黏膩之土為陶器也。器，物所貯藏……器非中間空虛之處，則不可以貯藏”為解。嚴靈峯氏以“和黏土以為飲食之器皿，器中空虛，所以承受，器乃可用”為解。皆以器之用為“無”為“空”也。其說皆是。

鑿戶牖以為室，當其無，有室之用。

【註解】

“戶”，居室出入之所，謂門也。“牖”，音酉，窗也。“室”，居處之所也。“無”，謂門窗及室中空虛也。

【文義】

謂居室開鑿門窗及室中空虛，人始得出入居處，以成室之用也。言室之用為"無"為"空"也。

【論述】

河上公氏以"言戶牖空虛，人得以出入觀視；室中空虛，人得以居處，是其用"為解。成玄英氏以"穿鑿戶牖，室中空虛，故得居處"為解。吳澄氏以"戶以出入，牖以通明。室，人所寢處。室非戶牖空虛之處，可以出入通明，則不可以寢處"為解。皆以室之用為"無"為"空"也。其說皆是。

故有之以為利，無之以為用

【註解】

"有之"，謂有車、器、室之製作也。"無"，謂車、器、室之空虛之處也。

【文義】

謂車、器、室之製作，有載運之利，盛物之利，居舍之利；"有之以為利"也。而其所以能有其利者，以其皆有空虛之處，以成其利，即能有其利者，皆為"無"也；"無之以為用"也。此綜言車、器、室之製作，皆以"無"為用，以喻"無"為用之大也。

【論述】

吳澄氏以"有此車，有此器，有此室，皆所以為天下利也。

故曰：有之以為利。車以轉軸者為用，器以容物者為用，室以出入通明者為用，皆在空虛之處，故曰：無之以為用"為解。皆是也。

蔣錫昌氏以"此'無'字與上述三'無'字不同，為有無之'無'，常語也。二'之'字，均係統指上文轂木、陶土、屋壁三者而言。謂有此三者以為利，無此三者以為用也"為解。其說頗玄。蓋無"有"，則不能顯"無"之用，無"無"，則"有"不足以為利。故此"無"字即指三"無"字，不能謂為不同也。

薛君采氏云："章內雖互舉'有''無'而言，顧其指意，實即'有'而發明'無'之為貴也。蓋'有'之以利，人莫不知，而'無'之為用，則皆忽而不察，故老子借數者以曉之。"所謂借此數者，即車、器、室也。以其"無"，始成其"有"之利也。此句為上文之總結，故"有""無"即上文之"有""無"也。

　　　　　　　　　　　　　　老子章句淺釋

第十二章

五色，令人目盲；五音，令人耳聾；五味，令人口爽。

【註解】

"五色"，謂青、黃、赤、白、黑也，色之盡者也；美色之義。"目盲"，目失其明也。"五音"，謂宮、商、角、徵、羽也，音之盡者也；美音之義。"耳聾"，耳失其聽也。

"五味"，謂酸、鹹、苦、甘、辛也，味之盡者也；美味之義。"口爽"，口失其味也。

【文義】

謂美色可令人目失其明，色傷於目也；美音可令人耳失其聽，音傷於耳也；美味可令人口失其味，味傷於口也。言美色、美音、美味能傷害人之身也。此戒人不可貪耳目口舌之欲，而應以恬淡為上也。

【論述】

張默生氏以"人若看五色太過了，是於目有傷害的，故說

'五色令人目盲'。人若聽五音太過了，是於耳有傷害的，故說'五音令人耳聾'。人若吃五味太過了，是於口味有傷害的，故說'五味令人口爽'"為解。所謂"看五色太過"，"聽五音太過"，"吃五味太過"，即貪於色、音、味之欲也。嚴靈峯氏以"盲，目失明也。五色亂目，使目不明，故曰盲也。聾，耳重聽也。五音亂耳，使耳不聽，故曰聾也。爽，口亡失也。五味濁口，使口屬爽，故曰爽也"為解。其義皆是。

黃茂材氏以"所貴於目者，為其見道，若不見道，與盲無異。非蔽於五色而然乎？所貴於耳者，為其聞道，若不聞道，與聾無異。非蔽於五音而然乎？道之出口，淡乎無味，若以肥甘為美，又安知其所謂淡然者……"為解。成玄英氏以"五色者，謂青、黃、赤、白、黑也。言人不能內照其源，而外逐塵境，雖見異空之色，乃曰非盲，不覩即色是空，與盲何別？五音者，宮、商、角、徵、羽也。身躭絲竹，耳滯宮商，不能返聽希聲，故曰聾也。五味者，甘、苦、辛、酸、鹹也。爽，差失也。躭貪膠醴，咀嚼膻腥，不能味道談玄，故曰口爽也"為解。皆以目為見，能見道也；以耳為聽，能聽道也；或以口為味，能味道也；以口為言，能言道也。而俗人以五色、五音、五味之欲所惑，而失其見道、聽道、味道、言道之用也，故謂之為盲、為聾、為爽也。其義亦是。

馳騁畋獵，令人心發狂。

【註解】

"馳騁田獵"，謂馳馬而獵取禽獸也；縱欲之義。"發狂"，謂發狂亂之病也。

　　　　　　　　　　　　　　老子章句淺釋

【文義】

謂馳馬而獵取禽獸，可令人發狂亂之病，以喻縱欲之可以害其生也。

【論述】

嚴靈峯氏以"言奔走徵逐禽獸，使心躁妄，而發狂亂之病也"為解。其義是也。張默生氏以"若是騎（馳）馬打獵太過了，能令人心狂蕩起來"為解。所謂"狂蕩"，言妄躁也。"靜為躁君"，躁者，言不能清靜也，即失清靜之道也。其義亦是。

成玄英氏以"馳騁，猶奔驟也。言田獵之夫，貪逐禽獸，快心放蕩，有類狂人倒置之徒，欲心逐境，速如馳騁，狂如田獵"為解。所謂"欲心逐境，速如馳騁，狂如田獵。"即縱欲之義也。

難得之貨，令人行妨。

【註解】

"難得之貨"，謂珍奇之物也。"行妨"，謂害其品德也。

【文義】

謂貪得珍奇之物，取不由道，可令人傷品敗德也。此在戒人之貪欲，而當知足也。

【論述】

河上公氏以"妨，傷也。難得之貨，謂金銀珠玉。心貪意欲，不知厭足，則行傷身辱也"為解。呂吉甫氏以"知止不辱，知止不殆，所以行全也。求乎外，則辱始而行傷矣，而難得之貨為尤甚”為解。宋常星氏以“難得之貨，即是貨之奇者也。妨者，傷害也……世間一切珍貴奇物，皆是難得之貨，倘若貪之不義，得之不善，禍辱之端，由此而生，誨盜之由，因此而作，或致害於國家，或致傷於性命”為解。其義皆是。

蔣錫昌氏以“謂難得之貨，可起盜賊，而令人行走大受妨礙也”為解。以“行妨”為妨礙人民之行路也。張默生氏以“有了難得的貨財，就得時時防人偷盜”為解。以“行妨”為防範行為也。均與上解不同，然不能貪難得之貨之義則無異也。

是以聖人為腹不為目，故去彼取此。

【註解】

“腹”，懷抱也，以之喻道也。“目”，見也，以喻物欲也。

【文義】

謂聖人知物欲之能傷身害生，傷品敗德，是以懷抱道德，而摒棄物欲，故去彼物欲之誘惑，而取此道德之清靜無欲也。

【論述】

呂吉甫氏以“‘腹’，無知者也；‘目’有見者也。是以‘聖人為腹不為目’，故去彼有見有欲之追求，求此無知無欲之虛靜也”為解。所謂“無知”，即無欲之義，所謂“有見”，即有欲之義。以腹言道，以目言欲也。蔣錫昌氏以“‘腹’者，無知無欲，雖外有可欲之境，而亦不能見。‘目’者，可見外物，易受外境之誘惑而傷自然。故老子以‘腹’代表一種簡單清靜，無知無欲之生活；以‘目’代表一種巧偽多欲，其結果竟至‘目盲、耳聾、口爽、發狂、行妨’之生活。明乎此，則‘為腹’即為無欲之生活，‘不為目’即不為多欲之生活。‘去彼取此’，謂去目（多欲之生活）而取腹（無欲之生活）也”為解。張默生氏以“聖人的主張，是‘為腹不為目’，也就是務內而不務外。故摒棄外物的引誘，就是‘去彼’；而確保固有的天真，就是‘取此’”為解。所謂“外物”，即物欲也；所謂“天真”，即無欲也。其義皆是。

第十三章

寵辱若驚，大患有身。

【註解】

"寵"榮也，謂榮顯之位也。"辱"，屈也，謂失榮顯之位也。"驚"，駭也，恐懼之義。"患"，憂患也。"身"，己也。

【文義】

謂世俗之人，對榮顯地位之得失，皆懷有恐懼之心，因其以己身之得失為大憂患也。卽重己身之得失，而患得患失也。

【論述】

"大患有身"，王弼本為"貴大患若身"。高亨氏以"此句義不可通。疑原作'大患有身'，'貴'字涉下文而衍。王弼註：'故曰大患若身也'。是王本原無'貴'字，'有''若'篆形相近，且涉上句而誤。下句云：'吾所以有大患者，為吾有身；及吾無身，吾有何患！'正申明此義。且'有身'二字，前後正相應。七

老子章句淺釋

章曰："聖人後其身而身先，外其身而身存。'後其身，外其身，即不'有身'也。下文'何謂貴大患若身？'誤與此同。"嚴靈峯氏亦以為"應刪去'貴'，並改'若'字作'有'。"其說皆是，因據刪改。

"寵辱若驚"，河上公氏以"身寵亦驚，身辱亦驚"為解。成玄英氏以"若，如也。言人得寵，則逸豫喜歡，遭辱則怵惕憂患；故得寵心驚喜，遭辱心驚怖。喜、怖雖異，為驚即同，故言若也"為解。所謂"得寵心驚喜，遭辱心驚怖"，以有得失之心也。故嚴靈峯氏以"得失之念起，而寵辱皆驚"為解，頗恰。

蘇轍氏以"古之達人，驚寵如驚辱，知寵為辱先也。所以遺寵而辱不至"為解。所謂"達人"，謂智能通達之人。言達人辱而驚，寵亦驚，不因寵而驚喜，不因辱而驚怖，即無得失之念，故無辱也。

"大患有身"，因世本經文為"貴大患若身"，解亦依之。河上公氏以"貴，畏也。若，至也。畏大患至身，故皆驚"為解。以寵、辱皆為身之大患也。

成玄英氏以"貴，謂爵位也，亦是自貴己身也。大患，謂煩惱老病等也。言凡夫但知矜貴此身，而惡大患，不知大患即是我身多求資養，終歸滅毀。故貴身是貴患，惡患即是惡身，為貴與大患，俱以身為本"為解。蘇轍氏以"貴身如貴大患，知身為患之本也，忘身而患不至"為解。皆言大患因身而生，人不能貴其身，而當忘其身也。嚴靈峯氏以"言有身為人之大患，重大患及於其身"為解。言以有身之故，而以大患及身為重也，即慮大患之及於其身也。

何謂寵辱若驚？寵為上，辱為下，得之若驚，失之若驚。

"得之若驚"，謂為得而恐之，即恐不能得之；欲得之也。"失之若驚"，謂為失而恐之，即恐失其所得；懼失之也。

【文義】

謂寵辱若驚之義云何？世俗之人，以身寵為上，以身辱為下，故以欲得榮顯之位而不能得為恐。既得榮顯之位，又以失位為恐；患得患失，為物欲所惑也。

【論述】

"寵為上，辱為下。"王弼作"寵為下。"河上公本作"辱為下。"景福碑陳景元本、李道純本並作"寵為上，辱為下。"俞樾氏以為"當云'何謂寵辱若驚？寵為上，辱為下。'陳景元、李道純本可以訂諸本之誤。"高亨氏以為是。因據增改如文。

"失之若驚"句下，王弼本有"是謂寵辱若驚"句。奚侗氏以為"吳澄本無'是謂寵辱若驚'六字。以下文例之，似是。"嚴靈峯氏以為是，並以為"林希逸本、明太祖本並無此句，似當刪去。"因據刪。

嚴靈峯氏以"未得之時，患不得之；既得之後，又患失之，此謂'寵辱若驚'也"為解。所謂"患不得之"，以不得寵為患也。所謂"又患失之"，以失寵為患也。其義是。

河上公氏以“寵者，尊榮。辱者，恥辱及身。得者，得榮寵也。驚者，驚處高位，如臨深危也；貴不敢驕，富不敢奢。失者，失寵處辱也；驚者，恐禍重來也”為解。言寵、辱皆應有戒懼之心也。宋常星氏以“所謂辱若驚者，寵而為上者，人之所好；辱而為下者，人之之所惡；故莫不趨高而避下，求寵而遠辱。道高德重之人，於其寵辱也，得之不敢自安，失之不為滋戚，處之無心而已”為解。言寵辱若驚者，世俗之人也；而道高德重之人，則寵辱不驚也。張默生氏以“何以說寵辱若驚呢？世人以得寵為上，受辱為下，所以得寵的固然是免不了驚，失寵受辱的也免不了驚”為解。言世俗之人寵辱皆驚，以其有身之故也。其說亦是。

何謂大患有身？吾所以有大患者，為吾有身；及吾無身，吾有何患？

【註解】

“有身”，謂以自身為重也，即有私欲之念也。“無身”，無私欲之念也。

【文義】

謂世人之所以寵辱若驚、患得患失者，為其以自身之私欲為重也。若無私欲之念，便無寵辱若驚、患得患失之心矣。

【論述】

“何謂大患若身”？王弼本為“何謂貴大患若身”？刪“貴”字，改“若”字為“有”字，已見前述。

王弼以"由其有身也"、"歸之自然也"為解。大患之來由其有身，即由其以身為重之私欲也。歸之自然者，無身也，即無以身為重之私欲也。無私欲即無所患也。其義是。

成玄英氏以"執著我身，不能忘遺，為身愁毒，即是大患。只為有身，所以有患。身既無矣，患豈有焉！故我無身，患將安託！"為解。張默生氏以"大凡把世情的禍患，看得太重的緣故，是因為要保全自己的軀壳，時刻怕失去榮寵，受到羞辱。假使把自己的軀壳置之度外，還有什麼可以為我大患的事情呢"為解。所謂"執著我身"，"保全自己的軀壳"，皆言以身為重也。所謂"忘遺"，"把自己的軀壳置之度外"，即無身，亦即無我也，無我即無私欲也。

故貴以身為天下者，若可寄天下；愛以身為天下者，若可託天下。

【註解】

"貴以身為天下"，謂為天下重於為身也。"寄天下"，寄託天下，謂為天下之主也。"愛以身為天下"，謂為天下愛於為身也。"託天下"，與寄天下同義。

【文義】

謂為天下重於為身，為天下愛於為身者，無身忘我，無為無私，乃可以為天下之主也。

【論述】

張默生氏以"為天下貴於為身的人，才可以把天下託付他；

　　　　　　　　　　　　　老子章句淺釋

為天下愛於為身的人，乃可以把天下交給他”為解。高亨氏以“貴者，意所尚也。愛者，情所屬也。以身為天下者，視其身為天下人也。若，猶乃也。視其身如天下人，是無身矣，是無我矣，是無私矣；如此者，方可以天下寄託之”為解；所謂“把天下託付他，交給他”“寄託之”，皆謂為天下之主也。兩氏之說不同而義則一，皆是也。

河上公氏以“言其君貴其身而賤人，欲為天下主者，則可寄立，不可以久也。”“言人君能愛其身非為己也，乃欲為萬民之父母，以此得為天下主者，乃可以託其身於萬民之上，長無咎也”為解。成玄英氏以“不知身是大患，矜而貴之。自貴其身，恆欲陵物，如此之人，適可暫寄於世間，不得久視於天下”“寄，是暫時寄寓；託，謂永相付託，言能保愛己身，不輕馳驚，謙以自牧，雌而順物，則可以託付於天下”為解。兩氏之說與前說迴異，然其所云人君不能自重其身，當以天下之民為重，必為天下，方能有天下之義則是也。

第十四章

視之不見，名曰夷；聽之不聞，名曰希；搏之不得，名曰微。

【註解】

"夷"，名無色也。目以辨色，無色者，無所措其目，目失其用，故視之不見；不能見也。"希"，名無聲也。耳以司聽，無聲者，無所措其耳，耳失其用，故聽之不聞；不能聞也。搏，攬捕也，捉持之義。微，名無形也。手以捉持，無形者，無所措其手，手失其用，故搏之不得；不能得也。皆言道體之始也。

【文義】

謂道體之始，無色，視之小能見；無聲，聽之不能聞；無形，搏之不能得；極言道體之始為"無"也。

【論述】

"夷"，河上公氏以"無色曰夷，言一無采色，不可得而視之"為解。曹道沖氏以"大象平夷，無色可見"為解。劉驥氏以"夷則無色，故視之不見"為解。皆以"夷"為無色也。無也，故視之不能見也。

　　"希"，河上公氏以"無聲曰希，言一無音聲，不可得而聽之"
為解。曹道沖氏以"大言希聲，嘿不可聽"為解。劉驥氏以"希
則無聲，故聽之不聞"為解。皆以"希"為無聲也。無聲，故聽
之不能聞也。

　　"微"，河上公氏以"無形曰微，言一無形體，不可搏持而得
之"為解。曹道沖氏以"沖妙無形，虛不可執"為解。劉驥氏以
"微則無形，故搏之不得"為解。皆以"微"為無形也。無形，故
搏之不得也。

　　呂吉甫氏以"視者，無有也，故視之不見。聽者，無有也，
故聽之不聞。搏者，無有也，故搏之不得"為解。以視之不見，
聽之不聞，搏之不得者，皆以無有之故也，無有即道體之始也。
以道體之始為無有，故不能求之以視，求之以聽，求之以搏，極
言道體之始之為"無"也。

　　此三者不可致詰，故混而為一。

【註解】

"此三者"，謂道體以無色而不能見，無聲而不能聽，無形而不能搏也。"致詰"，
究問也，詳其究竟之義。"一"，名道也。

【文義】

　　謂道體之始，無色而不能見，無聲而不能聽，無形而不能搏。
即不能以視、聽、搏而詳其究竟，故混稱之為一，即以"一"以
名"道"也。

【論述】

　　"此三者"，河上公、曹道沖、李榮、嚴靈峯諸氏皆以為"三者，謂夷、希、微也。""夷"、"希"、"微"，即謂道體之無色而不能見，無聲而不能聽，無形而不能搏也。

　　"不可致詰"，河上公氏以"夫無色、無聲、無形……不可得問而詰之也"為解。蘇轍氏以"此三者雖智者莫能詰也"為解。嚴靈峯氏以"此三者不可由視、聽、搏而得之"為解。張默生氏以"既是看不見，聽不見，摸不着的，又何從去究詰呢"為解。皆謂以道體之無色、無聲、無形，而不能以視、以聽、以搏而詳其究竟也。

　　"混而為一"，河上公氏以"名之而為一"為解。劉驥氏以"此三者不可致詰，隨事強名"為解。蔣錫昌氏以"老子以為此即最高之'道'，無以名之，始名之曰'一'也"為解。皆謂以"一"名"道"，此與廿五章"字之曰道"之義相同。其義是也。

　　蘇轍氏以"要必混而歸於一"為解。呂吉甫氏以"則視也，聽也，搏也，混而為一矣"為解。皆是以"混"為"混合"，而謂"夷"、"希"、"微"三者混合為一，即三者混然為一體也。其義似非。

其上不皦，其下不昧。

【註解】

"其"謂道體也。"皦"，音皎，光也，明也。"昧"，音妹，昏也，闇也。

【文義】

　　謂道體之上面，不見其光明；道體之下面，不見其昏闇；道體無明、無闇也。蓋有形之器，其上面向陽背陰，故有光而明；其下面背陽向陰，故無光而闇也。道體無形，無上下之分，故無明、闇之別。此以無明、無闇而狀道體之無形也。

【論述】

李約氏以"凡物則上明下闇，道無上故不曒；無下，故不昧"為解。器物之形，皆有上下，所謂道無上、無下，謂"道"之無形也；以其無形，故無上下之分，無曒昧之別也。蘇轍氏以"物之有形者，皆麗於陰陽，故上曒下昧"為解。王雱氏以"凡物有質，則具陰陽。故上曒下昧，理必然也"為解。皆李約氏"凡物則上明下闇"之義也。其說皆是。

河上公氏以"言'一'在天上，不曒曒光明"；"言'一'在天下，不昧昧有所闇冥"為解。所謂"一"，即道也。所謂"一在天上"，"一在天下"，乃以其上、其下為天之上下，而非道體之上下也。似與經文"其上"、"其下"之旨不合。

繩繩不可名，復歸於無物。

【註解】

"繩繩"，猶冥冥，昏晦也，不可見之義，謂無形也。繩，音猛。"不可名"，謂無以名之也。"無物"，無也，馬夷初曰："《輔行記》十之二引'復歸於無'。無'物'字。"故"無物"，即謂無也。

【文義】

謂道體無形，而無以名之，復可名之曰"無"也。

【論述】

"飈飈"，諸本皆作"繩繩"。高亨氏以為"繩繩，疑本作'飈飈'，形近而譌。《說文》：'飈，冥也。電聲。'則飈飈，猶冥冥矣。謂其不可見也。不可見自不可名，故曰'飈飈不可名。'"按：本章經文，乃言"道"之無形，高氏疑"繩繩"本作"飈飈"，以本章經文之義而言，其說是也，故據改。諸本之以"繩繩"作解者，皆不取。"不可名"，河上公氏以"不可名者，非一色也，不可以赤、青、黃、白、黑別；非一聲也，不可以宮、商、角、徵、羽聽；非一形也，不可以長短、大小度之也"為解。所謂非一色，非一聲，非一形，謂道體之無色、無聲、無形，而無以名之也。成玄英氏以"視聽莫尋，故不可名也"為解。所謂"視聽莫尋"，即謂道體之無形也。劉驥氏以"不可得而形容"為解。以其無形，故不可得而形容，故以"無"而名之也。

"復歸於無物"，河上公氏以"物，質也。復當歸之於無質"為解。無質，則無形矣。無形，故可復歸之於無，即以"無"名道也。一章"無，名萬物之始。"以"無"名道，即"復歸於無物"之義也。蔣錫昌氏以"'復歸於無物'，即'復歸其根'。(按：見十六章) 謂萬物雖雜然興長，然歸根到底，仍無不衰老，以至於盡也"為解。以"無物"為萬物之衰老死滅，似與本章經文論道體無形之旨不合。

是謂無狀之狀，無象之象；是謂惚怳。

【註解】

"無狀之狀"，狀，形也；無狀，無形也。謂"道"之體為無形之形，即道體無形也。"無象之象"，象，物也；無象，無物也。謂道之體為無物之物也。無物亦卽無形之義也。"惚恍"，無形貌。

【文義】

謂道之體"不可致詰"，"不皦"，"不昧"，是以謂之"無狀之狀，無象之象。"卽無形之形，無物之物；統言道體之為無形也。道體無形，是以謂之惚恍。卽廿一章"道之為物，惟恍惟惚。"之義，以恍惚形容道體也。

【論述】

"無象之象"，王弼本原作"無物之象"。高亨氏以為"'無物之象'，蘇轍本，林希夷本、董思靖本並作'無象之象'。以作'無象之象'較勝。'無狀之狀，無象之象。'句法一律，其證一也。上句既云'無物'，此不宜又云'無物'，以致複沓，其證二也。"嚴靈峯氏亦以為上文如作"無狀之狀"，則下文"無物之象"應當作"無象之象"。其說皆是。因據改。

嚴靈峯氏以"'混而為一'，卽無狀之狀也；'大象無形'，卽無物之象也。""至道之極，昏昏默默，至精無象是也"為解。所謂"混而為一"，卽"視之不見，聽之不聞，搏之不得。""此三者不可致詰"，謂道體之為無形也。所謂"大象無形"，亦謂道體之為無形也。所謂"昏昏默默，至精無象"，謂惚恍為無形之義也。其解是也。

河上公氏以"言'一'無形狀，而能為萬物作形狀也。'一'無物質，而為萬物設形象也"為解。所謂"一"，謂"道"也。所謂“無形狀”，謂“道”之無形也。所謂“無物質”，非無物質，有物質而不可見也，亦謂“道”之無形也。所謂“為萬物作形狀”，“為萬物設形象”，皆言道用之能衍生天地萬物也。王弼氏以“欲言無耶，而物由以成；欲言有耶，而不見其形”為解。所謂“不見其形”，謂道之無形也。所謂“物由以成”，謂天地萬物成於道，言道之用也。成玄英氏以“狀，貌。象，形。妙本‘希’、‘夷’，故稱‘無狀’，‘無物’。迹能生化，故云‘之狀’，‘之象’”為解。所謂“妙本”，謂道也。所謂“希”、“夷”，無聲、無色，卽無形之義也。所謂“迹能生化”，謂道能衍生天地萬物之用也。以上諸氏所謂“道”為無形，其義均是也。

迎之不見其首，隨之不見其後。

【註解】

“其”，謂“道”也。“迎之”，自前而視之也。“隨之”，自後而視之也。

【文義】

謂自道之前而視之，不能見道之首；自道之後而視之，不能見道之尾。蓋道體無形，自無首尾可言，故自前自後視之，均不可得而見。極言道體之無形也。

【論述】

河上公氏以“言‘一’無端末，不可預待也。言‘一’無形迹，不可得而看”為解。所謂“一”，謂道也。所謂“無端末”，無首尾也。所謂“無形迹”，謂無形也。“道”以無形，故無首尾；

以無首尾，故不能待其前，看其後。其義是也。

蘇轍氏以"道無所不在，故無前後可見"為解。曹道沖氏以"周流無端，故無首尾"為解。呂吉甫氏以"其始無前，故迎之而不見其首；其卒無尾，故隨之而不見其後"為解。李息齋氏以"其來無始，故迎之不見其首；其去無終，故隨之不見其後"為解。蔣錫昌氏以"此言道既不知其所始，亦不知其所終也"為解。以上諸氏所謂"道"不能見之故，或以其"無前後"，或以其"無首尾"，或以其"無始卒"，或以其"無始終"，皆不若河氏之解為勝也。

執古之道，以御今之有。

【註解】

"執"，持也，謂持"道"也。"古之道"，"道"生於天地之先，故云古也。"御"，治也，治理也。"有"，萬有也，謂世間之萬物萬事。

【文義】

謂執持古之道，可治理今日世間之萬事萬物；言人當法道也。

【論述】

王弼氏以"有，有其事也。""無形、無名者，萬物之宗也。雖今古不同，時移俗易，莫不由乎此以成其治者也。故可'執古之道，以御今之有。'"為解。所謂"無形、無名"，謂"道"也。宋常星氏以"執者，執持也。古之道，即先天先地，萬象未立，混而為一之道也。御者，治也。有者，世間一切有作有為之事物也”為解。蔣錫昌氏以“‘古’者，指泰初時期天地未闢以前而言……謂執古無名之‘道’，以治今日有名之事也”為解。其義均是。

劉師培氏以“‘有’即‘域’之假字也。‘有’通作或，或即古域字。此文‘有’字與九有之‘有’同。‘有’即‘域’。‘御今之有’，猶言今之國家也。”亦通。

能知古始，是謂道紀。

【註解】

“古始”，始，道也，謂古之道也。“道紀”，紀，法紀，法則之義，謂道之法則也。

【文義】

謂能知“執古之道，以御今之有。”即執持古之道，以治理今日之萬事萬物者，是謂以道為法則也。廿五章“法道道”之義也。

【論述】

陳柱氏云：“自‘隨之不見其後’以上，形容道體；自‘執古之道’以下，言執古御今，義不相蒙，應各為一章。”張默生氏以為“陳說可備參考”。是也。按：經文上云：“執古之道，以御今之有。”則此“能知古始，是謂道紀”之“知”字，疑當作“執”，則上下文義，方可聯貫。惟尚無其他證據可證，不敢遽以為是，誌供參考。成玄英氏以“‘古始’，即無名之道也。用斯古道以御今世者，可謂至道之綱紀也”為解。所謂“綱紀”，即法則也。其義當為“用斯古道以御今世者，可謂以自然之道為法則也。”

　　　　　　　　　　　　　　　老子章句淺釋

第十五章

古之善為士者，微妙玄通，深不可識。夫唯不可識，故強為之容：

【註解】

"古之善為士者"，士，將兵之帥也；謂古時善於用兵之將帥。"微妙玄通"，無形、無聲之義。《孫子兵法》："微乎，微乎！至於無形；神乎，神乎！至於無聲。"是也。"深不可識"，謂不能悉其究竟。《孫子兵法》所謂"智者不能謀，深間不能窺。"之義也。"強為之容"，謂勉強形容其微妙玄通，無形、無聲之狀也。

【文義】

謂古時善於用兵之將帥，其作為無形可見，無聲可聽，人不能悉其究竟；以不能悉其究竟，故僅能勉強形容其微乎無形，神乎無聲之用也。

【論述】

各家之釋"士"者，或以之為"君"，或以之為"修道之士”，或以之為“聖人”，或以之為“有道之士”，或以之為“行道的人”，或以之為“修德入道”；並皆據其所謂“士”之義而釋經文，或同或異，然皆與本書稱“士”為“將兵之帥”所釋經文之義不同。然為便於比較研究起見，仍將各家主要之釋文引述於本書所釋文義之後，以供參考。

宋常星氏以“修德入道之謂士，至道之隱奧曰微，至道之不測曰妙，至道之幽深曰玄，至道之無礙曰通。體至道之隱奧，用至道之不測，得至道之幽深，達至道之無礙，所以微妙玄通。一切世人不能識其行藏，不能窺其體用，無方、無所、無象、無狀，亦不可得而窺見其妙，故曰：‘古之善為士者，微妙玄通，深不可識。’世人之可識者，行藏之迹也。若體用不見，心迹全無，世人本不可識；惟不可識，不得不強為形容”為解。蔣錫昌氏以“‘士’，亦君也。二十章‘荒兮其未央哉，我獨泊其未兆，如嬰兒之未孩，我愚人之心也哉。我獨昏昏，我獨悶悶，衆人皆有以，而我獨頑似鄙。’《史記·老子列傳》：老子曰：‘良賈深藏若虛；君子盛德，容貌若愚。’皆此文‘微妙玄通，深不可識。’之誼也。強為之容，言勉為狀其儀態也”為解。嚴靈峯氏以“善為士者，謂有道之士也”“言微盡而妙，妙極而玄，至於精細、圓通；所謂深藏若虛，而莫測其行藏也”“謂唯不可能識知其真象，故勉強舉事物以狀其容貌，求像其彷彿也”為解。其解義或有不同，但以“微妙玄通，深不可識”為無形、為深藏不可得見，則一也。

豫兮！若冬涉川；

"豫兮"，遲疑貌。"涉"，徒行渡水也。

【文義】

謂冬日涉水，天寒水冷，渡之遲疑，似欲渡，又似不欲渡；以喻兵形之似欲進，又似不欲進，使敵莫測兵之進止也。

【論述】

"豫兮"，王弼本作"豫焉"，河上公本作"豫兮"奚侗、高亨、嚴靈峯諸氏皆以"豫兮"為是。因據改。

王弼氏以"冬之涉川，豫然若欲度，若不欲度，其情不可得見之貌也"為解。以"豫兮"為遲疑之義也。

劉驥氏以"豫者，圖悉於未然；若冬涉川，不得已於事也"為解。蘇轍氏以"戒而後動曰豫。其所欲為者，猶迫而後應，豫然若冬涉川，逡巡如不得已也"為解。皆以豫為"豫備不虞"之義也。

宋常星氏以"不敢急迫而進，謂之豫。古之善為士者，韜光晦迹，不露才能，遇事接物，加意敬謹，不敢妄進。如冬日涉川之難行一般，不惟懼其水有澈骨之寒，亦且防其陷溺不測之患，故猶豫而不敢躁進，有如不得已之形象也"為解。此以"豫兮"為不躁進之義也。

猶兮！若畏四鄰；

"猶兮"，戒慎貌。"畏"懼也。"四鄰"，謂敵國也。

【文義】

謂戒慎恐懼，非兵如兵，以備敵國之侵犯；不恃其不來，恃吾有以待之；豫備不虞也。

【論述】

黃茂材氏以"常若有臨於其左右前後也"為解。所謂"常若有臨於其前後左右"，即戒慎恐懼之義也。

蔣錫昌氏以"言聖人常畏四鄰侵入，故遲疑戒慎，柔弱自處，而不敢為天下之先也"為解。是以"四鄰"為敵國也，為畏敵國之侵入而戒慎，其義是也。

王雱氏以"可以無戒而猶戒，曰猶。至人靜密幽深，不出性宅，故常如畏四鄰，斂行而不縱也"為解。宋常星氏以"猶者，疑而不行，不敢妄動之義。古之善為士者，心德純全，一言一行，一動一靜，不敢少有自欺，倘若一毫不謹，其戒慎恐懼之意，如怕四鄰見之一般"為解。所謂"斂行而不縱"，"不敢少有自欺"，戒慎恐懼以慎其行也。

儼兮！其若客；

【註解】

"儼兮"，恭敬貌。"若客"，謂若居客位，謙卑之義。

【文義】

謂若自居客位，謙卑柔弱，恭敬以待敵，若客之待主，以順其意，而取其信；弛其心，驕其志，而圖敵於無備也。

　　　　　　　　　　　　　　老子章句淺釋

【論述】

"若客"，王弼本作"若容"。蔣錫昌氏以為"王本'容'字與'客'形近而誤。'客'與'釋'、'樸'、'谷'、'濁'為韵。"嚴靈峯氏亦以為是。因據改。

呂吉甫氏以"儼若客，不為主也"為解。"不為主"者，自為客也。蘇轍氏以"若客，無所不敬，未嘗惰也"為解。"無所不敬"，客之體也。蔣錫昌氏以"言人君當以謙恭卑下自處也"為解。"以謙恭卑下自處"者，自居客位之體也。

宋常星氏以"外恭內敬，正心誠意，敦厚虛靜，雖無主賓之相對，其動容周旋之間，恒如見大賓、承大祭一般，無時不敬謹"為解。以"儼兮"為敬謹也。

渙兮！若冰之將釋；

【註解】

"渙兮"流散貌。以喻軍行行列之不整也

【文義】

謂冰釋化為水而流散，以喻行軍出陣，行列不整，士伍參差，先後無序，所以惑敵以可擊，而致敵之師也。

【論述】

河上公氏以"渙者，解散；釋者，消亡；除情去欲，日以全虛"為解。以"渙""釋"為"解散""消亡"，卽流散之義。蘇轍氏以"若冰將釋，知萬物之出於妄，未嘗有所留也"為解。所謂"萬物"，言物欲也。"未嘗有所留"，即去物欲之妄也。宋常星氏以"渙者，散也。即是不留滯、不貪染之義……觀一切有為有相之事，如水上之浮泡，知其不久，故無留滯也。觀一切沉迷愛染之為，如夢中之幻境，知其虛妄，故無貪染也。一切塵緣，隨順解脫，如冰之將釋，漸化而無迹，已過而不留"為解。所謂"有為有相之事"，"沉迷愛染之為"，總物欲而言之，亦去物欲之義也

敦兮！其若樸；

【註解】

"敦兮"，厚重貌。"樸"，木之未成器者，質樸之義。

【文義】

謂厚重質樸，若無何作為也。即"能而示之不能，用而示之不用"，以出敵之不意，攻敵之無備也。

【論述】

成玄英氏以"敦，淳厚也。樸，素質也。累惑盡除，故能德行淳和，去華歸實也"為解。所謂"累惑"，惑於物欲也。所謂"去華歸實"，言去偽歸真也。蘇轍氏以"若樸，人偽已盡，復其性也"為解。所謂"偽者"，華也；所謂"復其性"者，歸其真也。劉驥氏以"敦厚無華，若混沌之始樸"為解。所謂"混沌之始樸"，言"道"也。所謂"敦厚無華"，無偽也。高亨氏以"《說文》：'樸，木素也。'此以木為喻，言守真也"為解。守真

卽守性，守性卽守道。

曠兮！其若谷；

【註解】

"曠兮"，空虛貌。無形之義。

【文義】

謂兵體無形，若谷之空虛，使"敵不知我情"也。《孫子》所謂"形兵之極，至於無形；無形，則深間不能窺，智者不能謀。"是也。

【論述】

蘇轍氏以"若谷，虛而無不受也"為解。所謂無所不受，言能容物也。成玄英氏以"塵累斯盡，心靈虛白，故道德寬曠，包容如谷也"為解。所謂"塵累斯盡"，言物欲盡去也。心無物欲，故能虛也。嚴靈峯氏以"言其虛懷若谷，寬大而能容物也"為解。以虛，故能容也。

澹兮！其若海；

【註解】

"澹"，幽靜貌。以喻情不可測也。

【文義】

謂兵事謀計行動之奧祕，若海之幽靜，人莫測其情也。《孫子兵法·軍爭篇》："難知如陰"，《九地篇》："靜以幽"，皆是也。

【論述】

經文本句與下句，自廿章移此。說明見廿章。王弼氏以"情不可覩"為解。以其情之幽深奧祕，故不可得而覩也。

蔣錫昌氏以"謂聖人居心一若恬靜之海也"為解。嚴靈峯氏以"言恬靜如海，而不揚波也"為解。所謂"不揚波"，心不馳於物也，即蔣氏所謂"聖人居心若恬靜之海也。"

張默生氏以"我是主張像海一樣的蕩漾其波"為解。其解"澹兮"為蕩漾其波，與蔣氏、嚴氏之解"澹兮"為恬靜，適相反也。

飂兮！若無止；

【註解】

"飂兮"，飂，音聊，高風也。風疾貌。

【文義】

謂兵事行動，如風之疾速，敵不及應，敵不能止也。《太公兵法》："疾雷不及掩耳，迅電不及瞬目。"《孫子兵法·軍爭篇》："動如雷霆"，"其疾如風"，皆是也。

【論述】

王弼氏以"無所繫綴"為解。蔣錫昌氏以"謂聖人之行動，若高風之直上，而無所繫綴也。上句與此句皆所以形容聖人無為無欲之態，恬靜無著，另有一種怡然自得之境界也"為解。皆以無私無欲之態以為之解也。

蘇轍氏以"漂然無定，不見其止宿也"為解。嚴靈峯氏以

　　　　　　　　　　　　　老子章句淺釋

"言如長風飄忽，而莫知其止境也"為解。亦皆言心靈飄忽，無所繫著也。

混兮！其若濁。

【註解】

"混兮"，水不清貌。

【文義】

謂善為士者，其形，其行，若冬涉川，若畏四鄰，若客，若冰之將釋，若樸，若谷，若海，若無止，微妙玄通，深不可識，若混濁不清之水，人莫能識其形，知其行也。總結上文之義。

【論述】

河上公氏以"渾（混）者，守本眞；濁者，不昭然也，與衆合同，不自尊"為解。所謂"守本眞"，謂守"道"也。所謂"不昭然"，"不自尊"，言不自顯而與衆同也。蘇轍氏以"若濁，和其光，同其塵，不與物異也"為解。所謂"不與物異"，即黃茂材氏所謂"處俗而不違於俗也。""若濁"，周紹賢氏以"超然不羣，而不立異以為高，故能與衆人和光同塵以相處，似乎與俗同流，然而水性本清，'若濁'，并非眞濁"為解。是濁非眞濁，外濁內清，人誤之以為濁也。

孰能濁以靜之徐清？孰能安以動之徐生？

【註解】

"孰能"，誰能也，言其難也。"濁"，混濁不清，形不可覩也。無形之義。"安"，寧也，定也。無所為之義。

【文義】

謂誰能以靜以清為心，而示人以無形，使人不識？孰能以動以生為心，而示人以無所為，使人不備？蓋言以"濁"以"安"為用，行之甚難，而能用之者必成大功也。

【論述】

王弼氏以"濁以靜，物則得清；安以動，物則得生，比自然之道也。孰能者，言其難也"為解。言外濁而內靜，不失其清也。無欲以動，動而無私，故物得生也。

周紹賢氏以"若夫在汙穢風氣之中，靜定自持，寡欲養心，不受染薰，而自身之境界，仍然清靜無垢，其誰能之？曰有道者能之也。若夫守道自安，處變如常，不凝滯於物，而能因時而動，天機勃發，以善其人生者，其誰能之？曰有道者能之也"為解。言有道者當濁而能清，動而能安也。

保此道者，不欲盈。夫唯不盈，故能蔽不新成。

【註解】

"保"，守也。"此道"，謂以上所言用兵之道。"不欲盈"，盈，滿也，驕強之義。"蔽"，掩蓋也。"不新成"，不立成其功，言終能成其功也。

【文義】

謂能保守以上用兵之道者，不事驕強。以不事驕強，故能掩蓋其兵之形，即"混兮其若濁"，而使人不識，弛防、無備，終能

　　　　　　　　　　　　　　老子章句淺釋

成其功也。

【論述】

河上公氏以"保此徐生之道,不欲奢汰盈溢""夫唯不盈滿之人,能守蔽不為新成。蔽者,匿光榮也。新成者,貴功名"為解。蔣錫昌氏以"謂夫唯聖人不欲奢盈,故能藏智匿光,而不暴成也"為解。河氏、蔣氏解義相同,並均以"蔽"為"掩藏"、掩蓋之義。王弼氏解"蔽"為"覆蓋也。"亦與此同義。

呂吉甫氏以"'保此道者不欲盈',則虛而已……天下之物,有新則有敝,有敝則有壞,則能不敝者鮮矣。'夫唯不盈',則新、敝、成、壞,無所容心,是以雖敝不敝,不敝則不壞,不敝不壞,則不新不成矣"為解。以"不盈"為虛,以"蔽"為"敝",以"敝"為破敝之解也。所謂"新、敝、成、壞無所容心",聽任自然而無所為之義也。

易順鼎氏以為"'蔽不新成',疑當作'敝而新成'。'蔽'者,'敝'之借字。'不'者,'而'之誤字也。"高亨氏以為是。其後解者,即以之為據。張默生氏以"可是保持這種道理的人,都不肯自滿。只因他不肯自滿,所以才虛靈不昧,活潑潑的與大化同其運行,永遠收到去故更新的效果"為解。余培林氏以"能夠把握這個道理的人,他是不肯自滿的。正因為他不肯自滿,所以能去舊更新,心靈永遠保持着清明與活潑"為解。陳鼓應氏所解亦同此義。

第十六章

致虛極，守靜篤。

【註解】

極，盡也，極端之義。"篤"，純也，不二之義。

【文義】

謂聖人之治國，當法道之虛靜無私，致之極端，守之不二也。

【論述】

蔣錫昌氏以"謂聖人持此虛靜之道，守之極篤而勿失耳"為解。其義是也。

黃茂材氏以"致虛不極，則不可得而虛；守靜不篤，則不可得而靜"為解。蘇轍氏以"致虛不極，則'有'未亡也；守靜不篤，則'動'未亡也……不極不篤，而責虛靜之用難矣"為解。謂致虛必極，守靜必篤，而後有虛靜之用也。

　　　　　　　　　　　　　　　　　　　　　老子章句淺釋

萬物並作，吾以觀復。

【註解】

"並"，兼也，雜然之義。"作"，生長也。"復"，往來也，生生不絕之義。

【文義】

謂由萬物之雜然生長，吾可以察知其生生不絕之道。

【論述】

上文言聖人之治國，當法道之虛靜；此言由萬物生生不絕之道，而證何以當法道之"靜"也。各家解老者，或以"萬物雖並作，卒復歸於虛靜"為解。或以"吾以觀見萬物，無不皆復歸其本"為解。或以"萬物競生，吾因觀其歸終之道"為解。皆以"復"為"返"也。

夫物芸芸，各歸其根。

【註解】

"芸芸"，謂萬物繁類之生長也。"歸"，依歸，依恃之義。

【文義】

謂萬物繁類之生長，皆依恃其根也。

【論述】

"各歸其根"，王弼本作"各復歸其根"。高亨氏以為"'復'字疑涉上下文而衍，傅（奕）本可據。此言'各歸其根'，下文云'歸根曰靜'正相承，故知此'復'字為衍文。"其說是也。因據刪。

　　河上公氏以"言萬物無不枯落，各復返其根而更生也"為解。王弼氏以"各返其所始也"為解。蔣錫昌氏以"萬物之生，紛然雜陳，然歸根到底，無有一物不衰老以至於死也"為解。皆以萬物之枯落死亡為歸根也。萬物固皆不免於枯落死亡，然經文之義，在闡明萬物生生之道，而非言其枯落死亡之道也。

歸根曰靜，靜曰復命，復命曰常。

【註解】

"歸根"，謂依恃其根而生長也。"復命"，謂生生不絕也。"常"，謂"道"也。

【文義】

　　謂萬物依恃其根而生長，根埋土中，故根為"靜"也。萬物依恃其根之靜而能生生不絕，故"靜"為萬物生生不絕之道。此以萬物生生不絕，以喻"靜"之可貴也。

【論述】

　　"靜曰復命"，王弼本作"是謂復命"。奚侗氏以為"'靜曰'各本作'是謂'，與上下文例不合。"蔣錫昌、高亨兩氏皆以為"作'靜曰'是也。"因據改。

　　河上公氏以"靜，根也。根安靜柔弱，謙卑處下，故不復死也""言安靜者，是謂復還性命，使不死也""復命使不死，乃道之所常行也"為解。所謂"根不復死"，以靜而不復死也。所謂"復還性命"，根使之再生也。所謂"乃道之常行也"，以靜為萬物

　　　　　　　　　　　　　　　　　　　老子章句淺釋

生生不絕之道，"常"，卽道也。

　　蔣錫昌氏以"'歸根曰靜'，謂老死則虛靜也。'靜曰復命'，謂萬物之有虛靜，乃自然之大法，天之所命，無論何物，皆所難免。故返於虛靜，卽為返於天之所命也。'復命曰常'，謂復命就是常道也"為解。以"歸根"為死，以死為虛靜，以死而虛靜為常道也。老子所說之道，為生生之義，故經文之旨，乃以"根"為"靜"，而靜有生生不絕之用，以喻"靜"之可貴，靜之為"道"也。是以蔣氏之解，似不恰。

　　知常，曰明；不知常，妄作凶。

【註解】

"知常"，常，謂道也。此言知靜為萬物生生不絕之道也。"明"，明達也。"妄作"，妄，亂也，輕躁之義。此言違道以行也。"凶"，咎患也。

【文義】

　　謂能知靜為萬物生生不絕之道者，可謂明達。不知此靜之道而違道以行，輕舉躁動，則必有咎患。言人當以靜之道為法也。

【論述】

　　焦竑氏以"知常則靜，則吉；不知常，則妄作，則凶"為解。所謂"知常則靜，則吉"，言知靜之為道，而守之不渝，則無咎患也。所謂"不知常，則妄作，則凶。"言不知靜之道而輕舉躁動，違道以行，則必有咎患也。蔣錫昌氏以"謂知此常道，則為明也。""謂人君不知此常道者，則妄作受禍，凶亦隨之也。"為解。

所謂"知此常道"，知靜之道也。所謂"妄作受禍，凶亦隨之。"言違道以行，則咎患至矣。其義皆是。

知常，容；容乃公，乃王；乃天，乃道；乃久。

【註解】

"容"，法也。"乃天"，法天也。"乃道"，法道也。"乃久"謂長治久安也。

【文義】

謂知靜之為道，而以之為法，可以為公、為王；法天、法道，可以長治久安。極言知道守靜之可貴也。

【論述】

"乃王；乃天，乃道；乃久。"王弼本及他本作"公乃王；王乃天，天乃道；道乃久。"高亨氏以為"此五句疑原作'容乃公，乃王，乃天，乃道，乃久。'今本重公、王、天、道諸字，後人所益也。廿五章曰：'強為之名曰大，大曰逝，逝曰遠，遠曰反。'疑原作'強為之容；曰大，曰逝，曰遠，曰反。'今本重大、逝、遠諸字，亦後人所益也。二十五章曰：'王法地，地法天，天法道，道法自然。'疑原作'王法地、法天、法道、法自然。'今本重地、天、道諸字，亦後人所益也。其例正同。"其說是也。因據改。

蔣錫昌氏以為"此'公'、'王'、'天'三字皆用作實字。廿五章'故道大，天大，地大，王亦大。'（按：本書已改正為'故道大天，大地，大人，亦大！'）與此文例相似，可證。此文

老子章句淺釋

‘公’、‘王’即四十二章之‘王公’，或先言‘公’，或先言
‘王’，其為實字則一也。”“《廣雅》：‘容，法也。’訓‘容’為
‘法’者，乃以‘容’為‘鎔’。《說文》：‘鎔，冶器法也。’故
‘法’者，謂‘法象’，即模範也。古來註家皆解作包容，均誤。
此謂知常之人，便可以為人模範；為人模範者，便可為公；為公
者便可為王；王與天合，天與道合，道則亘古恒在，其用不窮
也。”蔣氏之解，“公”、“王”、“天”三字為實字，是也。其所解
經文之義，亦近是。惟所謂“王與天合，天與道合”，不若解為法
天、法道。所謂“道則亘古恒在，其用不窮”，不若解為“長治久
安”之為勝也。

沒身不殆。

【註解】

“沒身”，謂終其生也。“殆”，危殆也。

【文義】

　　總結上文，謂知“靜”之為道而用之，為公、為王，則可以
長治久安，終生無危殆也。

【論述】

　　奚侗氏以“言能守此道者，終身無危殆也”為解。所謂“此
道”，即虛靜之道也。其義是也。

第十七章

太上，下知有之；

【註解】

"太上"，謂至上之治也。"下"，謂百姓也。

【文義】

謂至上之治，上無為而民自化，民無受治之感，民生樂利，幾不知其所來，但知有其君而已。

【論述】

吳澄氏以"太上，猶言最上。最上，謂大道之世"為解。蔣錫昌氏以"太上者，古有此語，乃最上或最好之誼"為解。其義均是。河上公、王弼、陸希聲、宋常星、張默生諸氏或以為"太古無名之君"，或以為"大人"，或以為"太古有德之君"，或以為"上古之聖君"，或以為"有道的君主"，亦皆是。

"下知有之"，陸希聲氏以"太古有德之君，無為無迹，故下民知有上而已”為解。蔣錫昌氏以“謂最好之世，下民僅知有一君之名目而已”為解。嚴靈峯氏以“言至治之世，無為無事，下民只知有君上而已”為解。所謂“下民僅知有君”，卽民無受治之感也。

其次，親而譽之；

【註解】

“其次”，謂次於至上之治也。“親”，親附也。“譽”，贊美也。

【文義】

謂次於至上之治，君行仁政，民受其惠，故民親其上，並贊美以稱其善也。

【論述】

河上公氏以“其德可見，恩惠可稱，故親愛而譽之”為解。陸希聲氏以“仁義為治，天下被其仁，故親之；懷其義，故譽之”為解。吳澄氏以“其次謂仁義之君，民親之如父母；及仁義益著，則不但親之，而又譽之矣”為解。嚴靈峯氏以“言次焉者，人君以仁義為治，使百姓得親而贊譽之也”為解。其義均是。

其次，畏之。

【註解】

“其次”，謂又其次之治也。“畏”，懼也。

【文義】

謂又其次之治，刑罰立威，使百姓畏懼而不敢干犯法紀；重法為治也。

【論述】

王弼氏以"不復能以恩仁令物，而賴威權也"為解。蔣錫昌氏以"為君者見仁義之不足以為治，則以刑罰為威，故下畏之也"為解。嚴靈峯氏以"言人君以刑罰為治，使百姓恐懼而畏怕之也"為解。皆言重法立威以治其民也。

河上公氏以"設刑法以治之"為解。宋常星氏以"世道日蕩，人心日乖，兇暴者有之，橫惡者有之；不得不以刑罰禦兇暴。刑罰既立，未有不畏懼者"為解。惟刑罰之立，非自此而始也。民之良莠不齊，自古已然，故在仁義之治，亦未嘗無刑罰之律也。經文之義，在言重法為治也。

其次，侮之。

【註解】

"其次"，更其次之治也。"侮"，慢易也，輕卑之義。

【文義】

謂更其次之治，仁義不行，刑峻政苛，民不聊生，咸有貳心，民輕其上，政令不行，土崩瓦解之勢也。

【論述】

河上公氏以"禁多令煩，不可歸誠，故欺侮之"為解。王雱

　　　　　　　　　　　　　　　　　老子章句淺釋

氏以"失德無政，則民侮之"為解。劉驥氏以"又其次，則'法令滋彰，盜賊多有'，故侮之"為解。張默生氏以"更次一等的君主，連法令也不能推行，所謂'號令不出國門'，這顯然是遭到人民的侮慢了"為解。所謂"禁多令煩"，刑峻政苛也。所謂"失德無政"，仁義不行也。所謂"連法令也不能推行"，政令不行也。

王弼氏以"不能以正齊民，而以智治國，下知避之，其令不從。故曰：'侮之'也"為解。劉巨濟氏以"智慧極，大偽生，巧役其下，愚侮其上"為解。蔣錫昌氏以"為君者見刑罰不足以立威，則以巧詐為事，故下侮之也"為解。皆以君上以巧詐治國，則民侮其上也。

信不足焉，有不信焉。

【註解】

"信"誠信也。

【文義】

謂君不以誠信治國，則民亦不信其君而欺之，上下離心矣。

【論述】

河上公氏以"君信不足於天下，下則應之以不信而欺其君也"為解。宋常星氏以"我之信既不足，民之信亦不足矣。上下不足，即是上下相欺，天下未有不亂者"為解。嚴靈峯氏以"言人君忠信不足，乃使人民以不信應之也"為解。其義皆是。蓋"信者國之寶也”，不信則上下離心，難於為治矣。

猶兮，其貴言。

【註解】

“猶兮”，猶豫貌，慎重之義。“貴”，重也，持重，不輕舉之義。“言”，謂聲教法令也。

【文義】

謂行道之君，為治慎重，不輕以聲教法令，繩約其民，政簡刑清也。

【論述】

“猶”，王弼本作“悠”。嚴靈峯氏以“傅奕本、河上公本、道藏本及各本多作‘猶’，當從之。”其說是，因據改。

河上公氏以“說太上之君，舉事猶猶，然貴重於言，恐離道，失自然”為解。吳澄氏以“寶重其言，不肯輕易出口。蓋聖人不言、無為，俾民陰受其賜，得以各安其生”為解。王雱氏以“猶者，不決；貴者，不輕也。聖人出言，常若有所疑，不敢輕發；言且不敢輕發，而況於為乎”為解。宋常星氏以“而徒以言教施於天下，民必不能化，天下不能治。故當貴其言，行不言之教，天下之民，無為而自化”為解。蔣錫昌氏以“‘悠（猶）兮’，幽遠無象之貌。‘貴言’，即廿三章‘希言’之誼。彼此二‘言’，均指聲教法令而言。謂聖人幽遠無象，以無為化民，不以聲教法令為治。二章所謂‘行不言之教’也”為解。張默生氏以“‘悠

　　　　　　　　　　　　　　　　　　老子章句淺釋

（猶）兮'是形容貴言的。最好的是無為而治，不要多事更張，不要亂發命令，使人民得以安居樂業"為解。河氏所謂"貴重於言"，吳氏所謂"寶重其言"，王雱氏所謂"不敢輕發"，宋氏所謂"貴其言"，皆以"貴"為持重、不輕舉之義。蔣氏以"言"為聲教法令，張氏以"言"為命令，其義均是。

功成，事遂，百姓謂：我自然。

【註解】

"功成，事遂"，謂國治民安也。

【文義】

謂太上之治，國治民安，百姓無受治之感，得安其生業，而不知國君之所以為治，皆謂其自然如此也。

【論述】

河上公氏以"謂天下太平也。""百姓不知君上之德淳厚，反以為己自當然也"為解。呂吉甫氏以"及其功既成，事既遂，百姓皆謂我自然如此，不知其為君上之賜也"為解。其義皆是。

第十八章

大道廢，有仁義；

【註解】

"大道"，謂無為之道也。"廢"，棄也，謂棄道不行也。

【文義】

謂世人棄無為之道而不能行，乃有仁義之倡，以教民為善，仁義亦道也。

【論述】

河上公氏以"大道廢不用，惡逆生，乃有仁義可傳道"為解。蔣錫昌氏以"至德之時，人皆仁義，故仁義不見。及世君失道，人皆惡逆，乃倡仁義之名，以為救濟"為解。所謂"惡逆生"，人有不善者也。所謂"乃有仁義可傳道"，"乃倡仁義之名，以為救濟"。言以仁義教民為善也。故仁義亦道也。其義是也。

王弼氏以"失無為之事，更以施惠，立善道進物也"為解。

所謂"進物"，言勵人為善也。所謂"失無為之事"，言不能以無為無私為事也，卽大道之不用也。其義亦是。

智慧出，有大偽；

【註解】

"智慧"，智，凡多計慮、謀略技巧者，皆謂之智。"慧"，機智也，引伸為巧詐之義。"偽"，詐也，為之而非其眞也。

【文義】

謂君上不能以無為無私為治，而出之以巧詐之術，下亦應之以巧詐，上下交詐，淳樸盡喪，禍亂之機，由此而生矣。卽六十五章"以智治國，國之賊"之義也。

【論述】

蘇轍氏以"世不知道之足以澹足萬物，而以智慧加之，於是民始以偽報之矣"為解。蔣錫昌氏以"上用智慧為治，下則以大偽應之。六十五章所謂'以智治國，國之賊'也"為解。所謂"智慧"，卽巧詐之義也。其義皆是。

王弼氏以"行術用明，以察姦偽，趣覩行見，物知避之，故智慧出，則大偽生也"為解。王安石以"智者，知也；慧者，察也；以其有知有察，此大偽所以生也"為解。成玄英氏以"智惠（慧），聖智也。上以聖智治物，法令滋彰，下則詐偽百端，以避刑納網，還竊聖智，以為偽具……"為解。皆以明察以解聖智也。

張默生氏以"智慧發生，隨着就有虛偽。智慧是好名稱，有智慧的是聰明人，但是世上欺騙詭詐的行為，也都是從智慧來的。"意卽謂無智慧卽無欺騙詭詐行為的發生。其反智慧之思想，至為顯然。經文之義為反巧詐，重淳樸，而非反人之有智慧也。故此處所謂"智慧"，當為巧詐之義也。

六親不和，有孝慈；

【註解】

"六親"，謂父子、兄弟、夫婦也。家庭之義。"和"，睦也。"孝"，謂尊其長也。"慈"，謂愛其幼也。

【文義】

世有家庭不和之事，乃倡孝慈，使人各尊其長，各愛其幼，則家庭安和矣。

【論述】

王雱氏以"至德之世，民盡其性，六親非不孝慈，而孝慈以為常，故無孝慈之名。今尚孝慈之名而尊之者，更因六親有不和故也"為解。嚴靈峯氏以"六親和順，何有於孝慈！謂六親不和，乃有孝慈也"為解。其義均是。

河上公氏以"六紀絕，親戚不和，乃有孝慈所收養也"為解。所謂"六紀"，《白虎通·三綱六紀》："諸父、兄弟、族人、諸舅、師長、朋友也。"所謂"絕"，斷絕也，不親和之義。所謂"乃有孝慈所收養也"，以濟親戚之不和也。蔣錫昌氏以"此謂世君失德，不能和於六親，民皆化之，乃倡孝慈之名以為救濟也"為解。

　　　　　　　　　　　　　　　老子章句淺釋

所謂"救濟"者，安和其家也。其義亦均是。

　　王安石以"孝者，各親其親；慈者，各子其子，此六親所以不和也"為解。言六親之所以不和，以有孝慈之故，是以孝慈為不當也。經文之義，非反孝慈也，以孝慈而安和家庭也。

國家昏亂，有忠臣。

【註解】

"昏亂"謂主不修政，讒姦當道，國有禍亂，民不聊生也。

【文義】

　　謂值國家昏亂之際，當益勵忠節，匡諫其君，修政除姦，撥亂反正，以安其國，而拯生民也。

【論述】

　　河上公氏以"政令不行，上下相怨，邪僻爭權，乃有忠臣，匡正其君也"為解。其義是也。

　　王雱氏以"明治，則人無不忠，孰為忠臣"為解：所謂"明治"，政治修明，治平之世也。黃茂材氏以"國家昏亂，而後比干以忠顯"為解。張默生氏以"必須國家昏亂，才見出忠臣來，假使一個政治修明的國家便分不出誰忠誰奸了"為解。似不能謂國家治平，便無忠臣，而係在國家昏亂之際，更需忠臣撥亂反正，安國定邦也。

第十九章

絶聖棄智，民利百倍；

【註解】

"聖智"，謂智慧也，巧詐之義。

【文義】

謂國君若能棄絶巧詐，以無為無私為治，則國家治平，民遂其生，民有百倍之利。言百倍之利者，極言其利之大也。即六十五章"不以智治國，國之福。"之義也。

【論述】

河上公氏以"棄智慧，反無為""農事修，公無私"為解。蔣錫昌氏以"此謂人君當以道德為化，無以法制巧詐治國也"為解。河氏所謂"棄智慧"，即蔣氏所謂"無以法制巧詐治國也"。河氏所謂"反無為"，即蔣氏所謂"以道德為化"也。河氏所謂"農事修"，言民得遂其生也。其義均是。

老子章句淺釋

王安石氏以"所以返樸也"為解。所謂"返樸"，卽去巧詐，返無為也。宋常星氏以"睿通淵微曰聖，知周萬物曰智。聖與智，任天下者必不可少矣。既不可少，豈可絕之棄之乎？設使聖智可絕，道亦不能行於天下，德亦不能被於古今。經文中絕聖棄智者，非欲沽聖智之名也。不自知其聖，聖之名故久；不自有其智，智之用故大。所以聖人在位，上下無為，上下無事，民無不足，國無不利者也"為解。其解"聖智"與上不同，可供參考。

絕仁棄義，民復孝慈；

【註解】

"仁義"，謂假仁義之名以為治也。

【文義】

謂國君絕棄假仁義之名以為治，不以仁義之名，要利於世，而行無為無私之政，則民風淳樸，而自復其孝慈之天性矣。

【論述】

成玄英氏以"孝出天理，慈任自然，反於淳古，故言民復"為解。所謂"天理"、"自然"，皆言人性也。所謂"淳古"，言民風淳樸也。民風淳樸，人復其孝慈之天性矣。黃茂材氏以"孝慈，民之性也。累盡性復，故曰：民復孝慈"為解。所謂"累盡"，言去其私欲也。私欲既盡、則民自復其孝慈之天性矣。周紹賢氏以"仁義為善行美德……仁義之美名，既足崇尚，故有人假仁假義，只務虛名。在上者若能以身率正法天道之無私，順人情之自然，啓發理性，由父慈子孝，家庭之愛，擴充而為人羣之愛，'老吾老以及人之老，幼吾幼以及人之幼。'如此，孝慈即為仁義，仁義即含在孝慈之中"為解。所謂"在上者法天道之無私"，即言行無為之政也。其所解"絕仁棄義"之仁義，為假仁假義，而以為"孝慈即為仁義，仁義即含在孝慈之中"，尤足發人深省！蔣錫昌氏以"此謂人君當以道德為化，無以仁義治國，則民性淳厚，復返孝慈也"為解。所謂"以道德為化"，言行無為無私之政也。所謂"無以仁義治國"，言不假仁義之名以治其國而行其私也，不能謂不行仁義之政也。

絕巧棄利，盜賊無有。

【註解】

"巧"，伎巧。五十七章"人多伎巧"，謂物之製造精巧，奢靡之義。"利"，貨利。三章所謂"貴貨"，以財貨為重，橫征暴斂之義。

【文義】

　　謂國君絕棄伎巧奢靡之行及積財斂民之事，無為無私，國家治平，民遂其生，則盜賊不生也。

【論述】

　　河上公氏解"伎巧"為"刻畫宮觀，彫琢章服"。義謂製作精巧，其義是也。王弼氏、蔣錫昌氏解"伎巧"為"智慧"；張默生氏解之為"智巧"，亦智慧之義。宋常星氏解"巧"為權變之巧；周紹賢氏解之為"巧弄權術"，義同常氏之解。可供參考。

　　　　　　　　　　　　　　　老子章句淺釋

蔣錫昌氏解"利"為"難得之貨";宋常星氏解為"貨財之利",其義皆是。

此三者以為文,不足;故令有所屬。

【註解】

"此三者",謂上文所云之聖智、仁義、巧利也。"文",美也,善也。"不足",謂不足以治理國家也。"屬",從屬也,遵守之義。

【文義】

謂上文所云之以聖智、仁義、巧利三者為善,不足以治理國家,故上文有絕棄之言,而治理國家者,當遵守下文所云之道也。

【論述】

河上公氏以"謂上三事,所棄絕也。""以為文不足者,文不足以教民","當如下句"。以聖智、仁義、巧利為"文"之事,而不足以教化其民,即不足以治其國也。以"文"為虛飾之義也。所謂"當如下句",言下文之"見素抱樸,少私寡欲"也。

王弼氏以"聖智,才之善也;仁義,行之善也;巧利,用之善也,而直云絕,文甚不足,不令有所屬,無以見其旨。故曰此三者以為文而未足。故令有所屬,屬之於素樸寡欲"為解。以"文"為文辭之"文"也,言上文所云絕棄聖智、仁義、巧利之辭,尚不足以明所以絕棄之旨,故令屬之下文所云"素樸寡欲"也。

成玄英氏以"三者,謂前三絕也。此文是頓教大乘,上士所學，其理深遠，不足以教下機也""屬，屬著，付屬也。言下機之人，未堪大教，故有所屬著，方進學心所屬之文即下文之四行也"為解。所謂"大乘"，佛家語。佛說法因人而施，人有智愚，故所說有深淺，其說之廣大深賾者，為大乘。淺小者為小乘。所謂"上士"，指智者而言；"下機"，指愚者而言。言絕棄聖智、仁義、巧利之文，為智者所學，其理深遠，不足以教愚者，故以下文之四行，即"見素、抱樸、少私、寡欲"以屬之，以其淺而易解易行也。

黃茂材氏以"三者，聖智也，仁義也，巧利也，皆性外事，特其文耳，不足以為道。故令有所屬者，屬之於道也"為解。所謂"性"，即指道也。聖智、仁義、巧利，既為道外之事，而不足以為道，自為治國所不應取，而當以道治國，即所謂"屬之於道也。"

宋常星氏以"三者，即是上文絕聖棄智，絕仁棄義，絕巧棄利。詳此三者，是文不足之事。文既不足，則質必有餘，淳古之風必興，樸素之俗必存，以此治國平天下，自然民利百倍，父慈子孝，盜賊無有""有所教戒者，謂之令。屬，託也，信任也。教誠之令，乃是治世之樞紐，教民之準則，故屬託之，欲其信任服行而不疑也"為解。乃以聖智、仁義、巧利為文而非質，今絕棄之，是去文返質也。質者，淳樸之義，無巧詐、無私欲而以"無為"為旨也。

蔣錫昌氏以"此'文'亦謂禮法，即指上文聖智、仁義、巧利三者而言。謂以上言三者為禮法，不足以治天下也。故'令有所屬'，謂欲人君別有所屬，如下文所示也"為解。言禮法之不足以治天下，反禮法之論也。以上經文之解，眾說紛紜，謹列述數則，言各不同，以供參考。

見素，抱樸，少私，寡欲；絕學無憂。

【註解】

"見素"，見，讀現。素、謂絹之精白者，清靜之義。言以清靜為心也。"抱樸"，抱，持也。樸，謂道也。三十七章"化而欲作，吾將鎮之以無名之樸。"言持道不易也。"少私"，去私欲也。"寡欲"，息貪念也。"絕學"，絕棄世俗榮利富貴之學，而致學於道之無為也。四十八章"為學日益，為道日損。"之義也。"無憂"，無憂患也。

【**論述**】

"絕學無憂"，為王弼本二十章之首句。蔣錫昌、高亨、胡適、嚴靈峯諸氏，均以為此句當在本章之末。易順鼎、陳柱、張默生諸氏以為當在本章"絕聖棄智"之上。茲從前說，改列於本章之末。

"見素，抱樸，少私，寡欲。"蔣錫昌氏以"謂人君當以清靜為化也。五七章'我無為而民自化，我好靜而民自正，我無事而民自富。'即此義也"為解。其義是也。

河上公氏以"見素者，當見素守真，不尚文飾也。抱樸者，當見其質樸以示下，故可法則""少私者，正而無私也；寡欲者，當知足也"為解。成玄英氏以"見素，去華也。抱樸，歸實也。少私，公正也。寡欲，息貪也"為解。其義相同。

"絕學無憂"，成玄英氏以"憂，累患也。絕有相之學，會無為之理，患累斯盡，故無憂也"為解。所謂"有相之學"，世俗之所學也。所謂"會無為之理"，通無為之道也。周紹賢氏以"聖人博學多聞，所學者為明至理，通天人，欲'周知萬物，而道濟天下。'(《易‧繫辭》)此世俗所不願學者也。世俗之學，大抵為名利中智巧之知識，此種知識愈多，思想愈紛岐，離道愈遠，因而憂患愈多，故曰：'絕學無憂。'"為解。其義皆是。

蔣錫昌氏以"四十八章'為學日益，為道日損。'此'學'與被'學'誼同，卽河上公氏所謂'政教禮樂之學'，如聖智、仁義、巧利是也蓋為學與為道，立於相反之地位；為學卽不能為道，為道卽不能為學。唯絕學而後可以為道，唯為道而後天下安樂，故曰：'絕學無憂'也"為解。政教禮樂之學，治世之學也，如不違於道，未嘗不可學也。故謂世俗榮利富貴之學與為道之學相反則可，如以政教禮樂之學與為道之學，立於相反地位，則不可也。然所謂"為道而後天下安樂"，則是也。

張默生氏以"為學是使人增加知識，但是多一層知識，就多一層憂慮，所以說：'絕學無憂'"為解。以"絕學"為不學，以學而增加知識，則多憂慮，為反知識之論也。

第二十章

唯之與阿，相去幾何？

"唯"、"阿"，皆對答回應之聲。"唯"為恭順之應，"阿"為慢易之應。"幾何"，無幾也，甚近之義。

【文義】

謂唯之與阿，同為回應之聲。同出乎口，相去甚近也。世俗之人，聞恭順之應則喜，聞慢易之應則怒。持道以行之人，應人以唯，而引人之喜；不應人以阿，而激人之怒，以柔為用也。且對人回應之"唯"或"阿"，不予計較而安行其道，不生喜怒之情，不與人爭之義也。

【論述】

本章經文首句"絕學無憂"，移十九章之末。說明見該章。

成玄英氏以"唯，敬諾也。阿，慢應也。幾何者，非遠也。

言世人違順，妄生喜怒，聞唯則喜，聞阿則嗔，不知唯、阿兩聲，同出一口，相去非遠”為解。謂對於或唯或阿之回應，不當計較也。即曹道沖氏所謂“同為應聲，何爭恭慢！”之義也。王雱氏以“且唯之與阿，同出於口，原無異狀。而世之人，以唯為恭，以阿為慢；是非喜怒，因此生情，反求唯、阿所以異者，竟何謂也”為解。亦言計較唯阿之不當也。宋常星氏以“唯之與阿，同出於口，同應於人，雖然相去不遠，唯者是取善之本，阿者是致惡之根。善之根在於唯，惡之根在於阿。應之於唯，必得其善；應之於阿，必得其惡”為解。所謂“善惡”，謂喜怒恩怨也。言持道者，不當應人以阿，而應人以唯也。李息齋氏以“唯之為恭，阿之為慢，方其唯阿之間，其相去幾何？及其為恭為慢，則相去遠矣”為解。謂應人或唯或阿，其結果相去甚遠，故當慎此而應人以唯，勿應人以阿也。

善之與惡，相去何若？

【註解】

“善”、“惡”，謂毀譽也。善為稱譽，惡為非毀。“何若”與“幾何”同義。

【文義】

謂善惡之評，皆出於心，相去甚近。世俗之人聞人譽之則喜，非之則怒。持道以行之人，譽人之善，而使之喜；不非人之惡，而激人之怒；以柔為用也。且對人之毀譽，不予計較，安行其道，不計人之毀譽，亦不爭之義也。

【論述】

成玄英氏以"順意為善,違心名惡,違順既空,善惡安計"為解。所謂"順意為善",順其意者為善也;順其意者,諛之也,譽之也。所謂"違心為惡",以違其心名惡也;違其心者,非之也,毀之也。所謂違順皆空,不以違順為意也。言世俗之人,譽之則喜,非之則怒,而持道以行之人,安行其道,不以人之違順為意,即不計較人之毀譽也。其義是也。

蔣錫昌氏以"美與惡二德,世人以為絕然相反之事,然不過程度之差耳。故曰:'善之與惡,相去何若?'老子之意,蓋欲聖人以'無為'為化,而自根本上泯絕人間美惡之分也"為解。以美惡等論,善惡無異,而能化惡為善,使世無善惡,亙古未嘗有之也。故董思靖云:"若真以為善與惡同耳,則是任天下至於惡而不之顧,豈理也哉!"以董氏所云而評蔣氏之說,可謂至當!

人之所畏,不可不畏。

【註解】

"人",謂世俗之人。"畏",忌也,戒也。

【文義】

謂人之所忌者,不可不引以為戒也。世俗之人所忌者,聞阿之應與毀其非,故聞阿之應與毀其非則怒也。當以此為戒,應之以唯,譽之以是,而喜其心,以免激其怒,所以避禍也。

　　宋常星氏以“唯阿之應，未出於口，本無善無惡，所以無畏。既出於口，善惡之端已著，倘若不畏，則禍辱之事，是非之害，不能止矣”為解。言應人以阿，毀人之非，則有禍辱之患矣，故不可不引以為戒也。即曹道沖氏所謂“全身遠害，安得謂之不畏”之義也。其義皆是。

衆人熙熙，如享太牢，如登春臺；

【註解】

“熙熙”，競逐名利之義。《史記·貨殖列傳》：“天下熙熙，皆為利來；天下攘攘，皆為利往。”“太牢”，牛羊豕皆俱，豐食之義。“春臺”，春臺之上可以眺美景也。

【文義】

　　謂衆多世俗之人，其競逐名利，如享受豐食，如遠眺美景之樂，即熱中於名利也。

【論述】

　　“如登春臺”，高亨氏以為“王弼本原作‘如春登臺’河上本作‘如登春臺’是也。與‘如享太牢’，句法相同。”易順鼎氏亦以為“按：古本皆作‘如登春臺’，與上文‘如享太牢’一例。俞樾氏以為‘如登春臺’，與十五章‘若冬涉川’一律。”蔣錫昌氏以之為是。愚意以為“如登春臺”與“如春登臺”文義相同。惟高、易二氏之說頗是，因據改。王弼氏以“衆人迷於美進，惑於榮利，欲進心競，如享太牢，如春登臺也”為解。宋常星氏以

"所以熙熙然，其鼓舞交爭之心，如饗太牢，如春登臺一樣。心中曠然，極覽無際，貪樂無已，故以饗太牢、春登臺喻之也"為解。所謂"鼓舞交爭之心"，即競逐於名利也。其義皆是。

蔣錫昌氏以"謂俗君縱於情欲，其樂而無度，若享食他人所獻之太牢也""謂俗君之縱於情欲，其樂而無度，又若春日登臺也"為解。即河上公所解"淫放多情欲"之義。其說亦通。

荒兮，其未央！

【註解】

"荒"，荒蕪也。田為草所蔽，以喻心為私欲所掩也。"未央"，無盡止也。

【文義】

謂世俗之衆人，其熙熙於競逐名利者，以其心為物欲所掩，欲無盡止也。

【論述】

經文此句，原在"衆人熙熙"句之前，高亨氏疑此句在下文"如嬰兒之未孩"句下。愚以此句為總結"衆人熙熙，如享太牢，如登春臺。"之義，而啓下文"我獨泊兮其未兆，如嬰兒之未孩。"故改置於"如登春臺"之後。王弼本"央"下有"哉"字，傅奕本無。高亨氏以為"此句荒央為韻，無哉字是也。"因據刪。

達眞子以"如田之荒，以其為草所蔽；人之性為物所蔽，固不異此"為解。所謂"物"，即物欲也。其義是也。

我獨泊兮其未兆，如嬰兒之未孩。

【註解】

"我"，持道以行者之自稱。"泊"，淡泊。謂淡泊於名利也。"未兆"，無朕兆；未萌之義。"孩"，嬰兒笑也。

【文義】

謂世俗之衆人，熙熙然競逐名利，欲無止境；我獨甘於淡泊，不萌名利之念，如嬰兒未能笑時也。

【論述】

宋常星氏以"泊者，甘於淡泊。未兆者，念頭未起"為解。嚴靈峯氏以"言我獨淡泊恬靜，無動於中，如嬰兒尚未及孩笑時也"為解。所謂"念頭未起"，"無動於中"，即不為物欲所惑而萌名利之念也。其義均是。河上公、魏源、蔣錫昌諸氏均解"泊"為情欲，其義較狹矣。

儽儽兮，若無所歸。

【註解】

"儽儽"，懶懈貌。意態消極之狀。"歸"，依附也。有所企圖之義。

【文義】

謂世俗之衆人，熙熙然競逐名利，我獨甘於淡泊，若消極於名利之企圖也。

【論述】

"儽儽兮"，蔣錫昌氏引釋為"羸憊貌"；陳鼓應氏釋為"疲倦的樣子"；高亨氏引釋為"懶懈"；以義而言，當以釋"懶懈"
為勝。

　　"若無所歸"，王弼氏以"若無所宅"為解。曹道沖氏以"無
所係著"為解。王雱氏以"無所嚮著"為解。所謂"無所宅"，
"無所係著"，"無所嚮著"，均為無所為之義，卽無固定之目標企
圖也。余培林氏以"是說毫無目的"為解。其義是也。蔣錫昌氏
以"人有情欲，則務求以得之，故其行動必有所歸。言聖人無情
無欲，貌若羸疲不足，而其行動，汎若不繫之舟，又似無所歸也"
為解。所謂"有所歸"，卽有目的、有所為也。其義亦是。

衆人皆有餘，而我獨若遺。

【註解】

"有餘"，豐足也。欲望無窮之義。"若遺"，若有所失也。不競逐欲望滿足之義。

【文義】

　　謂世俗之衆人，皆競逐豐足，貪得無饜，欲望無窮；而我獨
甘於淡泊，不競逐欲望之滿足，而俗人視之似有所失也。

【論述】

　　王弼氏以"衆人無不有懷有志，盈滿胸心，故曰：皆有餘也。
我獨廓然無欲，若遺失之也"為解。所謂"有懷有志，盈滿胸
心"，欲望無窮也。所謂"廓然無欲"，甘於淡泊也。宋常星氏以
"衆人之心，常懷不足，終日營營於功名富貴，逐之於榮華得失，
既已無不遂意，而貪之不已，唯求有餘……遺者，遺棄求餘之心，

守其知足之念也。功名既不能亂其志，利祿不能惑其心，唯知
'道'之可求，'道'外更無所求也"為解。所謂"功名不能亂其
志，利祿不能惑其心"，甘於淡泊也。卽王弼氏所謂"廓然無欲"
也。其義皆是。

河上公氏以"眾人皆有餘財以為奢，餘智以為詐。我獨能如
遺棄似不足也"為解：以"有餘"為財、智，以"若遺"為不足
於財、智；其解亦通。

我愚人之心也哉，沌沌兮！

【註解】

"愚人"，謂無知無識之人。"沌沌"，渾沌貌，形容無知無識之狀也。

【文義】

謂我之甘於淡泊，不萌名利之念，不競逐欲望之滿足，沌沌
兮若愚人之無知無識也。本句承上文，亦所以啓下文。

【論述】

河上公氏以"不與俗相隨，守一不移，如愚人之心也"為解。
所謂"不與俗人相隨"，言不與世俗之眾人相隨而競逐有餘之欲望
無窮也。所謂"守一不移"，一，謂道也。言篤守於"道"也。所
謂"如愚人之心"，言心似愚人之無知無識也。宋常星氏以"人欲
有餘，而我獨若遺，我之心可謂一無智巧，而類乎愚矣"為解。
所謂"一無智巧"，卽無知無識之義也。蔣錫昌氏以"謂聖人居
心，無識無求，一若愚人也。'沌沌兮'，所以形容聖人無知也"

老子章句淺釋

為解。所謂"無識無求"，言甘於淡泊，不事競逐有餘以滿足其欲望也，其義皆是。

王雱氏以為"沌沌兮，似愚而真智之極"。所謂"真智"，言知"道"而行之不渝也。卽河上公氏所謂"守一不移"也。故知所謂"沌沌兮"，非無知也，乃謂以世俗之眾人視之為無知也

眾人昭昭，我獨昏昏。

【註解】

"昭昭"，明亮貌。炫耀自顯之義。"昏昏"，不明貌。韜光自隱之義。

【文義】

謂世俗之眾人，皆炫耀其財祿、能力、權威；欲為人所知也。我獨昏昏，韜光自隱，不露鋒鋩，不自顯於世；不與人爭此名也。

【論述】

"眾人"，王弼本作"俗人"，河上公氏本作"眾人"。高亨氏以為"河上'俗'字作'眾'，是也。本章皆'眾人'與'我'對言，卽其證。"所言甚是，因據改。

王弼氏解"昭昭"為"耀其光也。"卽炫耀而自顯於世之義。曹道沖氏以"眾人昭昭，惟恐其不顯不彰，不知不聞也。我獨昏昏，我獨事事不知，若昏愚而無識者也"為解。宋常星氏以"昭昭者，聰明外露，謀慮多端之謂也。若昏者，收斂視聽，有如不明之貌也"為解。嚴靈峯氏以"言世人多自衒耀，我獨若昏昧無知也"為解。其義均是。

衆人察察，我獨悶悶。

【註解】

"察察"，分別辨析也，苛求之義。"悶悶"，渾噩也，寬大之義。

【文義】

謂世俗之衆人，皆以己意而苛求於人；我獨以虛心寬大而容人也。

【論述】

"察察"，王弼氏以"有所別也"為解。成玄英氏以"是分別之心"為解。所謂"有所別"，"分別之心"，即分析辨別之義也。河上公氏以"急且疾也"為解。曹道沖氏以"謂盡物而不容也"為解。釋憨山氏以"即俗所謂分星擘兩，絲毫不饒人之意"為解。所謂"急且疾"，"絲毫不饒"，即苛求於人之義也。

"悶悶"，河上公氏以"無所割截"為解。成玄英氏以"寬緩"為解。所謂"無所割截"者，無所傷害也，即寬大之義，亦即成氏所謂"寬緩"也。

澹兮其若海，飂兮若無止。

【按】

馬敍倫曰："此二句蓋十五章錯簡。"嚴靈峯氏以馬說錯簡為是，亦以為"此二句疑係十五章錯簡，當在'混兮其若濁'句下。"愚以此二句當在"混兮！其若濁"句前，"曠兮！其若谷"句後，因據移。

老子章句淺釋

衆人皆有以，我獨頑且鄙。

【註解】

"以"，為也，用也，有所為之義。即為己而為之也。"頑鄙"，愚鈍鄙陋也，無所識見，不知有所為也。無為無私之義。

【文義】

謂世俗之衆，其所為皆為己而為；我獨似愚鈍鄙陋，無所識見，而無為無私也。

【論述】

河上公氏以"以，有為也。我獨無為，似鄙，若不逮也"為解。王弼氏以"以，用也。皆欲有所施用也""無所欲為，悶悶昏昏，若無所識，故曰：頑且鄙也"為解。宋常星氏以"以者，為也。頑者，愚頑也。鄙，陋也……世界一切衆人皆以有所為者為之也……頑似鄙者，乃是無為之道"為解。嚴靈峯氏以"言世人皆有為、有用，而我獨似冥頑鄙陋，無為、無用也"為解。其義均是。

我獨異於人，而貴食母。

【註解】

"異於人"，謂與世俗之衆人不同也，總謂上文與世俗之衆人不同之處。"食母"，凶謂道也，言以"道"為食，取養於道也。持道以行之義。

【文義】

我之所以與世俗之衆人不同之故，在貴於用道而行之不渝也。

【論述】

　　"食母"，劉師培氏以為"此文'食母'，義不可曉。疑'食'當作'得'，卽五十二章之'得其母'也。"朱駿聲云："食，疑當讀為德。"孫貽讓云："朱說是。德正字作惪，隸書作㤅，二字形近而誤。德、得古通。"得母者，得道也。其說可供參考。河上公氏以"我獨與人異也""食，用也。母，道也。我獨貴用道也"為解。王弼氏以"食母，生之本也。人者皆棄生民之本，貴末飾之華，故曰：'我獨異於人'"為解。所謂生之本，卽道也。李息齋氏以"蓋我所以異於衆人，識本達原，不流於末，是謂貴食母"為解。所謂"識本"，卽識道也。王雱氏以"不外逐物，而取養於道；道者，萬物之母也"為解。所謂"不外逐物"無私欲也。宋常星氏以"異者，不同也。道為萬物之母，故言母"為解。其義均是。

第二十一章

孔德之容，惟道是從。

嚴靈峯氏以為"此二句與下文不甚相應，疑係三十二章錯簡，當在'譬道之在天下，猶川谷之與江海。'句上。"按：本章經文，自此二句以下，皆言道體無形及道之所以能衍生天地萬物之故，而右二句與其義無關。故嚴氏謂與下文不甚相應，疑係錯簡，其說是也。因據移三十二章。

道之為物，惟悅惟惚。

【註解】

"道"，即廿五章"字之曰道"之"道"，老子為混成之物所定之稱號，自然之代名也。"物"，物體也。"悅"、"惚"，亦作恍惚。無形貌。

【文義】

謂"道"這種物體，其體無形也。

　　"悅"、"惚"，高誘氏以"無形貌也"為解是也。河上公氏以"道惟恍惚，無形之中，獨為萬物法象"為解。王弼氏以"無形不繫之貌"為解。蔣錫昌氏以"幽遠無形"為解。張默生氏以"是恍恍惚惚，窈窈冥冥，是看不清，拿不出的"為解。亦皆以"無形"為之解也。

　　蘇轍氏以"道非有非無"為解。成玄英氏以"有無不定"為解。劉驥氏以"在有非有，在無非無"為解。劉巨濟氏以"無若有曰恍，有若無曰惚"為解。魏源氏以"似有似無"為解。李約氏以"謂有不可，謂無不可"為解。皆以下文有"恍兮惚兮，其中有物；惚兮恍兮，其中有象"而解之也，但非本句經文之旨。十四章"是謂無狀之狀，無象之象；是謂惚恍。"所謂"無狀"、"無象"，卽無形之義也。

恍兮惚兮，其中有物；惚兮恍兮，其中有象。

【註解】

　"恍""惚"與"惚""恍"義同，皆謂道體之無形也。"物"，物質也。"象"，形狀也。物皆有形，故"象"亦謂物也。

【文義】

　　謂道體無形，而其中有物質之存在。蓋言其所以為天地萬物之始之故也。

【論述】

　　"其中有物"，河上公氏以"道唯恍惚，其中有'一'，經營

造化，因氣立質”為解。所謂“一”，數之始，物之始也。所謂
“質”，卽物也。王弼氏以“以無形始物，不繫成物，萬物以始
以成，而不知其所以然”為解。所謂“無形”，謂道體也。言道
體有物之“始”，以成萬物也。蘇轍氏以“然及其運而成象，著
而成物，未有不出於恍惚也”為解。所謂“恍惚”，卽無形之道
也。物皆出於道，是道中有物也。蔣錫昌氏以“‘物’，卽廿五
章‘有物混成’之‘物’，乃天地萬物之始”為解。所謂“乃天
地萬物之始”，其義是也。惟“物”乃言蘊於道中之物質，而
“有物混成”之物，乃言“道”也。故不能解“物”為“有物混
成”之物也。

　　“其中有象”，王純甫氏以“物，卽象也”為解。魏源氏以
“象，卽物也”為解。皆是也。而河上公氏及蔣錫昌氏則解“象”
為法象。河氏曰：“道惟恍惚，無形之中，獨為萬物法象。”蔣氏
曰：“此謂道之為物……然其中又有治國法象，而為聖人所取法
也。”所謂“法象”，卽法則之義，皆以經文廿五章有“人法地地，
法天天，法道道；法自然。”之語而解之也。惟本章經文之義，在
言道體之無形，而其中有物，乃“可以為天下母”之故，卽道之
衍生天地萬物，以無中有物，而非無中生有也。故解“象”為法
象，似非經文之旨。

　　窈兮冥兮，其中有精，其精甚真，其中有信。

【註解】

“窈冥”與“恍惚”義同，亦言道之無形也。“精”，物生之原，種子之義。《易·

繫辭》："男女構精，萬物化生"。所謂"精"，即上文"其中有物"之"物也"。"眞"，實也，不虛假也。"信"，驗也，驗證而無疑也。

【文義】

謂道體無形，而其中有衍生天地萬物之種子；此種子之存在，眞實不虛，可由天地萬物皆由道而生之驗證而無疑也。

【論述】

"窈冥"，河上公氏以"道唯窈冥無形"為解。王弼氏以"窈冥，深遠之貌；深遠不可得而見"為解。焦竑氏以"恍惚、窈冥，皆不可見之意"為解。王純甫氏以"恍惚、窈冥，皆幽遠微妙不可為象之意"為解。魏源氏以"窈冥，則言全不可見，皆言道之無也"為解。嚴靈峯氏以"窈者，幽之極，微不可見。冥者，深不可測，言其隱也"為解。所謂"窈冥無形"，"不可得而見"，"不可為象"，"全不可見"，"微不可見"，皆言道體之無形也。

"精"，河上公氏以"實神明相蕩，陰陽交會也"為解。所謂"陰陽交會"，即生之義也。王弼氏以"萬物由之"為解，即萬物由之而生也。王雱氏以"精者，物生之始，形生之始"為解。所謂"生之始"，"形之始"，即生之種子也。此皆謂"精"為物生之原，即物生之種子也。

蔣錫昌氏以"精，乃精靈。此謂聖人行道，必有靈效可收也"為解。以聖人治國之道而解"精"為精靈、靈效，似非本章經文言道衍生天地萬物之用之義也。

老子章句淺釋

"眞、信"，成玄英、蔣錫昌、張默生、嚴靈峯諸氏以"信，
驗也""眞實不虛，其中有信驗可見""實非虛假""非常眞確，
非常信實的"為解。皆以道能衍生天地萬物，驗證"其中有精，
其精甚眞，其中有信"之無疑也。

嚴靈峯氏以為"經文當作'窈兮冥兮，其中有精；冥兮窈兮，
其中有信。'與上文'恍兮惚兮，其中有象；惚兮恍兮，其中有
物。'文義亦相應也。"按："其精甚眞"，可能為"其中有精"之
旁註，而錯入經文，遂脫"冥兮窈兮"四字也。

自古及今，其名不去，以閱衆甫。

【註解】

"其名"，謂道之名也。"不去"，永存之義。"閱"，出也。"衆甫"，萬有也，謂天
地萬物也。

【文義】

謂自古及今，"道"之名永遠存在，以天地萬物皆出於"道"，
"道"為天下萬物之根源也。

【論述】

"以閱衆甫"之"閱"字，王弼本作"說"。蔣錫昌氏以"宋李霖
《道德眞經取善集》引王弼曰：'衆甫，物之始也，以無名閱萬物始
也。'"而證"說"字，當為"閱"字。是也。從改為"閱"字。

"其名不去"，王弼氏以"至眞之極，不可得名，'無名'，卽
是其名也。自古及今，無不由此而成"為解。所謂"無名"，卽謂

"道"也。蓋道本無名，老子以不知其名，"字之曰道"。所謂"無不由此而成"，謂道有衍生天地萬物之用也。蔣錫昌氏以"此'其'字，為上文'道'之代名詞，'名'非空名，乃指其所以名之為道之功用而言。言道雖無形，然今古一切，莫不由之而成，故道之一名，可謂常在不去也"為解。所謂"名"，即"道"之名也。所謂"乃指其所名之為道之功用而言"，即以其有衍生天地萬物之用，而名之為"道"也。嚴靈峯氏以"不去之名，常名也"為解。所謂"常名"，即"道"之名也。河上公、蘇轍、王雱、嚴靈峯諸氏解"不去"為"常在不去"，"古今雖異，而道則不去。""唯道常住"，"不去，則常存也"。所謂"常在"、"常住"、"常存"，皆永遠存在之義也。

"以閱眾甫"，河上公氏以"閱，稟也。言道稟與，萬物始生"為解。謂天地萬物稟受於道而生也，即天地萬物生之於道也。魏源氏以"眾有"解"眾甫"，吳澄氏以"萬有"解"眾甫"，王道氏以"天地萬物自道出者皆是也"解"眾甫"，高亨氏以"猶出也"解"閱"字，其義皆是也。

河上公氏以"始"解"甫"，所謂"始"，生也。王弼氏以"物之始也"解"眾甫"，謂物之生也。物之生，即物之由來也，亦即物之所出也。故其解亦通。

吾何以知眾甫之然哉？以此。

【註解】

"然"，所以也，謂天地萬物之所以出於道者也。"此"，謂上文所言道體悅惚、窈

　　　　　　　　　老子章句淺釋

冥無形，而"其中有物，其中有象，其中有精，其精甚眞，其中有信"也。

【文義】

謂吾何以能知天地萬物之所以出之於道者，以道體無形而其中有物、有象、有精、有眞、有信之故也。

【論述】

王弼氏以"此，上之所云也。言吾何以知萬物之始於無哉？以此知之也"為解。所謂"始於無者"，始於"道"也，卽天地萬物皆出之於"道"也。呂吉甫氏以"欲知天地萬物之所以為天地萬物者，莫不始於此而已"為解。所謂"天地萬物之所以為天地萬物者"，言天地萬物之所以成也，卽天地萬物之所自來也。嚴靈峯氏以"言所以能知萬有演化之情狀，乃由此'道'而知之也"為解。所謂"萬有演化之情狀"，卽謂天地萬物之所自來也。所謂"以此'道'而知之"，卽謂道中有物、有象、有精、有信而能衍生天地萬物之故也。

第二十二章

曲則全，枉則直。

【註解】

"曲"，屈也，屈己以從人也。柔弱之義。"全"，完也，無傷之義。"枉"，與曲同義。"直"，伸也。

【文義】

謂以柔弱為用，則可以全而無傷，伸而不折也。

【論述】

河上公氏以"曲己從衆，不自專，則全其身也。屈己而申人，久久自得直也"為解。所謂"曲己從衆"，"屈己而申人"，皆以柔弱為用也。所謂"全其身"，"久久自得直"，卽全而無傷，伸而不折之義也。

呂吉甫氏以"曲者，曲之自然者也；枉者，曲之使然者也。天下之物，唯水為幾於道，一西一束，而物莫之能傷，是'曲則全'也。避礙萬折而必束，是'枉則直'也"為解。言效水之柔

　　　　　　　　　　　　　　　　　　　老子章句淺釋

弱，則無折傷也。其義亦是。

窪則盈，敝則新，

【註解】

"窪"，低窪，謙下之義。"盈"，滿也。"敝"，破舊也，垢辱之義。"新"，更舊曰
新；榮寵之義。

【文義】

謂江海居下，百川歸之，以喻謙卑處下，則天下歸之也。身
受垢辱，則榮寵可至；所謂"受國之垢，是謂社稷主"也。

【論述】

河上公氏以"地窪下，水流之；人謙下，德歸之""自受弊
薄，後己先人，天下敬之，久久自新也"為解。所謂"自受弊薄，
後己先人"，後其身而身先也。所謂"天下敬之"，天下歸之之義
也。呂吉甫氏以"善下而百谷歸之，是窪則盈也；受天下垢而莫
清焉，是敝則新也"為解。所謂"盈""新"，皆天下歸之之義也。
成玄英氏以"窪，下也。謙卑遜讓，退己處下，不與物競，故德
行盈滿也""弊，辱也。能處鄙惡弊辱，而不貪榮寵，即其德日
新"為解。其義皆是。

少則得，多則惑。是以聖人抱一以為天下式。

【註解】

"少"，謂少私寡欲也。"得"，謂得"道"也。"多"，謂多物欲也。"惑"，謂心意
迷亂，失道之義。"一"，謂"道"也。"式"，法則也。

【文義】

謂少私寡欲，則得"道"之要；多物欲，則心意迷亂而失"道"也。是以聖人少私寡欲，以"道"為治理天下之法則。

【論述】

宋常星氏以"少私寡欲，不使七情交妄，存心養性，不致五性失和；抱一之道既得，故曰'少則得'。所以欲修大道，先去情欲。不能少私，不能寡欲，不得抱一之道，必然多見多聞，多學多惑，故曰'多則惑'。上文六句，皆是抱一之道，聖人歸之於道為治天下之法式也"為解。言少私寡欲則得道，失道則惑矣。故聖人以道為治天下之法式，即抱道以行，行不離道。其義是也。

呂吉甫氏以"以曲而全，以枉而直，以窪而盈，以敝而新者，唯得一者足以語此；故曰'少則得'。眾人所以不能然者，以其不得一故也"為解。所謂"眾人不能然者"，言不能以曲而全，以枉而直，以窪而盈，以敝而新，即所謂"惑"也。所謂"一"即"道"也。

不自見，故明；不自是，故彰；不自伐，故有功；不自矜，故長。

【註解】

"不自見"，不以己之所見為見，而以天下之所共見為見也。"明"，明澈也，無所不見之義。"不自是"，不以己之所是，而非人之所是也。"彰"，昭彰也，顯揚之義。"不自伐"，不自居其功也。"功"，功績、功業也。"不自矜"，不自矜誇其榮顯，自以為貴大也。"長"，長久也，無危殆之義。

老子章句淺釋

【文義】

謂不以己之所見為見，而以天下之所共見為見，則所見者公而無私，故能無所不見。不以己之所是，非人之所是，而以天下之所共是為是，則莫能非其所是，故能顯揚其所是。不自居其功，而推功以與人，則人思盡力，故能成其功業。不矜誇其榮顯，自以為貴大，則人莫不尊崇其貴大，故能長久而無危殆。

【論述】

廿四章"自見者不明，自是者不彰，自伐者無功，自矜者不長。"其文義與此相成。

"不自見，故明"。河上公氏以"聖人不以目視千里之外也，乃因天下之目以視，故能明達也"為解。呂吉甫氏以"因天下之所見而見之，而我不自見也，則所見無不察"為解。李息齋氏以"不自見，而因人之見"為解。王安石氏以"不自見，乃無所不見"為解。河氏所謂"聖人不以目視千里之外"，即不以己之所見為見也，亦李氏所謂"因人之見"也。呂氏所謂"所見無不察"，即王氏所謂"無所不見"也。其義皆是。蓋以天下之所共見為見，則所見者公，所見者廣，故能無所不見也。

或讀"見"為"現"，解"見"為自炫之義；以"不自見，故明"解為"不自我表揚炫耀，反能顯明、高明。"亦通。

"不自是，故彰"，河上公氏以"聖人不自以為是而非人，故能彰顯於世"為解。呂吉甫氏以"因天下之所是而是之，而我不自是也，則所是莫之能蓋"為解。其義皆是。蓋以天下之所是為是，則無人能非其是。即呂氏所謂"所是莫之能蓋"也。故其所是者能顯揚於世。

“不自伐，故有功”，呂吉甫氏以“歸天下以功，而我不自有也，故有功”為解。李宏甫氏以‘不自功者，人必推其功”為解。人皆推其功，是以能有其功也。其義皆是。惟若更能推功以與人，則人思盡力，其功可成，其功可保也。

“不自矜，故長”，河上公氏以“矜者，大也。聖人不自貴大，故能長久不危”為解。以其不自貴大，則人尊崇其貴大，故能久而無危。其義是也。

呂吉甫氏以“不自長者，人必以為長”為解。言不自驕其為長，故能為之長。此以“長”為“官長”之“長”，亦通。

經云：“不自見”、“不自是”、“不自伐”、“不自矜”，唯無我、忘我者能之。無我、忘我者，無私也；無私者，“道”也。故欲明、欲彰、欲有功、欲長者，須守無為無私之道也。

夫唯不爭，故天下莫能與之爭。

【註解】

“不爭”，謂行曲、枉、窪、敝、少、不自見、不自是、不自伐、不自矜之道。

【文義】

謂能行曲、枉、窪、敝、少、不自見、不自是、不自伐、不自矜之道，則可全、可直、可盈、可新、可得、可明、可彰、可有功、可長，是天下無人能與之爭也。

【論述】

呂吉甫氏以“得一則無我，無我則不爭矣。夫唯不爭，天下莫能與之爭矣"為解。所謂"得一"，即得"道"也。曲、枉、窪、敝、少、不自見、不自是、不自伐、不自矜，皆"道"也。河上公氏以"此言天下賢與不肖，無能與不爭者爭也"為解。其義皆是。

蔣錫昌氏以"'曲'則'不爭'，'不爭則全'。'天下莫能與之爭'，言天下莫能與不爭者爭得'全'之多也"為解。僅以"曲則全"為"不爭"之解也。

古之所謂："曲則全"者，豈虛言哉！誠全而歸之。

【註解】

"古之所謂"，謂古有是言也。"虛言"，不實之言。"誠"，實也。

【文義】

謂古語所言"曲則全"者，並非不實之言，以能"曲"者必可實得其"全"也。此老子引此古語之真實，以為上文"枉則直"等語之證也。

【論述】

張默生氏以"古人所說的'曲則全'等等的話語，豈是幾句虛言嗎？實實在在的是得'道'之全（抱一），故'道'亦全而歸之"為解。所謂得道之全，即全得其道也。所謂"道亦以全而歸之"，可得全、直、盈、新、得、明、彰、有功、長久也。

第二十三章

希言，自然。

【註解】

"希言"，希，少也；言，聲教法令。謂少恃聲教法令也。"自然"，謂道也。

【文義】

謂國君之為治，應少恃聲教法令，而法道之無為無私以為治也。蓋多恃聲教法令，則法令滋彰，盜賊多有，難於為治矣。

【論述】

高亨氏以為"'希言自然'一句，原在廿三章之首，姚鼐移屬於廿二章為是。並以為'希'疑當作常，形近而譌。常言者，永久不易之言也。言古之所謂曲則全者，非虛言也，乃其實能全，而以全歸之，此永久不易之言，自然之事也。常言正對虛言說，則希當作常，而此四字當在本章（廿二章）之末，明矣。"以本章經文之義而言，其說非是。下文所謂"飄風"、"驟雨"，卽以喻法令之繁酷也。且下句首字用"故"，即承此句之證也。河上公氏以"希苦者，謂愛言也。愛言者，自然之道"為解。以"希言"為愛言，即惜言，似非是。

蔣錫昌氏以"'希言'者，少聲教法令之治。'自然'即自成之誼。'希言自然'，謂聖人應行無為之治，而任百姓自成也"為解。以"希言"為"少聲教法令之治"，"謂聖人應行無為之治"，其義是也。惟所謂"任百姓之自成"，則為曲解"無為"為"不為"也。蓋老子所云"無為"，乃無私欲之義，非不為之義也。

故飄風不終朝，驟雨不終日。

【註解】

"飄風"，疾風也。"終朝"，自旦至食時為終朝。"驟雨"，暴雨也。"終日"，自旦至暮為終日。

【文義】

謂疾風暴雨，時不能久，以喻法令繁酷之不足恃也。

【論述】

河上公氏以"飄風，疾風也。驟雨，暴雨也。言疾不能長，暴不能久也"為解。曹道沖氏以"飄風、驟雨，謂不常也"為解。蔣錫昌氏以"飄風驟雨，皆所以喻人君治國不能清靜無為，而務以智治國也"為解。所謂"務以智治國"，即法令繁酷之義也。其義皆是。

孰為此者？天地。

【註解】

"此"，謂飄風驟雨也。

【文義】

謂孰為此飄風驟雨乎？天地之所為也。

【論述】

河上公氏以"孰，誰也。誰為此飄風暴（驟）雨者乎？天地之所為也"為解。其義是也。

天地尚不能久，而況於人乎？

【註解】

"天地"，謂天地所為之飄風驟雨也。"人"，謂國君也。

【文義】

謂天地所為之飄風驟雨，以其疾暴，尚不能長久，而況國君之治國，專恃法令繁酷，而能長久乎？

【論述】

高亨氏以為"此'天地'二字，涉上文而衍。尚不能長久者，謂飄風驟雨不能久也。"七章曰："天長地久"，此處安能云"天地不能長久"以自相矛盾……"惟經文所云"天地"，乃指天地所為之飄雨驟雨而言，義甚顯明，其說非是。河上公氏以"不終於朝暮也""天地至神，合為飄風暴雨，尚不能使終朝至暮，何況於人欲為暴卒乎”為解。王弼氏以“言暴疾每興不長也”為解。其義皆是。

故從事於道者，同於道；德者，同於德；失者，同於失。

【註解】

“從”，為也。“同”，合也。“失”，謂失道失德也。

【文義】

謂以道為事者，其所行合於道；以德為事者，其所行合於德；以失為事者，其所行合於失。

【論述】

“故從事於道者，同於道”，王弼本作“故從事於道者，道者同於道”。俞樾氏以為“下‘道者’二字，衍文也。本作‘從事於道者，同於道’。其下‘德者’、‘失者’，蒙上從事之文而省。”蔣錫昌、高亨、嚴靈峯諸氏，皆以為是。因據刪。

河上公氏以“從，為也。人為事，當如道安靜，不當如飄風驟雨”“道者，好道之人也。同於道者，所謂與道同”“德者，謂好德之人也。同於德者，所謂與德同也”“失者，謂任己失人也。同於失者，所謂與失同”為解。所謂“好道之人”，“好德之人”，即其行合於道，合於德者也。所謂“任己失人”者，任己之所為而失人心也。任己之所為，即以失為事，其行合於失也。

王弼氏以“從事，謂舉動從事於道者也。道以無形無為，成濟萬物，故從事於道者，以無為君，不言為教，與道同體，故曰：

同於道。行德，則與德同體，故曰：同於德也。失，累也。累多則失，故曰失也。行累，則與失同體，故曰：同於失也"為解。所謂"與道同體"，"與德同體"，"與失同體"，即其行合於道，合於德，合於失也。

宋常星氏以"以道從於天下，天下未有不從於道者，故曰：道者同於道。聖人以德教於民，民亦不異其德，故曰：德者同於德。迨至后世，君臣父子無不失道失德，聖人不得不以法制刑賞治於民。以法制刑賞治於民者，亦是與民同，而不異其所失故也；故曰：失者同於失"為解。言聖人順時為治而異其法也，即或以道，或以德，或以法也。其解亦通。

同於道者，道亦樂得之；同於德者，德亦樂得之；同於失者，失亦樂得之。

【註解】

"樂得"，自為之義。

【文義】

謂行合於道者，亦樂得道者也；行合於德者，亦樂得德者也；行合於失者，亦樂得失者也。即行之是否合於道，合於德，合於失，皆人之自為之也，為道則道，為德則德，為失則失也。或為道，或為德，或為失，皆出諸人之一念間耳。

【論述】

河上公氏以"與道同者，道亦樂得之也；與德同者，德亦樂

　　　　　　　　　　　　　老子章句淺釋

得之也；與失同者，失亦樂得之也”為解。所謂“道亦樂得之”，“德亦樂得之”，“失亦樂得之”，猶云樂得於道，樂得於德，樂得於失，即其行之是否合於道，合於德，合於失，皆人之自為之也。王弼氏以“言隨其所行，同而應之”為解。所謂“同而應之”，即為道則道，為德則德，為失則失也。

成玄英氏本經文為“故從事而道者，道得之；同於德者，德得之；同於失者，道失之。”與諸本不同而較簡略。其釋云：“從，隨順也。事，世物也。言至德之人，即事即理，即物即道，隨順世事，而恒自虛通，此猶是孔德唯道是從之義。道得之，猶得道也。”“道既是常道，德即是上德。道是德之體，德是道之用；就體言道，就用言德，故有二文也。”“有為躁兢，既而為行，同於失理之人……而言道失者，猶失道也。”所謂“得道”，即行合於道也。其文易懂，而所解亦通，可供參考。

信不足焉，有不信焉。

【按】

右經文兩句，奚侗氏以為“與上文不相應，已見十七章；此重出。”其說是，因據刪。解見十七章。

第二十四章

企者不立，跨者不行。

【註解】

"企"，舉踵也。"不立"，謂立不能久也。"跨"，越也。"不行"，謂行不能久也。

【文義】

謂舉踵而立，以增其高，則立不能久。越人而行，欲超其前，則行不能長。以此而喻欲高於人、超於人者，皆不能長久。言當守"不爭"之道也。

【論述】

蘇轍氏以"人未有不能立且行者也，苟以立為未足而加之以跂，以行為未足，而加之以跨，未有不喪失其行立者"為解。呂吉甫氏以"跂之為立，非立之常也；跨之為行，非行之常也；則不可久。故雖立不立，雖行不行也"為解。李息齋氏以"足不至地曰跂，足越於行曰跨。跂而立，立必不久；行而跨，行必不久"

　　　　　　　　　　　　　　　老子章句淺釋

為解。奚侗氏以"企而立者，不可以久立；跨而行者，不可以長行"為解。嚴靈峯氏以"言足跟不着地者，則不能久立；好高反跌也。闊步而跨越者，則不能久行；欲速則不達也"為解。其義皆是。

河上公氏以"跂，進也。謂貪權慕名，進取功榮也。自以為貴，而越於人，眾共蔽之，使不得行"為解。以跂為進取也。所謂"貪權慕名，進取功榮"，"自以為貴，而越於人"，為物所役，欲居人之上，欲在人之前也。所謂"眾共蔽之，使不得行"，以與人競逐，人阻其前，欲行不得，欲速反遲，欲前反後也。其義亦是。

"企者不立"，或作"跂者不立"，"企"、"跂"義同。宋常星氏以"腳跟不着地，高舉其足而望之，謂之跂"為解，是也。

自見者，不明；自是者，不彰；自伐者，無功，自矜者，不長。

【註解】

"自見"，見必以己，以己之所見為見，而不以天下之所共見為見也。"不明"，不能無所不見也。"自是"，是必以己，以己之所是，而非人之所是也。"不彰"，不能顯揚於世也。"自伐"，自居其功也。"無功"，不能成其功業也。"自矜"，矜誇其榮顯，自為貴大也。"不長"，不久也，危殆之義。

【文義】

謂以己之所見為見，而不以天下之所共見為見，則所見者私，故不能無所不見也。以己之所是為是，而非人之所是，人亦非其所是，則不能顯揚其是於世也。有功而自居，不能謙以推人，人不盡力，則不能成其功業也。矜誇其榮顯，自以為貴大，人不尊崇其貴大，則有危殆也。

【論述】

“自見者不明”，成玄英氏以“不能忘我，自見有身，此乃昏愚，非明智也”為解。所謂“不能忘我，自見有身”，所見者私也。王雱氏以“自見則有己，有己則蔽於己”為解。所謂“有己”者，有己之私也。所謂“蔽於己”者，即為己之私而蔽其明也。李息齋氏以“‘自見者不明’，由其有自心也。”所謂“有自心”，即有私心也。宋常星氏以“自見者，見於私，不見於公，見之不真，物欲易蔽，欲求明者，未之有也”為解。所謂“見於私，不見於公”，以己之所見為見，而不以天下之所共見為見，故所見者私也。其義皆是。

“自是者不彰”，成玄英氏以“心恒自是，口每非他，物共蔽之，其德不顯也”為解。河上公氏以“自以為是而非人者，衆共蔽之，使之不得彰明”為解。宋常星氏以“我以己之是取勝於人，人亦以己之是取勝於我。我之見既不能信於人，終是私慧小智，不可公諸天下後世，豈非不彰乎”為解。所謂“物共蔽之”，“衆共蔽之”，即“人亦以己之是取勝於我”也。其義均是。蓋不能以天下之所是為是，而必以己之所是為是，是有所私，是有所偏，故不能取信於人，以顯揚其是於世也。

“自伐者無功”，河上公氏以“所謂自伐其功者，即失有功於人也”為解。所謂“失有功於人”，即不以功與人而自居其功也。

老子章句淺釋

成玄英氏以"凡有所為，輒自伐取其功，物皆不與，故無功績"為解。所謂"物皆不與"，即人莫肯盡力以為助也。不得人之助，故不能成其功業也。其義均是。

"自矜者不長"，河上公氏以"好自矜大者，不可以長久"為解。成玄英氏以"矜誇自高，驕慢凌物，此乃愚短，其德豈長乎"為解。嚴靈峯氏以"自恃其能者，必不能長久也"為解。所謂"不能長久"，即有危殆之虞也。其義均是。

經文："自見"，"自是"，"自伐"，"自矜"者，皆以有私之故也。經文之義，在誡人當守道去私也。

其在道也，曰餘食贅行；物或惡之，故有道者不處。

【註解】

"其"，謂自見、自是、自伐、自矜之行也。"餘食"，殘棄之食物。

"贅行"，行讀形，古行、形二字通用，謂贅疣之形也。與"餘食"同為多餘之義。

"物"，謂人也。"惡"，厭惡也。"不處"，不如此作為也。即不自見，不自是，不自伐，不自矜也。

【文義】

謂自見、自是、自伐、自矜之作為，衡之以道，猶如殘棄之食物與贅行之疣，皆為多餘，即不合於道也。以其為人所厭惡，故有道之士，不如此作為，即不自見、不自是、不自伐、不自矜也。

【論述】

成玄英氏以"餘食，猶殘食也。贅，附生之肉也。《莊子》

云：'附贅，懸疣也。'言矜誇自是之人，其在道行，實猶殘食贅病，甚可厭賤也""贅是無用之肉，誇是無用之行，世間人物咸惡見之；故懷道之士，豈處心於誇贅之行乎"為解。所謂"甚可厭賤"，非自知為厭賤，人以之為厭賤也。司馬光氏以"行、形，古字通用。棄餘之食，附贅之形，適使人醜"為解。蘇轍氏以"譬如飲食，適飽則已，有餘則病；譬如四體，適完則已，有贅則累"為解。皆以"餘食贅行"為多餘也。宋常星氏以"餘食贅行之病，不但己之所惡，物亦惡之。所以有道之人，抱道養德，盡已盡人，不求自見，不欲自是，不為自伐，不好自矜"為解。其義皆是。

呂吉甫氏之解"物或惡之"一語，其言曰："夫道處眾人之所惡，（八章'水善利萬物而不爭，處眾人之所惡，故幾於道'）而曰'物或惡之，故有道者不處'何也？蓋卑弱虛柔者，眾人之所惡而去之者也，故有道者處之。見、是、矜、伐者，眾人之所惡而爭之者也，是以不處。則或處或不處，其為不爭一也。"以見、是、矜、伐者，以見為爭，以是為爭，以伐功為爭，以矜誇為爭，而道者不爭，故有道者不處，以詳何以"物或惡之"而不處之故。其說是也。

劉師培氏以"餘食之'食'，亦當作'德'，'德'與'行'對文。（參閱廿章最後一句'而貴食母'論述內有關劉氏之說。）餘德者，駢衍之德也；贅行者，附屬之行也。老子術尚簡易，故舍餘德贅行而不處"為解。解"行"為"行為"，其說亦通。

高亨氏以"余疑'行'常作'衣'……餘食贅衣，猶言餘食

老子章句淺釋

餘衣。食有餘，則飢者惡之；衣有餘，則寒者惡之，故曰：'物或惡之。'在今諺所謂'一家飽暖千家怨'者也。老子不取乎此，故曰：'有道者不處。'七十七章曰：'孰能有餘以奉天下，唯有道者。'可與此文相證"為解。以"食""衣"為對文，以自見、自是、自伐、自矜，猶餘食餘衣為人之所惡，而有道者不處。其解亦通。

第二十五章

有物混成，先天地生。

【註解】

"物"，物體。"混成"，混，同渾；渾成，謂自然天成也。

【文義】

謂有一種物體，自然天成，卽成於自然，而生於天地之先。猶言此自然天成之物體，在天地之先，已然存在。

【論述】

經文之義，在言此物體之所以成，卽言其所自來也。此種物體，既成之於自然，卽來自於自然，故其體卽自然也。

河上公氏以"道體無形，混沌而成萬物"為解。所謂"道體無形"，卽以此物體為道也。所謂"成萬物"，言道之用也，而非道之所以成也。

王弼氏以"混然不可得而知，而萬物由之以成"為解。以此物體之不可知而解"混"也，以"萬物由之以成"而解"成"也。其解"成"與河上公氏所解"成萬物"之義相同，亦言道之用也。

蘇轍氏以"夫道非清非濁，非高非下，非去非來，非善非惡，混然而成體"為解。以此"物"為道，而道為無清濁，無高下，無去來，無善惡之體，而釋"混成"也。成玄英氏以"非有而有，非物而物，混沌不分"為解。以此"物"為道，而道之究竟是有是無，是物非物，而混沌不能區晰以解"混成"也。其與蘇氏之解，皆不免流於玄也。

蔣錫昌氏以"道之成也，混而不可得而知"為解。以此"物"為道，而不可得知其所以成以解"混成"也。

《老子》為言道之書，本章言道之所以成，即道之所自來，故首謂之"物"，繼"名之曰道"，此為讀《老子》書所應首先瞭解者。以十四章、廿一章皆已言及道體、道用，解者乃以此兩章之義，以為本章之解，遂失本章經文之義矣。

寂兮，寥兮；

【註解】
"寂"，靜也，無聲之義。"寥"，空虛也，無形之義。

【文義】

謂此先於天地而生之自然物體，靜而無聲，空而無形。

【論述】

"寂"、"寥"兩字，河上公、王弼、蘇轍、成玄英、魏源、張默生諸氏，皆以“無聲”、“無形”為解，是也。王雱氏以“混成無象”為解。所謂“無象”，亦無形之義也。

葉夢得氏以“寂，言靜也。寥，言動也”為解。以“靜”與“動”對稱而解之也。或以本章經文有“周行而不殆”之語，故作此解。唯“周行而不殆”，非作“動”解，請參閱下文註解。

獨立不改；

【註解】

“獨立”，獨，單也，無偶之義。謂無可與之匹偶，卽無可與之比擬，言其至高無上也。“不改”，改，更改。謂永遠如此也。

【文義】

謂此先於天地而生之混成之物（自然物體），無可與之比擬者，至高無上，永遠如此。

【論述】

“獨立”，河上公氏以“無匹雙”為解。王弼氏以“無物匹之”為解。鍾會氏以“廓然無偶”為解。蘇轍氏以“獨立無匹”為解。嚴復氏以“萬物皆對待而此獨立”為解。嚴靈峯氏以“無匹偶，絕對待”為解。蔣錫昌氏以“無物可與比較”為解。皆言其超越性、絕對性，而無可與之比擬者也。

“不改”，蔣錫昌氏以“永遠如此”為解是也。河上公氏以“化有常”為解。王弼氏以“變化終始，不失其常”為解。王雱氏以"混成之體。常而不易"為解。嚴復氏以"萬物皆遷流，而此不改"為解。皆言其永遠如此也。蔣氏之說，尤為明確允當。

周行而不殆；

【註解】

"周行"，遍歷也。無所不在，無所不至，遍存於宇內之義。"不殆"，殆通怠，猶云不息也。永遠存在之義。

【文義】

謂此先天地而生之混成之物，永遠遍存於宇內。

【論述】

"周行"，河上公氏以"道通行天地，無所不入"為解。王弼氏以"周行無所不至"為解。鍾會氏以"無所不在"為解。蔣錫昌氏以"道無所不至"為解。所謂"無所不入"，"無所不至"，"無所不在"，即遍存於宇內之義也。"不殆"，河上公氏、王弼氏皆以"不危殆"為解。李息齋氏以"無有危殆"為解。王雱氏以"混成之用也，萬物由我以生死，我當制其命，孰能危之"為解。蔣錫昌氏以"言道利而不危"為解。皆以"不殆"為危殆或危害，似非經文之本義。高亨氏以"猶言不倦"為解。張默生氏以"不覺倦怠"為解。嚴靈峯氏以"殆，通怠，不息也"為解。所謂"不倦"，"不覺倦怠"，"不息"，皆永遠存在之義也。

可以為天下母。

【註解】

"天下"，謂天地萬物也。《母》，《廣雅》："母，牧也，言育養子也。" "禽獸之牝皆曰母"，引伸為物之所由生也。根源之義。

【文義】

謂此先天地而生之混成之物，為天地萬物之根源。卽天地萬物皆由之而生，言其用之大也。

【論述】

河上公氏以"道育養萬物精氣，如母之養子也"為解。王弼氏以"生全大形，故可以為天下母"為解。蘇轍氏以"俯以化育萬物，則皆其母矣"為解。李息齋氏以"天下萬物無不由之而生，生生不窮，故可以為天下母"為解。蔣錫昌氏以"天地自道而生，故道可以為天地之母也"為解。嚴靈峯氏以"以其能生，故曰母也。此有物者，先天地而生天地者，可以用之作為天下萬物之母也"為解。張默生氏以"世間的一切事物，都是靠他才生生不息，可以說他是天地萬物的母親了"為解。皆謂此混成之物，生養天地萬物，故可以為天地萬物之母，而以生、養解"母"、其義均是。惟若解"母"為根源，則其義益為明確矣。

吾不知其名，字之曰道。

【註解】

"吾"，老子自稱。"其"，謂上文所稱混成之物也。"字"，稱號也。

【文義】

謂此先天地而生之混成之物（自然物體），吾不知其名，稱之曰"道"。以"道"為自然物體之代名也。

【論述】

河上公氏以"見萬物皆從'道'所生，故字之曰'道'也"為解。王弼氏以"道，取於無物而不由也"為解。蘇轍、劉驥、魏源諸氏，皆同此說。嚴靈峯氏以"道，導也；所以通導萬物也。'道'者，萬物之所由也，萬物皆自'道'而生，故以'道路'之道言之也"為解。皆以老子之所以稱此混成之物為"道"者，要皆以取於"無物不由"，萬物皆從之所出也。其義皆是。

"字之曰道"，據劉師培、易順鼎、蔣錫昌諸氏考究，應為"強字之曰道"，"字"之上多一"強"字，而與下文"強名之曰大"連讀為句。惟通行本經文並無"強"字，高亨氏《老子正詁》並指出"強名之曰大"，應為"強為之容：曰大……"（參閱下文論述）則多一"強"字，為附會下文而言之也。

強為之容：曰大，曰逝，曰遠，曰反。

【註解】

"強"，勉強，意不能盡之義。"容"，形容也。"大"，至極也，至高無上，羅而無外，其用無窮之義。"逝"，去也，消逝也。無聲，無形之義。"遠"，遼也。無所不至，無所不在之義。"反"，正之對。若反而正，言道之用與世俗相反也。七十八章"正言若反。"

【文義】

謂“道”之為物，勉強形容之：可謂至高無上，羅而無外，其用無窮。無聲，無形；無所不至，無所不在；其用若反而正也。

【論述】

世本經文，原為“強名之曰大，大曰逝，逝曰遠，遠曰反。”據高亨氏《老子正詁》之考證改如文。高亨氏云：“此十五字，疑本作‘強為之容曰大，曰逝，曰遠，曰反。’名容形近，且涉上文而譌。重大、逝、遠三字，後人所益也。‘道’既字曰道，不能又名之曰大，本書及《莊子》等書，亦無名‘道’曰大者。‘大’、‘逝’、‘遠’、‘反’，皆‘道’之形容，而非‘道’之稱謂，則‘名’當作‘容’明矣。其證一也。十五章曰：‘古之善為士者，微妙玄通，深不可識，夫唯不可識，故強為之容：豫兮若冬涉川，猶兮若畏四鄰’云云，彼以‘強為之容’，領起‘豫兮’以下諸句；此以強為之容，領起‘曰大，曰逝，曰遠，曰反。’其例正同。則‘名’當作‘容’，又明矣，其證二也。下文曰：‘故道大，天大，地大，王（人）亦大。’正承此而言。若大為‘道’之名，則大亦為天之名，地之名，王之名矣，決非如此，則‘名’當作‘容’又明矣。其證三也……”其說甚是，故據改。

考各家註者，皆以經文為“強名之曰大”，而與上文“字之曰道”連讀斷句以解之，遂以“大”為老子為混成之物所命之名，而與“道”同義。并以逝、遠、反以註老子所以命名為“大”之由，與以大、逝、遠、反以形容道者，其解自異也。陳鼓應氏以“‘強為之名’，十五章有‘強為之容’的句子，這裏若用‘容’

字似較妥。（‘大’就是個形容詞）因為沒有古版可作為依據，所以未加改動。”讀高亨氏《老子正詁》之說，可以釋疑矣。

故道大天，大地，大人；亦大！

【註解】

“道”，謂老子為混成之物所命之名，即自然之道也。“大”，形容詞。卅四章“大道氾兮”，以“大”形容“道”也。“萬物歸之而不為主，可名為大矣。”以“大”譽“道”也。

【文義】

謂自然之道，大於天，大於地，大於人：可謂至大也。蓋天地萬物皆從“道”而生，故謂“道”大於天，大於地，大於人，而可謂之至大也。

【論述】

“人亦大”，經文舊本皆作“王亦大”。嚴靈峯氏考據，“王”字當作“人”字。是也。各本句讀註解，皆作“故道大，天大，地大，人亦大。”以道、天、地、人四者同謂之“大”，此與老子譽“道”為“大”之旨不合。蓋“道”生天地萬物，則道與天地萬物相較，唯“道”為大也。大，至極也，故既以道為大，道之外，不能更有“大”也。故改句讀如文。

人法地地，法天天，法道道；法自然。

【註解】

“法”，稽式也，效法之義。

【文義】

謂人當法地之道，法天之道，法道之道；卽法自然之道也。法自然之道者，法其德、法其用，非法其自然之體也。

【論述】

各本經文本句之上，有"域中有四大，而王居其一焉。"而文中"王居其一焉"，"王"字，承上原經文"王亦大"而來。"王"字應為"人"字，已見上之論述。嚴靈峯氏以此二句應刪。其說曰："陳象古本無此二句。《說文·大部》段玉裁註：'老子曰：道大、天大、地大、人亦大；人法地，地法天，天法道。'疑段所據本亦無此文，似係古註羼入正文，當刪去。"其說是也，因據刪。經文句讀向作人（王）法地，地法天，天法道，道法自然。"王弼氏以"人不違地，乃得全安，法地也。地不違天，乃得全載，法天也。天不違道，乃得全覆，法道也。道不違自然，乃得其性，法自然也"為解。其他各家註解，類多同此，謂人、地、天、道之輾轉相法也。惟李約氏以"王（人）法地地，法天天，法道道，法自然"為讀。並云："法地地，如地之無私載；法天天，如天之無私覆；法道道，如道之無私生成而已。如君君、臣臣、父父、子子之例也。後之學者，謬妄相傳，皆云：'人法地，地法天，天法道，道法自然。'則城中有五大，非四大矣。豈王（人）者只得法地，而不得法天、法道乎？天地無心，而亦可轉相法乎？又況'地法天，天法道，道法自然。'是道為天地之父，自然之子，支離決裂，義理疏遠矣"為解。所謂"天地無心，而亦可轉相法乎"，言天地為無意志之物，不能法天，法道也。魏源氏亦以"末

176   老子章句淺釋

四句以人法為主，非謂人與天地輾轉相法"為解，其義皆是也。故探李約氏之讀法，高亨氏以為"李約讀法，義穎而瑩，善矣。"並"疑此文原作'王（人）法地，法天，法道，法自然。'重地、天、道三字，後人所益也"。其說亦可供參考。

第二十六章

重為輕根，靜為躁君。

【註解】

"重"，穩重也，與靜同義。靜，謂無為無私也。"輕"，輕妄也，與躁同義。躁，謂有為多欲也。"根"主也。"君"，與根同義。

【文義】

謂重靜勝於輕躁，故言重靜為輕躁之主。卽四十五章"靜勝躁，寒勝熱"之義也。此言人主之治國，當無為無私，不能有為多欲也。

【論述】

成玄英氏以"譬重為樹根，輕為花葉，輕者凋落，重者長存。此戒行人勿得輕躁""靜則無為，躁則有欲；有欲生死，無為長存。靜能制動，故為君也"為解。以"靜"為"無為"，以"躁"為有欲也。所謂"戒行人勿得輕躁"，言行人不能輕躁多欲也。所謂"靜能制動",即"靜勝躁"之義也。蔣錫昌氏以"重為寡欲自重,輕為縱欲自輕,二者皆以治身言。靜為清靜無為,躁謂急功好事,二者皆以治國言"為解。其以"重"為"寡欲自重",以"靜"為"清靜無為",即"重""靜"同義也。其以"輕"為"縱欲自輕",以"躁"為"急功好事",即"輕""躁"同義也。成氏、蔣氏之說不同,而其義皆是。

焦竑氏以"根,本也。躁者,動之甚而煩擾也。君,主也。韓非云:'制在己曰重,不離位曰靜。重則能使輕,靜則能使躁。故曰:'重為輕根,靜為躁君。'"為解。所謂"制在己","不離位"者,謂人君之權柄不可失也。

是以聖人終日行,不離輜重。

【註解】

"聖人",謂持道以行之人君也。"行",作為也。"輜重",軍中之器械、糧秣、材料等概稱輜重。《孫子兵法·軍事篇》:"是故軍無輜重則亡,無糧食則亡,無委積則亡。"言軍隊作戰,輜重之要也。此以喻"重"、"靜"為治國之要也。

【文義】

謂聖人治國所有之作為,不能離"重""靜"之道也。

【論述】

河上公氏以"聖人終日行道,不離其靜與重也"為解。李息齊氏以"無所不至,而不離其本也"為解。所謂"無所不至",即所有作為之義也。所謂"不離其本",即河氏所謂"不離其靜與重也”。嚴靈峯氏以“此喻聖人終日行事，不輕離其靜重之道也”為解。其義皆是。

嚴靈峯氏考據以為“似當改‘輜’作‘靜’。”（見嚴著《老子達解》一三六頁至一三七頁）其說合理，可資參考。

雖有榮觀，燕處超然。

【註解】

“榮觀”，謂富麗輝煌之宮闕也。“燕處”，燕通宴，安也，言安居也。“超然”，超然物外，不為物欲所惑之義。

【文義】

謂聖人雖有富麗輝煌之宮闕，安居而處，然不為物欲所惑，而離其“重”“靜”之道也。

【論述】

王弼氏以“不以經心也”為解。言不以安居富麗輝煌之宮室而動其物欲之念也。成玄英氏以“言重、靜之人，雖有榮華之宮觀，燕寢之處所，而遊心虛澹，超然物外，不以為娛，處染不染也”為解。所謂“不以為娛”，不為物欲所惑也。嚴靈峯氏以“言雖有繁華之宮觀，能退居靜處，超然物外，不以經心而為所動也”為解。其義皆是。

宋常星氏以“榮觀者，卽是紛華物欲，聲色貨利……君子獨燕然居處，超然清靜，不為物欲所遷，不致性情妄動”為解。以“榮觀”為物欲聲色貨利，其義亦是。

老子章句淺釋

奈何萬乘之主，以身輕天下！輕則失本，躁則失君。

【註解】

"奈何"，慨歎之辭。"萬乘之主"，謂世之人君也。"天下"，謂天下萬民也。"本"，根也，主之義。謂人君也。"君"，主也。

【文義】

謂奈何世之人君，以其身之私欲，而不能以天下萬民為重！須知縱欲、有為，則失人君以靜治國之道也。

【論述】

蔣錫昌氏以"'萬乘之主'，指當時俗君而言。'以身輕天下'，卽輕以身為天下之誼……輕以身為天下，卽以身為天下最輕之物也。夫俗君既以身為最輕之物，則縱欲自殘，身且不治，又安可受天下之重寄，而為萬民所託命乎！""輕則失根，躁則失君。言人君縱欲自輕，則失治身之根，急功好事，則失為君之道也"為解。其義亦是。惟解"以身輕天下"為"以身為天下最輕之物"，似不若解為"以其身之私欲，而不能以天下萬民為重"之為勝也。

成玄英氏以"奈何，猶如何也。王畿千里，戎車萬乘之君，應須'重'、'靜'，乃恣情淫勃，厚賦繁徭，輕忽宇內。哀歎之甚，故云奈何""恣情放欲，輕躁日甚，外則亡國，內則危身。忠良竄匿，失臣也。宗廟傾覆，失君也"為解。其所解"奈何萬乘之主，以身輕天下"之義，是也。惟所解"輕則失本，躁則失君"，以河上公本經文作"輕則失臣，躁則失君。"世本從之，遂作是解。

第二十七章

　　善行，無轍迹；

【註解】

"善行"，行合於道也。謂聖人治國之施為也。"無轍迹"，車行有轍，人行有迹。此為喻無形之義。

【文義】

　　謂聖人治國之施為，皆合乎道，而無為無私，人不見有所為，即不見其有私欲之施為也。

【論述】

　　蔣錫昌、張默生、周紹賢諸氏，解"行"為"作為"、"作事"、"處事"，其義皆是。惟此所謂"作為"、"作事"、"處事"，皆指聖人之治國而言也。

　　黃茂材氏以"行不違道，故無轍迹"為解。所謂"行不違道"，言聖人治國之施為合乎道也。所謂"無轍迹"，言聖人之治國，無私欲之可見也。其義是也。

成玄英氏以"無行為行，行無行相，故云：'善行'"為解。言無行故無行相可見也。劉驥氏以"以其不為而為，故善行無轍迹之可尋"為解。言不為，故無轍迹之可尋也。聖人之治國，無為無私，故人莫見其有所為之行。故解"善行"為"無行"、為"不為"，乃誤解"無為"為不行、為不為也。蓋"無為"為無私之義，非不為之義也。

善言，無瑕謫；

【註解】

"善言"，言，聲教法令也，謂法合於"道"也。"瑕謫"，瑕，玉之病，以喻病害也。謫音摘，或作謫，過失也。

【文義】

謂聖人之立法合於道，公正無私，無偏頗暴屬之弊為害於民，使民無所措手足，譬猶玉之無瑕謫也。

【論述】

河上公氏以"善言者，謂擇言而出之，則無瑕疵謫過於天下"為解。黃茂材氏以"言不失中，故無瑕謫"為解。所謂"不失中"者，不失其公平也。蘇轍氏以"時然後言，故言滿天下無口過"為解。宋常星氏以"聖人非道不言，非理不說，言不輕發，言必恰當，可立天下之明法，可為國家之楷模。理簡而物曉，辭約而理盡，雖言滿天下而無怨無惡，豈非善言乎"為解。皆以"善言"為善於言說也。其他解者亦多類此。惟宋氏所謂"可立天下之明法，可為國家之楷模"，則有以"言"為"法"之義也。

余培林氏以"言之善者，莫過於不言；故'善言'即指不言"為解。以不言為"言"，以"行不言之教"為解，以不言為無言也。

善數，不用籌策；

【註解】

"善數"，數，計也，謀算之義，謂謀計之合於道者。"籌策"，運籌也，心機之義。

【文義】

謂聖人之謀計合於道，皆利於民；不用心機以逞己之私欲，即以無為無私為計也。

【論述】

河上公氏以"善以道計事者，則守一不移。所計不多，則不用籌策而可知也"為解。所謂"守一不移"，"一"即道也，言計不離於道也。道常無為，所謂不離於道者，即以無為無私為計也。達真子以"善計者，以道為計者也。以道為計，故計於心，不計於物，是以善計不用籌策也"為解。所謂"以道為計"，即河氏所謂"守一不移"也。所謂"不計於物"，言不以物為計也，亦即無私之義。董思靖氏以"道一而已，總於萬有，是謂善計"為解。亦言善計者不離於道也。其義皆是。

　　　　　　　　　　　　　　　　老子章句淺釋

善閉，無關楗而不可開；

【註解】

"善閉"，閉，閉門，防盜之義；謂防盜之合於道者。"關楗"，拒門之木也。用以堅閉其門，以防盜賊之侵入也。

【文義】

謂聖人之以"道"防盜，無為而治，政簡刑清，民安其生，盜賊無有，門無關楗而無盜賊入侵之患也。

【論述】

嚴靈峯氏以"外戶不閉，盜賊竊亂而不作；此所謂無關楗而不可開也"為解。所謂"外戶不閉，盜賊竊亂而不作"，無為之治，治平之世也。是知聖人防盜之以"道"也。其義是也。

達真子以"心處於道，不為外物所入，是以'善閉，無關楗而不可開'也"為解。所謂"心處於道，不為外物所入"，言物欲不入，即不為物欲所惑為善閉也。余培林氏之解"善閉"為"見素抱樸"，意義同此。其解亦通。

善結，無繩約而不可解。

【註解】

"善結"，結，合也，謂以道結合民心也。"繩約"，以繩索約束之也，法令之義。"解"，分離也，離心之義。

【文義】

謂聖人以道結民之心，天下之民歸之如流水，雖無法令之制裁約束，而民終無離貳之心也。

【論述】

河上公氏以"善以道結事者，乃結其心，不如繩索可得而解也"為解。所謂"以道結事"，以道為治也。以道為治而結民之心，上下同欲，故不可得解也。王雱氏以"以己信結天下之信，孰能解之"為解。言既昭大信於天下，則天下之民共信效之，上下交信，故無人能解之者，即謂民無離貳之心也。

是以聖人常善救人，故無棄人；常善救物，故無棄物；是謂襲明。

〔註解〕

"常善"，謂常道也。"救"，護也，愛護之義。"棄人"，謂人無所用也。"棄物"，謂物無所用也。"襲"，因也。"明"，謂道也。

【文義】

謂聖人以常道愛民愛物，使各遂其生，則人盡其材，物盡其用，人無棄人，物無棄物，是謂因順常道而行也。

【論述】

高亨氏以為"'是以'二字衍文，蓋後人所加。"以"是以"為連續詞，承上文而言。高氏以為"'是以'以上五句為一章"，則自"是以"以下當為另一章，義不相屬，故以"是以"二字為衍文。惟解之者多以先後為一章，連屬而解其義。

蔣錫昌氏以"四十九章'聖人無常心，以百姓心為心；善者吾善之，不善者吾亦善之，德善。’此即聖人常善救人，常善救物之法也。六十二章‘人之不善，何棄之有！’此即所謂‘無棄人，無棄物’也。蓋聖人之要，莫如以道自正，其於人之善與不善者，初不必分別之，岐視之；如此，則善與不善皆化於道，而同入於善矣”“五十五章‘知常曰明’，是‘明’即‘常’誼。‘常’者，即一章所謂‘常道’也。‘是謂襲明’，言聖人能行上述之言，是因順常道也”為解。其義是也。呂吉甫氏以“聖人唯能體道以善此五者，是以常善救人，而無棄人；常善救物，而無棄物矣”為解。所謂“善此五者”，即善行、善言、善數、善閉、善結也。

故善人者，不善人之師，不善人者，善人之資。

【註解】

“善人”，謂善以道為用之聖人。“不善人”，謂不知道者。“師”，範也，效法之義。“資”，用也。

【文義】

謂以“道”為用之聖人，當為不知“道”者之模範而教之以“道”為法也。不知“道”者，為聖人所化，材得其用，則人無棄人矣。

【論述】

王弼氏以“資，取也。善人以善齊不善，不以善棄不善也。故不善之人，善人之所取也”為解。所謂“善人以善齊不善”，言善於以“道”為用之聖人，以其所善，而正不知“道”者使之為善，即為"不善人之師"，而不以善棄不善也。所謂"不善之人，善人之所取也"，即善人不棄其不善之人而容納之，使人無棄人也。亦即河上公氏所謂"人行不善，聖人猶教導之，得以給用也"之義。

達真子以"善人者，得此五善之人也；不善人者，失此五善之人也。得此五善之人，可以救其不善，故'善人，不善人之師'也。失此五善之人，善人取以為戒，故不善人，善人之資也"為解。所謂"得此五善之人"，即上文所云"善行"、"善言"、"善計"、"善閉"、"善結"者，即以道為用之聖人也。所謂"善人取以為戒"，善人以不善人為戒也。宋常星氏以"善人者，備茲五善人也。不善之人，視善人之所善而則傚之，則不善者，皆可化於善。故言：'善人，不善人之師。'不善人，必是不能備五善，而所行不正不中者。善人視不善者，愈加警惕，愈加黽勉，惟恐或底於不善，削鑒戒之小心，即為資助之有益。故曰：'不善人，善人之資。'"為解。其義與達真子略同。李息齋氏以"惟人無善無不善，故'善人，不善人之師'，言不善人之可以為善人也。'不善人，善人之資。'言不善人之本同善人也"為解。言善人與不善人之天賦材質本相等，無善與不善也。

張默生氏以"不善人固應取法善人，而視善人為師；就是善人也須拯救不善人，才可稱為善人，而視不善人為資"為解。周紹賢氏以"善人之道德學問，不善人阿當奉為師法；而不善人受善人之化導，愈以助成善人之美。善人當視不善人為發揮善德之資"為解。所謂"善人"，似係以善惡之"善"為釋，言不善人為善人為善之憑藉也。

不貴其師，不愛其資，雖智大迷。是謂要妙。

【註解】

"貴"，重也。"愛"，惜也。"智"，謂自以為智也。"迷"，謂失於道也。

【文義】

謂不以教導不善人之趨於善為重，而不惜不善之人而棄之，雖自以為智，實大失於"道"也。蓋常善救人，使人無棄人也，今棄之而不惜，故謂大失於道也。此乃"道"之精要也。

【論述】

成玄英氏以"'不貴其師'，無能化也。'不愛其資'，無所化也"為解。所謂"化"者，教化也。重為師之義也。嚴靈峯氏以"言'不貴其師'，不善救人也。'不愛其資'，使人有棄也。雖善用智，實迷惑於大道者也"為解。所謂不善救人，卽不以教導不善人之趨於善為重也，卽成氏所云"無能化"也。所謂"使人有棄"，卽成氏所云"無所化"也。其義皆是。

第二十八章

知其雄，守其雌，为天下谿。

"雄"，喻上也，先也。雄者居上、居先，故以喻之。"雌"，喻下也，後也。雌者居下、居後，故以喻之。"谿"，水出於山入於川曰谿，水所歸也，以喻天下歸之也。

【文義】

謂知居上居先之不合於道，而守下守後，卽居下居後，自處謙柔；則天下之民歸之，如水之自歸於谿也。

【論述】

河上公氏以"雄以喻尊，雌以喻卑。人雖自知尊顯，當復守之卑微，去之強梁，就雌之柔和；如是，則天下歸之，如水流入深谿也"為解。所謂"守之卑微，去之強梁"，卽不以上、以先自處也。王弼氏以"雄，先之屬；雌，後之屬也。知為天下之先者必後也,是以聖人'後其身而身先'也。谿不求物,而物自歸之"為解。所謂"後其身",即身處於後也。所謂"物自歸之",即如水之自歸之也。谿處於下,水自歸之,即居下而為先之義也。嚴靈峯氏以"言知雄之躁動,寧守雌之虛靜;執後容物,居天下之下流,故能為天下谿也"為解。所謂"守雌之虛靜",六十一章"牝常以靜勝牡,以靜為下。"靜能勝牡也。所謂"居天下之下流",六十六章"江海所以能為百谷王者,以其善下之,故能為百谷王。"江海善下而能為百谷王也。所謂"故能為天下谿",即能為天下之主也,亦即天下歸之之義也。

為天下谿,常德不離,復歸於嬰兒。

【註解】

"常德"眞常之德,即道也。"離",失也。"嬰兒",喻無為無私也。

【文義】

謂天下歸之而為一國之主,其行不能失之於道,即當守道不失,當如嬰兒之無為無私也。

【論述】

河上公氏以"人能謙下如深谿,則德常在,不復離於己也""當復歸志於嬰兒,惷然無所知也"為解。所謂"則德常在,不復離於己",即守道不失也。所謂"當復歸志於嬰兒,惷然無所知也",惷,愚也。純樸無私之義。知讀智,巧詐之義。言當如嬰兒之純樸無私、無巧詐也。

蔣錫昌氏以"常德者，真常不易之德也。下文以嬰兒為喻，卽取其真常自然之德""言聖人為天下之卑下，而後方能常德不離，復歸於嬰兒也"為解。所解"真常自然之德"，卽道也。以嬰兒喻真常自然之德，卽言嬰兒無為無私之常德也。

知其白，守其辱，為天下谷。

【註解】

"白"，榮顯也。"辱"，謙下之義。"谷"，空虛之義。

【文義】

謂知居榮顯之位，而守謙下之道，所謂"大白若辱"；如谷之空虛，無物不容，以喻為天下所歸心也。

【論述】

王弼本原文為"知其白，守其黑，為天下式。為天下式，常德不忒，復歸於無極。知其榮，守其辱，為天下谷。"各本如之。易順鼎氏以為"按此章有後人竄入之語，非盡老子原文。《莊子·天下篇》引老聃曰：'知其雄，守其雌，為天下谿。知其白，守其辱，為天下谷。'此老子原文也。蓋本以'雌'對'雄'，以'辱'對'白'。'辱'有黑義。儀禮註'以白造緇曰辱。'此古義之可證者。後人不知'辱'與'白'對，以為必'黑'始可對'白'，必'榮'始可對'辱'；如是加'守其黑'一句於'知其白'之下，加'知其榮'一句於'守其辱'之上，又加'為天下式，為天下式，常德不忒，復歸於無極。'四句，以叶黑韻，而竄

老子章句淺釋

改之迹顯矣。"高亨氏以為"其'守其黑，為天下式，為天下式，常德不忒，復歸於無極。知共榮，'廿三字，後人所加也。請列六證以明之：《老子》本以雌對雄，以辱對白，辱即後起黸字，《玉篇》：'黸，垢黑也。'四十一章曰：'大白若辱。'亦白辱相對，即其明證。則此以白對黑，決非《老子》舊文，其證一也。榮辱，《老子》作寵辱，十三章曰：'寵辱若驚。'即其明證。則此榮與辱對，亦決非《老子》舊文，其證二也。'為天下谿'，'為天下谷'，谿谷同義，皆水所歸，間以'為天下式'句，則與谿谷不類，其證三也。'復歸於嬰兒'，'復蹄於樸'意旨相同，人性未漓為嬰兒，木質未散為樸。間以'復歸於無極'句，則與嬰兒及樸不類，其證四也。《淮南子·道應篇》引《老子》曰：'知其雄，守其雌，為天下谿。'又引《老子》曰：'知其榮，守其辱，為天下谷。'而未引'知其白，守其黑，為天下式'句，蓋淮南所見本無此句也。且其所引'知其榮，守其辱'，原作'知其白，守其辱，'今作榮者，妄人依誤本《老子》改之耳。是淮南所見本無'守其黑'廿三字，其證五也。《莊子·天下篇》引老聃曰：'知其雄，守其雌，為天下谿。''知其白，守其辱，為天下谷。'其文雖有裁省，而《莊子》所見本無'守其黑'廿三字，尤為確的，其證六也。"馬夷初氏、蔣錫昌氏、嚴靈峯氏皆以為是，因據刪正如文。

"知其白，守其辱"，成玄英氏以"白，昭明也，黑（辱），闇昧也。自顯明白，眩曜於人，人必挫之，良非智者。韜光晦迹，退守闇昧，不忤於物，故是德人……"為解。所謂"自顯明白，眩曜於人"，自顯其功、其能，與人爭名也，不合於道，是以人必挫之也。所謂"韜光晦跡，退守闇昧"，不與人爭名，是以不忤於物也。河上公氏以"白以喻昭昭，黑（辱）以喻默默。人雖自知昭昭明達，當復守之以默默如闇昧無所見"為解。所謂"守之以默默，如闇昧無所見"，即不自彰顯之義也。"為天下谷"，河上公氏以"天下歸之，如水流入深谷也"為解。劉仲平氏以"能虛、能應、能容、能受"，以釋谷，以谷之虛空也。以其虛空，故能容、能受，以喻能容天下之人，即為天下之所歸心也。亦即河上公氏所謂"天下歸之，如水之流入深谷"也。

為天下谷，常德乃足，復歸於樸。

【註解】

"足"，充足也。"樸"，謂道也。

【文義】

謂能容天下之人，為天下之谷，而為天下之主，常德乃稱充足，而與道為一，即法道以為治也。

【論述】

張默生氏以"能為天下人來歸的大谷，常德才算充足，不但常德充足，更可返歸於樸。樸，指混然的道體而言。歸於樸，簡直是和道體合而為一了"為解。周紹賢氏以"常德充足，則躋於大道之境矣"為解。所謂"和道體合而為一"，即"躋於大道之境"，亦即以道為治也。

樸散而為器，聖人用之，則為官長。

【註解】

"樸"，謂道也。"器"，器物，謂萬物也。"官長"，謂一國之主也。

【文義】

謂道衍生萬物，其用無窮。聖人用道，則為一國之主也。所謂用道，謂知雄守雌，為天下谿；知白守辱，為天下谷也。

【論述】

李息齋氏以"及樸散為器，聖人以道制器，猶不失之於道，故用之為官長"為解。黃茂材氏以"樸（樸）者，道也，渾然而已。散則為器，聖人體道而用之，物莫尊於道，故為官長"為解。所謂"樸散為器"，"散則為器"，言道衍生萬物，其用無窮也。所謂"以道制器"，"體道而用之"，言聖人用道以治天下也。蔣錫昌氏以"王（弼）註：'樸，真也。'真即先天地而生之道也。廿九章河上註：'器，物也。'物即萬物也。'樸散而為器'，言道散而為萬物也。'因''用'一聲之轉，誼可相通。'官長'，即百官之長，謂人君也。'聖人用之，則為官長'，言聖人因之，則為人君，以道治天下，使復歸於樸也"為解。其義皆是。

故大制無割。

【註解】

"大制"，大，謂道也。廿五章"強為之容：曰大……""道大天，大地，大人，亦大！"卅四章"萬物歸焉而不為主，可名於大。"五十三章"大道甚夷"，皆以大言道也。制，御也，謂制御天下之道也。"無割"，無，不也；割，宰割也，主宰之義。謂不自以為主宰也。卽五十一章"長而不宰"之義。

【文義】

謂聖人治理天下之道，不自以為主宰，所謂"長而不宰也"。

【論述】

王弼氏以"大制者，以天下之心為心，故無割也"為解。所謂"大制"，卽治理天下也。所謂"以天下之心為心"，卽不自以為其主宰也。李息齋氏以"官長者視天下，猶官長之非如家而私之也，故官而不私，長而不宰，是謂大制不割"為解。所謂"官而不私，長而不宰"，卽不自以為私有而自為其主宰也。其義皆是。

河上公氏以"聖人用之，則以大道制御天下，無所割傷"為解。所謂"無所割傷"，言無傷於民也。以"割"為割傷，其解亦通。

老子章句淺釋

第二十九章

將欲取天下而為之，吾見其不得已。

【註解】

"取"，收也，取得之義。

【文義】

謂將欲取得天下而為之主，吾見其係出之於不得已也，蓋其為天下而取天下，非為私欲而取天下，故云："不得已"也。

【論述】

宋常星氏以"虞舜以讓有天下，周武以伐有天下，要知非舜、武之所欲也……皆出於不得已而然也。非有所取，非有所為，於此可見矣"為解。蘇轍氏以"聖人之有天下，非取之也，萬物歸之，不得已也"為解。嚴靈峯氏以"君子不得已而臨蒞天下，言欲得天下而治之，出於不得已也"為解。其義皆是。

河上公氏以"欲為天下主也""欲以有為治民""我見其不得

天道人心已明矣。天道惡煩濁，人心惡多欲”為解。以“不得已”
為不得天道人心也。不得天道、人心，即不能得之義也。黃茂材
氏以“使湯、武取天下而欲為之，其不能得已可見矣”為解。成
玄英氏以“方欲攝取天下蒼生，而為化主者，必須虛心忘欲；若
以有為取之，纔欲攝化，而不得之狀已彰也”為解。皆言以有為
而欲取天下之不可得也。

蔣錫昌氏以“四十章河上公註：‘取，治也。’‘為’者，為有
為也。言世君將欲治天下而為有為者，吾見其無所得也”為解。
言以有為治天下將無所得也。

無論釋“不得已”為情非得已，或以有欲取天下而不可得，
或以有為治天下將無所得；然言為人君者之不能有私欲而有所為
之義則一也。

天下神器，不可為也，不可執也。為者敗之，執者失之。

【註解】

“神器”，帝位也。“為”，有為，為私欲而為之也。“執”，持也，據為己有之義。

【文義】

謂居天下帝位者，其治國不可有私欲，不可以天下為其私有
也。治國而有私欲，必敗其治；據天下以為私有，必失其位。《太
公兵法・六韜・文師篇》：“天下者，非一人之天下，乃天下人之
天下也。同天下之利者，則得天下；擅天下之利者，則失天下。”
即此義也。“不可執也”，王弼本無此句。據嚴靈峯氏考正，當有
此句，（見嚴著《老子達解》一五五頁）其說是也，因據增。

　　　　　　　　　　　　　　　老子章句淺釋

【論述】

成玄英氏以"神器，亦是帝位也。若無為安靜，即品物咸亨；必有為擾動，即羣生失性，故不可為也""滯溺有為，則敗亡身命；執心貪欲，則失國喪邦"為解。其義是也。蔣錫昌氏以"'神器'，即人，以人為萬物之靈也。'為'，即為有為。'執'，亦有為之意。言天下乃萬民所組成，人君不可施以有為，如施以有為，必致失敗無疑也"為解。雖以"神器"為"人"，而所謂"人君不可施以有為"之治，則是。

是以聖人無為，故無敗；無執，故無失。

【註解】

"聖人"，謂持道以行之人君。"無為"，無私欲，不為私欲而為之也。"無執"，不據天下以為其私有也。

【文義】

謂持道以行之人君，其治國無私欲，故其治不敗；不以天下為其私有，故其位不去。

【論述】

右經文由六十四章移此。其說見該章。

河上公氏以"聖人不為華文，不為色利，不為殘賊，故無敗壞。聖人有德以教愚，有財以與貧，無所執藏，故無所失於人也"為解。所謂"不為華文，不為色利，不為殘賊"，即無私欲也。所謂"有德以教愚，有財以與貧"，不以天下為其私有也。其義是也。

嚴靈峯氏以"'道常無為而無不為','我無為而民自化',故無敗也。'既以為人己愈有,既以與人己愈多','功成弗居,夫唯弗居,是以不去。'故無失也"為解。其義亦是。

故物或行或隨,或歔或吹,或強或羸,或載或隳。

【註解】

"物",萬物也,謂萬民。"行",去也,離去之義。"隨",從也。"歔",歔欷,懼貌。"吹",吹噓,助也。"羸",弱也。"載",安也。"隳",危也。

【文義】

謂天下人民之於其君,或離之,或從之,或懼之,或助之,或強之,或弱之,或安之,或危之,要視其君之所為也。君以"無為"為治,則從之,助之,強之,安之,即擁戴之也。君以"有為"為治,則離之,懼之,弱之,危之,即叛離之也。

【論述】

河上公氏以"上所行,下必隨之也""呴(歔),溫也;吹,寒也。有所溫必有所寒也""有所強大,必有所羸弱也""戴,安也;隳,危也。有所安必有所危。明人君不可以有為治國也"為解。言當以"無為"治國也。

成玄英氏以"夫物,萬物也。或,不定也。行,由己也。隨,從他也。言物或先時由己,後即從他;此明權勢不定也""噓氣溫,喻富貴也。吹氣寒,喻貧賤也。言物有先貴後賤,先富後

老子章句淺釋

貧……猶如炎涼不定，人亦貴賤何常""夫強盛者不久當衰……此明盛衰不定也""河上本'或載'，此作'或接'。夫接者，連續也。隳，廢敗也。連續謂之成，廢敗謂之壞，此明安危不定。舉此八法不定，以表萬物無常。故治國者不可以有為封執而取之也"為解。言權勢、富貴、貧賤、強弱、安危均屬無常，要在人君治國之以"有為"或"無為"也。

蔣錫昌氏以"'物'指人而言，言天下之人，或願行於前，或好隨於後也""氣緩出曰歔，急出曰吹。言人性或有如歔者，或有如吹者""言人性或好剛強，或好柔弱，或好摧折，或好毀壞。自'故物'至此，皆所以明天下之人性，有種種之不齊，而聖人皆能順而不施，因而不為也"為解。所謂"順而不施，因而不為"，言以"無為"為治，以"無為"為"不為"也。

是以聖人去甚，去奢，去泰。

【註解】

"甚"，謂貪淫聲色也。"奢"，謂美其服飾飲食也。"泰"，謂壯麗其宮室臺榭也。

【文義】

謂聖人之治國，不貪淫聲色，不美其服飾飲食，不壯麗其宮室臺榭，去其私欲，行無為之治，則民從之、助之、強之、安之而擁戴之，所謂〝天下樂推而不厭〞也。

【論述】

河上公氏以"甚，謂貪淫聲色。奢，謂服飾飲食。泰，謂宮室臺榭。去此三者，處中和，行無為，則天下自化”為解。成玄英氏以“甚，則美其聲色；奢，則麗其服玩；泰，則廣其宮室。去三惑，處於一中，治國則祚歷遐延，治身則長生久視也”為解。所謂“處於一中”，一，謂道也，言處於道中，即以“無為”為治也。其義均是。

　　陸農師氏以“聖人之於天下，因之而不為，任之而不執。是以去甚，慈也；去奢，儉也；去泰，不敢為天下先也。此三者，所以取天下也”為解。所謂“慈”、“儉”、“不敢為天下先”，《老子》所謂之三寶也。

　　宋常星氏以“妄動妄為，不循自然之道，謂之甚。不務其誠，過費不節，謂之奢侈。自是不安本分，謂之泰……聖人能去此三者，是先修之於己，所以治天下者，非取而為之、執之也，順自然之道，而天下自歸之。不取不為，又安有敗失之患乎”為解。所謂順自然之道，即以道之無為而治其國也。

第三十章

以道佐人主者，不以兵強於天下，其事好還。

【註解】

"佐"，輔佐也，謂人臣也。或可解為"將"。《孫子兵法》："將者，國之輔也。"將，主兵者也。"主"，謂國君也。"其事"，謂以兵強於天下，即兵戰之事也。"還"，返也，報復之義。

【文義】

謂人臣之以道輔佐國君者，不以兵戰與人爭強於天下，而以道爭勝也。以兵戰之事，易遭報復，即易自食其惡果也。

【論述】

成玄英氏以"以，用也。佐，輔也。人主，君王也。言用正道輔佐君王者，當偃武修文，導之以德，不可盛用強兵，逞暴天下""還，返也，報也。言外用兵之事，即有怨敵之仇，此事必爾，故云：好還"為解。其義是也。

"其事好還"，王安石氏以"明則人報之，幽則天報之。殺人之父，人亦殺其父，殺人之兄，人亦殺其兄；人報之也。'大軍之後，必有凶年。'（語見下文）天報之也"為解。蔣錫昌氏以"此謂用兵之事，必有不良之還報。下文所謂'師之所處，荊棘生焉；大軍之後，必有凶年。'也"為解。皆以"還"為"報"，以"其事"為用兵之事。均是也。惟王弼氏以"有道者務於還反無為，故云：'其事好還'也"為解。以"還"為"還反無為"，似非經文之義也。

師之所處，荊棘生焉；大軍之後，必有凶年。

【註解】

"師之所處"，謂戰爭之地也。"荊、棘"，均木名，荒蕪之義。"大軍"，大戰也。"年"，荒年，五穀不熟也；饑饉之義。

【文義】

謂經過戰爭之地，荊棘叢生，人死田荒。兵事既起，民赴勞役，田事荒廢，故大戰之後，必有饑饉之患。言用兵爭強於天下，為害之慘烈也。

【論述】

高亨氏以為"軍，疑作單，單借為戰，古金文以單為戰。甲骨文亦以單為戰。蓋後人不知單為戰字，因'單''軍'形近，遂改為'軍'耳。"所說不無見地，惟各家多解"軍"為"戰"，於義固無所損也。

老子章句淺釋

“師之所處，荊棘生焉”，河上公氏以“農事廢，田不修”為解。黃茂材氏以“師之所處，田事廢，故荊棘生”為解。成玄英氏以“師，兵眾也。言兵馬所行之處，害人損物，但有荊棘草木，不生禾稼”為解。宋常星氏以“三軍騷動，黎民遭變，農事必廢，田疇荒蕪，則荊棘未有不生者焉”為解。嚴靈峯氏以“言軍旅所處之地，兵戈所至，廬舍為墟，故穢木叢生也”為解。皆言戰爭之地，田疇荒蕪，是以荊棘叢生也。

“大軍之後，必有兇年。”宋常星氏以“軍馬所臨之地，耒耜不聞，荊棘既生，所以大軍之後，必有凶年”為解。嚴靈峯氏以“言久戰之後，農事廢弛，禾稼不長，必致凶年也”為解。其義皆是。

善者果而已，不以取強。

【註解】

“善者”，謂善用兵者。“果”，勝也。《左傳·宣公二年》：“殺敵為果。”“取強”，謂以兵取強大之名，即以兵逞強於天下也。

【文義】

謂兵者不得已而用之，故善於用兵者，以勝為功而已；非以用兵逞強於天下也。

【論述】

王安石氏、高亨氏皆釋“果”為“勝”，是也。河上公氏、王弼氏皆釋“果”為“濟難”，成玄英氏釋“果”為“決定”，宋常

星氏釋 "果" 為 "果決"，似均不適。蔣錫昌氏釋 "果" 為 "殺敵"，非是。蓋以誤解《左傳》 "殺敵為果" 之義也。 "不以取強"，王弼氏、蔣錫昌氏均以 "不以兵力取強於天下也" 為解，是也。

果而勿矜，果而勿伐，果而勿驕，果而勿強；果而不得已。

【註解】

"矜"，自賢曰矜，自以為能之義。"伐"，自稱其功曰伐，誇耀其功之義。"驕"，恃勢凌人也，輕敵之義。"強"，逞強兵於天下，侵略橫暴之義。"不得已"，迫而後起，非樂於用兵之義。

【文義】

謂用兵之事固以勝為功，然雖勝而不可自以為能，而不可自誇其功，而不可恃勝輕敵，而不可侵略橫暴。蓋兵者不得已而用之，迫而後起，非樂之也。故雖勝而不可以矜、伐、驕、強為事也。

【論述】

王弼本 "果而不得已"，在 "果而勿強" 句上，嚴靈峯氏以為當在 "果而勿強" 下句，乃總結諸句，故云： " '果而不得已'，而成承接上下之文，句法亦趨一律……" 其說是，因據改置。

嚴靈峯氏以 "雖致果，而不自恃其能也；雖致果，而不自誇其功也；雖致果，而不輕視其敵也；雖致果，而不逞強於天下也；雖致果，乃迫而後起者也" 為解。所謂 "致果"，即致勝也。所謂

"迫而後起"，不得已而用之也。其義是也。

呂吉甫氏以"果而勿矜其能，果而勿伐其功，果而勿驕其勢，其果常出於不得已，是乃果而勿強之道也。如果而矜其能，果而伐其功，果而驕其勢，則是果於強，非果於不得已者也"為解。乃據王弼本"果而不得已"在"果而勿強"句上為解也，其義亦是。

物壯則老，是謂不道；不道早已。

【註解】

"物壯則老"，喻兵強則衰也。"不道"，謂不合於道也。"已"，畢也。敗亡之義。

【文義】

謂以兵逞強於天下，兵強則衰，如物壯則老；蓋以兵逞強，不合於以柔為強之道也。以其不合於道，雖勝終早敗亡，而況不勝乎？

【論述】

王弼氏以"壯，武力暴興，喻以兵強於天下也。'飄風不終朝，驟雨不終日。'（語見二十三章。）故暴興不道，必早已也"為解。蘇轍氏以"壯之必老，物無不然者……以兵強天下，壯亦甚矣，能無老乎？無死乎？"為解。黃茂材氏以"兵強者，必敗；物壯者，必老；皆為非道，不能長存"為解。蔣錫昌氏以"物過強暴，則易衰老，是謂不道；不道結果，必致早死。四十二章所謂'強梁者不得其死'也"為解。其義皆是。

第三十一章

夫用兵者，不祥；不得已而用之。

【註解】

"用兵"，謂以兵從事於征戰也。"不祥"，不吉祥，猶災殃也。兵凶戰危之義。

【文義】

謂以兵從事於征戰，固不能避免，然兵凶戰危，死生之地，存亡之道，不可不察，必至於不得已時而後用之，不可輕啓也。

【論述】

本章經文內容，有註文羼雜其間，據嚴靈峯氏考證，以為"原經文'兵者，不祥之器，非君子之器。''吉事尚左，兇事尚右。偏將軍居左，上將軍居右，言以喪禮處之。殺人之眾，以悲哀泣之。'均為註文。"王淮氏以為"自章首'夫佳兵者'至'用兵則貴右'五句，及自'吉事尚左'，至章末'戰勝以喪禮處之'八句，皆為衍文，應全部刪去。"較嚴氏所考證者更為簡略。其首

老子章句淺釋

二句"兵者，不祥之器，不得已而用之。"與嚴氏考證之"夫用兵者，不祥；不得已而用之。"亦不相同。經參酌其異同，章首採用嚴氏所考證者，余則採用王氏所刪定者。王弼本經文附本章之後。嚴氏考證之文，見嚴著《老子達解》一六七頁至一七四頁。王氏考證之文，見余培林氏《老子讀本》六十頁至六十一頁。

嚴靈峯氏以"兵，凶器也。戰，危事也。用兵，指戰爭也。祥，善也；不祥，猶災殃也。'師之所處，荊棘生焉；大軍之後，必有兇年。'（語見卅章。）故曰：'用兵者，不祥'也。知其不祥而用之，義兵誅暴救亂，應敵來加已，迫於不得已而用之，害中取小，為之難也。故曰：'不得已而用之。'"為解。其義是也。所謂"不得已而用之"，則知老子之意，兵非絕不能用，惟不可輕啓兵戰也。

恬淡為上，勝而不美；而美之者，是樂殺人。

【註解】

"恬淡"，清靜寡欲也，無貪心之義。"不美"，美，善也，言不以為善也。"樂"，喜也，愛好之義。"殺人"，謂戰必有死傷也。

【文義】

謂戰爭之起，由於爭名、爭利，卽爭威名，爭土地，爭財富；皆貪欲之為祟也。故治國者，在能去其貪欲為上也。必不得已而用兵，雖勝亦不以之為善；蓋勝猶不免有所死傷也。而世俗以勝為善者，不恤死傷之慘，是猶愛好殺人也。

"恬淡"，河上公氏釋為 "不貪土地，利人財寶。" 成玄英氏釋為 "無為"；"無為"，即無私欲也。其義均是。焦竑、宋常星、蔣錫昌諸氏，皆釋為 "安靜"，不能盡 "恬淡" 之義，不若河氏、成氏之釋為勝也。

夫樂殺人者，則不可以得志於天下矣。

【註解】

"樂殺人者"，謂好戰而不恤死傷者。"得志於天下"，謂得為天下之主也。

【文義】

謂好戰而不恤死傷，以勝為美者，不可以得為天下之主也。

【論述】

王安石氏以 "夫戰，非得已也。非得已，則雖勝猶不足以為善；勝而為善者，樂致人於死矣。此所以'不嗜殺人者能一之'（語見《孟子·梁惠王》章）是也" 為解。嚴靈峯氏以 "夫天下惟不嗜殺人者能一之，愛好殺人者，其不得志於天下可知也" 為解。李息齋氏以 "自古及今，不嗜殺人者必興，嗜殺人者必亡。嗜殺人而暫成者有已，未有嗜殺人而多歷年者也" 為解。所謂 "嗜殺人者"，即 "樂殺人者" 也。其義均是。

王弼本原文

夫佳兵者，不祥之器，物或惡之，故有道者不處。君子居則貴左，用兵則貴右。兵者，不祥之器，非君子之器，不得已而用之。恬淡為上，勝而不美；而美之者，是樂殺人。夫樂殺人者，則不可以得志於天下矣。吉事尚左，兇事尚右；偏將軍居左，上將軍居右，言以喪禮處之。殺人之眾，以哀悲泣之；戰勝，以喪禮處之。

第三十二章

道常無名，樸雖小，天下莫能臣。

【註解】

"道常"，謂常道，卽道也。"樸"，指道而言。卅七章"吾將鎮之以無名之樸"，無名之樸卽道也。"小"，形不可見之義。"臣"，役人賤者男曰臣，輕卑之義。

【文義】

謂道本無名，"字之曰道"也。道體雖形不可見，天下皆不能輕卑之，而當尊貴之也。

【論述】

王弼本"天下莫能臣"下有也字。高亨氏以為"也字衍文，以臣、賓、均為韻知之。"其說是，因據刪。

王弼氏以"道無形不繫，常不可名，以無名為常，故曰：'道常無名'也。樸之為物，以無為心也，亦無名，故將得道，莫若守樸。夫智者可以能臣也，勇者可以武使也，巧者可以事役也，力者可以重任也。樸之為物，隳然不偏，近於無有，故曰：‘莫能臣’也”為解。解“臣”為臣服之義也。

宋常星氏以“天地萬物，皆從此無名之樸而生化⋯⋯尊無上，貴無極，誰敢以臣子之名，稱無名之樸乎？”為解。所謂無名之樸，即無名之道也。所謂“誰敢以臣子之名，稱無名之樸乎？”即無人敢輕卑“道”也。蔣錫昌氏以“‘道常’即‘常道’，卅七章‘道常無為而無不為’，‘無名’者一章所謂‘無，名天地之始’也。‘樸’者即指初成道而言，卅七章所謂‘無名之樸’也。‘小’者，道體微眇，不可得見之謂，是‘臣’字本含有卑輕之意。言此初成之道，雖微眇難見，然天下莫能輕視，以道為天下之主也”為解。道為天下之主，其用無窮，故天下之人皆當法道而重視之，不能輕卑之也。其義皆是。

侯王若能守之，萬物將自賓。

【註解】

“侯王”，謂國君也。“守之”，謂守道之無為無私也。“萬物”，謂萬民也。“賓”，賓服也。

【文義】

謂國君若能守道之無為無私以治其國，則天下萬民將自行賓服也。其義與卅七章“侯土若能守之，萬物將自化”相同。

【論述】

河上公氏以“侯王若能守道無為，萬物將自賓服，從於德也”

為解。王弼氏以"抱樸無為，不以物累其真，不以欲害其神，則物自賓，而道自得也"為解。所謂"抱樸無為"，即守道之無為無私也。成玄英氏以"言君王若能修守至道，殊方異域，自來賓伏而歸化也"為解。蔣錫昌氏以"此言侯王若能守道而行無為之治，則萬物將自賓服，從於德化也"為解。其義皆是。

天地相合，以降甘露，民莫之令而自均。

【註解】
"甘露"，甘泉雨露也。"均"，均平也。

【文義】

謂天地相合以降甘泉雨露，萬物賴之以生，澤惠天下，非民之令而自均平。言道之無為無私，以喻國君之治國，當以之為法也。

【論述】

王弼氏以"言天地相合，則甘露不求而自降。我當守其真性，無為則民不令而自均也"為解。所謂"甘露不求而自降"，言天地之無為無私也。所謂"當守其真性，無為則民不令而自均平也"，言人君當無為無私以為治，而以天地為法也。劉驥氏以"甘露者，天地之和氣也；人莫之令而自均，出於自然也"為解。所謂"出於自然"，出於自然之道也。蘇轍氏以"沖氣升降，相合為一，而降甘露，脼然被於萬物，無不均徧。聖人體至道以應諸有，亦露之無不及者，此所以能賓萬物也"為解。其義皆是。

　　　　　　　　　　　　　老子章句淺釋

始制有名，名亦既有，夫亦將知止；知止所以不殆。

【註解】

"始制有名"，謂聖人始制天下，立尊卑名位以為治也。"知止"，謂知止於道，即法道之無為無私也。"不殆"，無危殆之虞。

【文義】

謂聖人始制天下，立尊卑之名分以為治。既有主尊之名，當知應法道之無為無私也。法道之無為無私，所以無危殆之虞也。

【論述】

王弼氏以"始制，謂樸散始為官長之時也。始制官長，不可不立名分以定尊卑，故始制有名也。過此以往，將爭錐刀之末，故曰：'名亦既有，夫亦將知止'也。遂任名以號物，則失治之母也，故曰：'知止所以不殆'也"為解。所謂"樸散始為官長之時"，即廿八章"樸散則為器，聖人用之以為官長"，其義為道衍生天地萬物，其用無窮。聖人用道，則為一國之主也。所謂"立名分以定尊卑"，謂立主之名以尊其位也。所謂"過此以往，將爭錐刀之末"，言世俗之君不能用道之無為無私以治其國，而以爭為務也。所謂"任名以號物，則失治之母也"，言任以主之名，而不以無為無私以治其民，則失為治之道也。道為天下之母，故以母名道。其義是也。

蔣錫昌氏以"'始制有名'，言大道裁割以後，即有名號，二十八章所謂'樸散則為器'也。'名亦既有，夫亦將知止，'言世界既有名號，則庶業其繁，飾偽萌生，為人君者，亟應知止勿進也。知止之道何？即行無為以返於泰初之治，廿八章所謂‘復歸於樸’，卅七章所謂‘化而欲作，吾將鎮之以無名之樸’也。人君知止無為，則可以免世風澆薄之危殆”為解。所謂“大道裁割”，即言道衍生萬物之用也。所謂人君知止之道，“即行無為以返於泰初之治”，即人君所當知者，為以道之無為而治也。所引“復歸於樸”，“鎮之以無名之樸”，樸即謂“道”也。惟所謂有名之後“則庶業其繁，飾偽萌生”，若以人之生而有情有欲而言，則飾偽之生，非由於名號之起也。故無為之治，在使國家清平，民遂其生，非所謂“返於泰初之治”也。蓋社會之進化，由簡而繁，殆不可能重返於“泰初之治”也。

孔德之容，唯道是從。

【註解】

“孔德”，大德也。“容”，動也，作為之義。“道”，謂自然之道。

【文義】

謂大德之人，其作為唯從於道，即依道而行也。

【論述】

右經文自二十一章移此。其說見該章。

王弼氏以“孔，空也。惟以空為德，然後乃能動作從道”為解。所謂“以空為德”，空者，無也；無，謂道也。以無為用，謂之孔德，故云：“動作從道”也。所謂“動作從道”，以“動”釋“容”也。

高亨氏以"容，疑借為榕，《說文》：'榕，動榕也。'《廣雅釋詁》：'榕，動也。'言大德者之動，惟從乎道也"為解。以"孔"為"大"也，其義是也。

河上公氏以"孔，大也。有大德之人，無所不容，能受垢濁，處謙卑也""唯，獨也。大德之人，不隨世俗所行，獨從於道也"為解。以"容"為包容，其義亦是。成玄英氏註義同此。

道之在天下，譬猶川谷之於江海。

【註解】

"道"，謂無為無私之道。

【文義】

謂侯王守無為無私之道以治其國，則萬民賓服，猶如川谷之自歸於江海也。以川谷喻天下萬民，以江海喻侯王也。

【論述】

王弼本經文作"譬道之在天下，猶川谷之與江海。"嚴靈峯氏以為"'譬''猶'二字，似當連文；'猶'疑在'譬'字下。"並列舉頗多例證。其說是，因據改如文。

王弼氏以"川谷之與江海，非江海召之，不召不求而自歸者也。行道於天下者，不令而自均，不求而自得，故曰：猶川谷之與江海也"為解。即言行道於天下者，天下萬民之賓服，如川谷之自歸於江海也。

成玄英氏以"江海善下，為百川之所共湊；聖道虛容，為眾生所歸往”為解。所謂“聖道虛容”，言聖人行無為之道也。行無為之道，則天下眾生歸往矣。是聖人之行不能離道也。其義皆是。高亨氏以“川谷江海之在天下，貫達九域，周環四方，物被其澤，人受其利。道在天下，亦復如是，故以為譬耳”為解。言道之善利萬物一如川谷江海也。可供參考。

第三十三章

知人者智，自知者明。

【註解】

"知人"，謂知人之好惡也。"智"，巧詐也。謂施巧詐於人也。"自知"，謂自知於"道"也。"明"，私欲盡去，不為物欲所蔽也。

【文義】

　　謂知人之好惡，而施之以巧詐者，可謂之智。自知於"道"，私欲盡去，不為物欲所蔽，可謂之明。

【論述】

　　"知人者智"，河上公氏以"知人好惡，是為智"為解。言智以知人也。知人非不善，知人而施之以巧詐，則不善矣。蔣錫昌氏以"言能知人之善惡，而行巧詐者，是智也"為解。嚴靈峯氏以"知人者，用智而已"為解。所謂"用智"，施之以巧詐也。其義皆是。

"自知者明"，蘇轍氏以"蔽盡為明"為解。言"明"為無物欲之蔽也。李息齋氏以"人所以不能入'道'者，以自己不明，而為物所勝也。若內明則自不騖外；不騖外，則漸能勝物。積日既深，自然入'道。'"為解。所謂"為物所勝"，為物欲所蔽也。所謂"漸能勝物"，去其物欲也。"自入於道"者，私欲既去，不為物蔽，故謂之"明"也。其義是也。

勝人者有力，自勝者強。

【註解】

"勝人"，謂爭勝於人也。"有力"，力，威力也，剛強之義。"自勝"，謂去己之剛強，守柔弱之道也。"強"，人莫能勝之義。

【文義】

謂以剛強爭勝於人，尚有力所不及而不能勝之者，故力不可以恃也。去己之剛強，守柔弱之道，人莫能勝之，故可謂之強也。

【論述】

呂吉甫氏以"守柔曰強，與接為構，日以心鬥，非所以守柔也。則守柔者，乃所以自勝也"為解。所謂"守柔曰強"，以"柔弱者生之徒"，"天下莫柔弱於水，而攻堅強者莫之能勝"也。所謂"與接為構，日以心鬥"，所以謀爭勝於人也，然未必能勝之也。守柔以自勝，自勝則人莫能勝之，是以為強也。黃茂材氏以"有力者可以勝人，力所不及，烏可勝人！吾能自勝，不與物爭，強莫甚焉"為解。所謂"力所不及，烏可勝人！"言恃力以爭勝，

老子章句淺釋

非必能勝之也。所以"能自勝而不與物爭"守柔弱之道，而不以力與人爭勝，人莫能勝之，故云"強莫甚焉。"王雱氏以"力可以勝人，不可以勝己。自勝者，克己從'道'，能專氣者也"為解。所謂"專氣"者，專氣致柔也。柔弱者，自然之道也，故云"自勝者，克己從"道"也。蔣錫昌氏以"'有力'，乃堅強好爭之意。'強'，乃柔弱不爭之意。言堅強好爭而以勝人為務者，是有力也。柔弱不爭而以自勝者，是強也"為解。亦謂勝人者以力而爭勝也；自勝者，守柔弱之道也。

河上公、曹道沖、劉驥諸氏，皆以"自勝"為"勝己之情欲"、"不為情欲所使"，亦通。惟經文上句"勝人者有力"，則下句所謂"自勝"，似不若解為"去己之剛強，而守柔弱之道"之為適也。

知足者富，強行者有志。

【註解】

"富"，指財富名利而言。"強行"，勉力以行之也。"志"，心之所之也，欲望之義。

【文義】

謂知足者無不足之欲，故雖貧猶富也。不知足者，以其常有不足之欲，勉力以求富，終不能滿其欲，故雖富猶貧也。

【論述】

"知足者富"，蘇轍氏以"知足者，所遇而足，則未嘗不富矣"為解。曹道沖氏以"雖貧若富也"為解。黃茂材氏以"人而知足，其用無窮”為解。宋常星氏以“隨境自適，心不妄貪，謂之知足。人能以澹泊自守，以寡欲自安，既無不足，則長富矣”為解。所謂“所遇而足”，“隨境自適”，無不足之欲，是以雖貧若富也。

“強行者有志”，蘇轍氏以“雖有天下，而常挾不足之心，是終身不能富也”為解。所謂“常挾不足之心”著，必勉力以求其足也。其義是也。

王弼氏以“勤能行之，其志必獲”為解。曹道沖氏以“凡有志者，無事不集”為解。集，成也。言有志則無事不成，即王弼氏所云“其志必獲”也。蔣錫昌氏以“勤勉行道，是有志也”為解。或以“志”為志向、志願，或以“志”為志於行道，似皆非經文之旨。蓋經文上句為“知足者富”，則下句“強行者有志”，當為不知足者雖富猶貧之義，正與“知人者智，自知者明。勝人者有力，自勝者強”句法相同也。故以蘇氏之解為是也。

不失其所者久，死而不亡者壽。

【註解】

“所”，謂道也。“死”，謂終其生也。“亡”，失也，失道之義。

【文義】

謂不失其所守之“道”者，可以長久。終生守“道”不失者，可以長壽。長久、長壽，謂無危殆之虞也。

【論述】

“不失其所者久”，王雱氏以“性不為物誘，則久矣”為解。

呂吉甫氏以"則能存其所存，而不為物之所遷矣"為解。曹道沖氏以"外安其分，內存於道，未有不久者也"為解。所謂"存其所存"，卽"內存於道"，不失其所守之"道"也。所謂"為物誘"，"不為物之所遷"，卽守"道"不渝，不為物欲所惑，不為物欲易其志也。人能守道不渝，不為物欲所惑，不為物欲易其志，謙下無私，柔弱不爭，故無危殆之虞也。

"死而不亡者壽"，河上公氏以"目不妄視，耳不妄聽，口不妄言，則無怨惡於天下，故長壽"為解。所謂"不妄視、不妄聽、不妄言"，卽所視、所聽、所言，皆不離乎道，守道不失也。所謂"無怨惡於天下"，故無危殆之虞也。其義是也。

蔣錫昌氏以"及天年而死，不中道夭亡者，是壽也"為解。所謂"及天年而死，不中道夭亡，是壽也"，卽長壽之義也。然必守道不失，無危殆之虞，始能及天年而死也。

王安石氏以"聖人死而不亡者，無異於生"為解。呂吉甫氏以"能存其所存，則雖死而未嘗亡也"為解。所謂"存其所存"，卽內存於"道"；所謂"死而不亡"，謂死而"道"常存也。高亨氏以"死而不朽"為解。亦死而"道"常存之義也。惟《老子》之書所言者皆生生之道，故解為雖死而道常存為壽，不若解為生之長壽之為適也。

第三十四章

大道氾兮，其可左右。

【註解】

"大道"，謂自然之道也。"氾"，氾濫，水之橫流漫溢也；無所不在之義。"左右"，謂可左可右，無所不至之義。

【文義】

謂自然之道，橫流漫溢，可左可右；以形容"道"之無所不在，無所不至，遍存於宇內也。即廿五章"周行"之義。

【論述】

王弼氏以"言道氾濫，無所不適，可左右上下，周旋而用，則無所不至也"為解。蘇轍氏以"氾兮，無可無不可，故左右上下周旋，無不至也"為解。蔣錫昌氏以"言大道氾濫，左右周行，而無所不至也"為解。嚴靈峯氏以"謂大道'周行不殆'，無往不屆，故可左可右也"為解。皆以道無所不至，無所不在為解也。

無所不至，無所不在，卽言道之遍存於宇內也。

高亨氏以"《廣雅釋詁》：'氾，博也。'《釋言》：'氾，普
也。'此言道體廣大，左之右之，無往不在也"為解。所解"氾"
字，雖與上異，而其解義則與上無不同也。

萬物恃之而生而不辭，

【註解】

"恃"，依恃，依賴也。"辭"，言說也。

【文義】

謂萬物賴"道"而得以生，而"道"默然，未嘗自言說其
能也。

【論述】

蔣錫昌氏以"辭，說也，言萬物賴'道'而生，而'道'未
嘗言說也"為解。嚴靈峯氏以"言萬物賴'道'而生，而不自言
說也"為解。李息齋氏以"萬物非'道'不生，而'道'未嘗言
其能也"為解。所謂"未嘗言說"，"不自言說"，皆謂"道"有
生萬物之功能，而"道"不自言其功能也。"道"不言其功能者，
以其不能自言其功能也。

王弼氏以"萬物皆由道而生，既生而不知其所由"為解。所
謂"不知其所由"，不能知其所自來也。惟經文之義在言道不自說
其功能，非謂萬物不能知其所自來也。

王安石氏以"萬物之資'道'以生，則亦恃之而不辭矣"為

解。曹道沖氏以"萬物雖繁,'道'皆以無為之妙而成之,不以其多而拒之;裁成萬物而不以為能"為解。蘇轍氏以"世有生物而不辭者,必將名之以為己有"為解。皆以"辭"為辭謝之義。成玄英氏以"一切萬物恃賴至道而得生成,慈救善誘,終不辭憚"為解。以"不辭"為不辭其勞也。以"不辭"為不辭謝,以"不辭"為不辭憚勞,似皆非。惟曹氏所謂"裁成萬物而不以為能",則是也。

功成不名有,

【註解】

"功成",謂生成萬物之功也。"不名有",不有其名,謂不自有其功成之名。卽不自居其功之義也。

【文義】

謂道有生成萬物之功,而不自有其功成之名,卽不自居其功也。

【論述】

易順鼎氏以"功成不名有",當作"功成而不有",蔣錫昌氏、高亨氏皆以為是。實則"功成不名有"與"功成而不有",其義相同,當以不改為是。

黃茂材氏以"生物之功亦為大矣,功成而不居其功"為解。李息齋氏以"萬物非'道'不成,而'道'未嘗自名其功也"為解。蔣錫昌氏以"言萬物功成,而'道'不有其功也"為解。嚴

　　　　　　　　　　　　　　　　　　老子章句淺釋

靈峯氏以"言'道'功成而不自居其名，'功成而弗居'也"為解。其說皆是。

衣養萬物而不為主。

【註解】

"衣養"，覆育也。"主"，宰也。

【文義】

謂"道"覆育萬物，而不自為其主宰以君臨之也。與上文"生而不辭"，"功成不名有"，皆所以美道之虛靜、謙退、無欲、無私也。

【論述】

河上公氏以"道雖愛養萬物，不如人主有所收取"為解。所謂"不有所收取"，言不為取其私利而為之主也。成玄英氏以"衣被萬物，陶鑄生靈，而神功潛被，不為主宰"為解。李息齋氏以"萬物非'道'不養，而'道'未嘗自以為主也"為解。蔣錫昌氏以"'道'蓋覆萬物，而不為其主宰也"為解。嚴靈峯氏以"言'道'被育萬物而不為其主宰，'長而不宰'也"為解。所謂"愛養"、"衣被"、"蓋覆"，皆覆育之義。其說均是。

常無欲，可名於小；

【註解】

"常"謂"道"也。"無欲"，無私欲也。謂不自說其能，不自有其功，不自為萬物之主宰也。"小"，微也，卑微之義。

【文義】

謂"道"無私欲，不自說其能，不自有其功，不為萬物主宰，不見其有能，不見其有功：可謂之卑微也。此道之自為卑微也。

【論述】

"常無欲"，高亨氏以"欲字疑衍。'常無'者，謂道之本體固為'無'也。惟其常無，故可名為'小'。增一'欲'字，則不可通矣。"余培林氏以其說為是。按：經文之旨，在言道用之無私欲，義接上文，非謂道體之無形。而高氏以道體為"無"，而謂增一"欲"字則不可通之說，誤矣。

奚侗氏以"各本'可名於小'之上，贅'常無欲'三字，誼不可通。"蔣錫昌氏亦以為是。而未知此句與下句"萬物歸焉而不為主，可名為大。"為對句也。且上文："萬物恃之而生而不辭，功成不名有，衣養萬物而不為主。"即言道之無私也。以無私欲不見其能，不見其功，即無能、無功，故可謂之為"小"也。是以奚氏之說，不足採也。

河上公氏以"道匿德藏名，恒然無為，似若微小也"為解。所謂"匿德藏名"，即不言其能，不自居功，不自為主也。所謂"無為"，即無私欲也。所謂"微小"，即卑微之義也。嚴靈峯氏以"常無嗜欲，可以稱為小也"為解。所謂無嗜欲，即河氏所謂恆然無為也。呂吉甫氏以"夫唯不居、不為主，故常無欲；常無欲，則妙之至者也，故可名於小"為解。所謂"妙"，謂道也。所謂

"不居、不為主，故常無欲"，常者，謂道也；無欲者，無私欲也。以上諸氏所解之義均是也。

蔣錫昌氏以"十四章'搏之不得名曰微。'《廣雅·釋詁》：'微，小也。'故此'小'非大小之小，乃搏之不得之小，言道之不可以體求也。'可名於小'，謂從'道'之無體方面言之，可名之為小也"為解。經文之旨，在言道用，上已言之，而蔣氏以道體為言，非經文之旨也。

萬物歸焉而不為主，可名於大。

【註解】

"歸"，依也，依賴之義。"大"，尊之極稱。

【文義】

謂萬物賴道之覆育，生生不息，而"道"不自為其主宰，可稱之為"大"，即極為尊大也。

【論述】

"萬物歸焉而不為主"，傅奕、范應元本"焉"作"之"，"為"作"知"，蔣錫昌氏以為是。按：此"不為主"，即上文："衣養萬物而不為主"之"不為主"也。若改"不知主"，即不知其為主，與上文之義前後不符也。至"歸之"即"歸焉"之義，無改"焉"為"之"之必要。高亨氏以"此句疑本作'萬物歸之而不知之，可名為大。'"其說亦牽強，與經文之旨不合。

王弼氏以"萬物皆歸之以生，而力使其不知其所由，此不為小，故可名於大矣"為解。所謂"力使其不知其所由"，卽上文不自言其能，不自居有功，不自以為主之義也。雖自以為小，卽自為卑微，而實非卑微，故可名之為大也。

嚴靈峯氏以"道猶江海，百川歸之；然而不為其主宰，有容德乃大，可稱為大也"為解。成玄英氏亦謂："大海虛谷，百川競湊，至道廖廓，萬物歸之……"皆以"歸"為"歸附"之義，此又一解也，可供參考。

以其終不自為大，故能成其大。

【註解】

"終不自為大"，謂"道"不自言其能，不自有其功，不自為主；無能、無功而自為卑微也。

【文義】

謂道不自言其能，不自有其功，不自為主；而自為卑微，不自為大，故能成其尊大也。言人當法"道"之自為卑微也。

【論述】

此句河上公本作"是以聖人終不為大，故能成其大。"世本同之者，遂多釋為聖人法"道"之不自為大，故能成其大之義，非經文之旨。蓋本章經文乃在就"道"之用，而言"道"之所以為大之故，而非就人事立言。疑"聖人"二字，或為後人所益。

老子章句淺釋

天下皆謂我：道大，似不肖。夫唯大，故似不肖；若肖大矣，其細也夫！

【註解】

"我"，老子自稱。"道大"，謂稱道之極為尊大也。"似不肖"，謂似不類也。不當之義。"細"，小也，大之反。微不足道之義。

【文義】

謂天下之人皆告我：稱"道"之極為尊大，似屬不當。正因道之極為尊大而不見其大，人不知其大，故以為稱其大之似屬不當。若自見其大，則不足以為大，而微不足道矣。

【論述】

右經文自原六十七章移此，說見該章。以其原屬六十六章之次章，故有以六十六章經文之義而解之者，如呂吉甫氏、魏源氏等皆是。而魏氏更以本經文與六十六章經文為首尾，而將其移併於六十六章。（魏本五十七章）其所解經文之義，雖無不妥，然究非本經文之旨。

或因經文之字及句讀稍有不同，其解亦異。如：

王弼本作"天下皆謂我道大，似不肖；夫唯大，故似不肖。若肖，久矣其細也夫！"而解之。"久矣其細，猶曰其細久矣。肖則失其所以為大矣。"所謂"肖則失其所以為大矣"，言"道"不肖大，故為大也。其義是也。惟所謂"其細久矣"，則義義欠通。推原其故，則為"久"字之誤，句讀亦因之而誤。嚴靈峯氏以為"'久'，疑作'大'"，是也。（見嚴著《老子達解》三五八頁）

"久"字改正為"大"，句讀可改為"若肖大矣，其細也夫！"正與上文"夫唯大，故似不肖。"為對句，則其解可通矣。故據嚴氏之說，改正如文。

河上公本作"天下皆謂我大，似不肖；夫唯大，故似不肖。若肖久矣，其細。"而解之。"老子言天下謂我德大，我則佯愚似不肖。""惟獨名德大者為身害，故佯愚似若不肖……""肖，善也。謂辨惠（慧）也。若大辨惠之人，身高自貴，行察察之政，所從來久矣。""言辨惠者唯為小人也，非長者。"所謂"天下謂我德大，我則佯愚似不肖。惟獨名德大者為身害，故佯愚似若不肖。"言韜光晦迹以避身害也。其作如是解者，以經文"天下皆謂我大"中少一"道"字，乃以"大"為"德"，而以人事立言也。

嚴靈峯氏以"言天下皆謂我之道大，似不見其大。唯因其大，故似不見其大也。若見其大，則其為小也久矣。'以其終不自為大，故能成其大'也"為解。所謂"天下皆謂我之道大"，言天下皆謂我所言之道為大也。其義是也。惟若以"久"為"大"而解之，則更恰也。

黃茂材氏以"天下惟道為大，又孰有肖似？若有肖似，則道亦是一物也，何足以為道"為解。言"道"之大，無物可以比擬之也。此以二十五章"獨立而不改"之義而解之也。

老子章句淺釋

第三十五章

執大象，天下往。

【註解】

"執"，守持也。"大象"，謂道也。四十一章"大象無形"。"天下"，謂天下萬民也。"往"，歸往也。

【文義】

謂人君守持大道以治其國，則天下萬民莫不歸往也。

【論述】

河上公氏以"執，守也。象，道也。聖人守大道，則天下萬物移心歸往之也"為解。陸希聲氏以"大象者，道也。夫能'執古之道，以御今之有'，則天下萬物皆歸往之矣"為解。嚴靈峯氏以"言執守大道之人，天下皆歸往之也"為解。其義皆是。

林希逸氏以"大象者，無象之象也。天下往者，執此而往，行之天下也"為解。所謂"無象之象"，卽"道"也。所謂"執此而往，行之天下”，言執此道可以治天下也。

往而不害，安平泰。

【註解】

“害”，傷害也。“安”，安樂、安寧也。“平泰”，太平也。

【文義】

　　謂萬民之歸往者，聖人執道以御之而不加傷害，則國家安寧太平矣。此法天道之“利而不害”也。

【論述】

　　河上公氏以“萬物歸往而不傷害，則國家安寧而致太平矣”為解。陸希聲氏以“夫聖人視民如赤子，唯恐其傷，而況有事傷之乎！未嘗有以傷之，則歸而往之者，莫有受其傷矣。莫受其傷，則天下皆安其夷泰矣”為解。嚴靈峯氏以“萬物歸往而不害妨，故天下安樂太平也”為解。其義皆是。

　　蔣錫昌氏以“此文‘不害’乃是萬民不害聖人之誼。《經傳釋詞》：‘安，猶於是也，乃也，則也。’言萬民歸往聖人而莫有害之，於是聖人平泰不殆也”為解。以“不害”為萬民不害聖人，與前解殊異，可供參考。

樂與餌，過客止。

【註解】

“樂”，聲樂，謂五音也。“餌”，飲食，謂五味也。“過客”，旅客也。“止”，停留

　　　　　　　　　　　　　　　　老子章句淺釋

也，流漣之義。

【文義】

謂張設五音之聲樂，五味之飲食，可以使旅客停步流漣；言聲色嗜欲之能惑人也。

【論述】

成玄英氏以"樂，絲竹宮商也。餌，飲食滋味也。樂有聲可悅，餌有味可翫；可樂可翫，故暫過之客，逢必止住躭愛也"為解。王雱氏以"夫五味之於口，五音之於耳，世皆沉溺而不知返者，以其悅之於口耳之間也"為解。嚴靈峯氏以"言五音、五味皆可誘人，使過客因而止步也"為解。皆言聲色嗜欲之能惑人也。其義皆是。

蔣錫昌氏以"'樂'卽'五音'，'餌'，卽五味。此言五音與五味，雖使過客止而貪之，然其結果，必至耳聾口爽，故終不若守道之之可以長久也"為解。其義亦是。

道之出言，淡乎其無味；視之不足見，聽之不足聞，用之不可既。

【註解】

"道之出言"，謂道之正言若反也。"既"，盡也。

【文義】

謂道之正言若反，俗人覺其無味，不若"餌"之可以快其口也。道體無形，視之不足見，不若五色之可以悅其目也。聽之不足聞，不若“樂”之可以娛其耳也。然“執大象，天下往。”是道之用無盡也。

【論述】

河上公氏以“道出入於口淡淡，非如五味有酸、鹹、苦、甘、辛也。道無形，非若五色有青、黃、赤、白、黑可得見也。道非若五音有宮、商、角、徵、羽可得聽聞也。用道治國，則國安民昌；治身則壽命延長，無有既盡時也”為解。王弼氏以“人聞道之言，乃更不如樂與餌，應時感悅人心也。樂與餌則能令過客止，而道之出言，淡乎無味。視之不足見，則不足以悅其目；聽之不足聞，則不足以娛其耳。若無所中然，乃用之不可窮極也”為解。所謂“人聞道之出言”，卽人聞道之出言若反也。其義皆是。惟河氏所謂“道出入於口”，疑為“道出於口”，卽“道之出言”也。“入”字疑涉“味”字而衍。

老子章句淺釋

第三十六章

將欲歙之，必固張之。

【註解】

"歙"，音吸。斂也，縮也。毀敗之義。"固"讀姑，姑且也。"張"，侈大也。驕滿之義。"之"，謂敵人也。

【文義】

謂將欲毀敗敵人，必姑且使之侈大驕滿，而後能敗之也。

【論述】

河上公氏以"先開張之，欲極其奢淫"為解。成玄英氏以"必先開張縱任，極其奢淫，然後歙之"為解。所謂"極其奢淫"，使其極奢淫之行而自毀也。嚴靈峯氏以"言欲使敵方歙斂，必先姑且任其擴張，欲長其驕心也"為解。驕則必敗，長其驕心，即圖所以敗之也。

王安石氏以"故欲張者必歙……故處之以歙，則天下之張皆歸之，而不為彼之所歙"為解。謂自處以歙也，非所以歙敵也。

將欲弱之，必固強之。

【註解】

"弱"，衰也。"強"，強梁橫暴也。

【文義】

謂欲衰敵之力，弱敵之勢，必姑且先使之強梁橫暴，自貽其禍，而後圖之也。

【論述】

河上公氏以"先強大之者，欲使遇禍患"為解。嚴靈峯氏以"言欲使敵方衰弱，必先姑且任其強大，欲使其遭禍患也"為解。所謂"欲使其遭禍患"，以強者必遇其敵，而強者亦為眾之所攻也。遇其敵而又為眾所攻，則其力衰勢弱矣，而後圖之則易於為功也。

王安石氏以"欲強者必弱……持之以弱，則天下之強者皆歸之，而不為彼之所弱"為解。謂欲強者當先自持以弱也，非所以弱敵也。

將欲廢之，必固興之。

【註解】

"廢"，墮也。傾覆滅亡之義。"興"，舉也，推奉之義。

【文義】

謂欲傾覆滅亡敵人，必先姑且示以推奉之誠，尊之以高名，自處以卑下，而悅其心，取其信，以懈其防而後圖之也。

【論述】

河上公氏以“先興之者，欲使驕奢至危也”為解。嚴靈峯氏以“言欲使敵方廢墮，必先姑且任其振興，欲使其趨於危殆也”為解。所謂“欲使驕奢至危”，“欲使其趨於危殆”者，以圖之易也。惟“興”之、“振興”之，未必能使其“驕奢至危”“趨於危殆”也。故不如解“興”之為“推奉”之為勝也。如勾踐之於夫差，石勒之於王浚皆是也。

成玄英氏以“欲廢其殘獷者，必固恣其凶暴；凶暴既極，可以廢之”為解。其義亦是。宋常星氏以“興者，廢之機；廢者，興之兆……聖人明其理，因其勢而亦反用之。當其廢也，不強為興，寧處於廢，是將於廢反之以興也”為解。是以“廢”為下，以“興”為上也。言當處於下，不強以處上，而寧處於下；能處下者，將能處上也。

張默生氏以“將要廢棄的事件，不妨姑且使他興舉”為解。余培林氏以“對任何事物，將要廢棄他，並定要先興舉他”為解。以一般之事理、事物而解“廢”“興”之道也。

將欲奪之，必固與之。

【註解】

“奪”，取也。“與”，給也，施與也。

【文義】

謂將欲取敵，必先姑且施之與敵，迎合其貪欲之心而圖之也。遺之以賄賂，獻之以珠寶，贈之以美女，委之以大利，皆是也。

【論述】

河上公氏以“先與之者，欲極其貪心也”為解。嚴靈峯氏以“言欲對敵方加以奪取，必先姑且予以施與；欲極其貪心也。”為解。以“與”為“施與”，是也。所謂“極其貪心”，迎合其貪心，張大其貪心而圖之也。蘇轍氏以“未嘗與之而遽奪，則勢有所不極，理有所不足。勢不極則取之難，理不足則物不服。然此幾於用智也，與管仲、孫武無異。聖人與世俗，其跡固有相似者也，聖人乘理，而世俗用智。乘理如醫藥，巧於用病；用智如商賈，巧於射利。聖人知剛強之不足恃，故以柔弱自處；天下之剛強，方相傾相軋，而吾獨柔弱以待之。及其大者傷，小者死，而吾以不校，出待其斃，此所謂勝也。雖然，聖人豈有意為此以勝物哉！知勢之自然，而居其自然耳”為解。蘇氏之說，乃靜觀虎鬥之術，亦智謀之一端也，安能謂聖人不用智哉！孔子云：“好謀而成”，是知聖人非不用智也。且欲圖為勝，而勝不自來，必有以為之也。先與後奪，以與為奪，即有以為之，固無損其聖也。況以柔弱待勝而不為，亦不能保其不為強者所兼併也。

是謂微明。

〔註解〕

“是”，謂以張、強、興、與為歛、弱、廢、奪之術。“微明”，微，至小曰微，不

　　　　　　　　　老子章句淺釋

能見也，無形之義，謂其道無形，其效彰明也。

【文義】

謂以張、強、興、與為歙、弱、廢、奪之術，其道無形，其效彰明也。

【論述】

河上公氏以“此四者，其道微，其效明也”為解。范應元氏以“張之、強之、興之、與之之時，已有歙之、弱之、廢之、取之之幾，伏在其中矣。幾雖幽微，而事已顯明也”為解。所謂“微”、“幽微”，皆言其形不可見也。所謂“事”、“效”，謂事功、功效也。所謂“明”、“顯明”，謂彰明也。

柔弱勝剛強。

【註解】

“柔弱”，謂張之、強之、興之、與之，皆自處柔弱也。

【文義】

謂自處柔弱以張之、強之、興之、與之，而可以歙之、弱之、廢之、奪之，是知柔弱之能勝剛強也。

【論述】

呂吉甫氏以“能歙之張之，弱之強之，廢之興之，奪之與之者，無形而柔弱者也；為其所歙所張，所弱所強，所廢所興，所奪所與者，有形而剛強者也，則柔弱之勝剛強也明矣”為解。其義是也。

魚不可脫於淵，國之利器，不可以示人。

【註解】

“淵”，深水也。“利器”，犀利之具。謂張歙、強弱、興廢、與奪之術也。“示”，顯示也。

【文義】

謂魚藏於深水之處，人不易獲，是以張歙、強弱、興廢、與奪之術，宜如魚藏於深水之中，而不可顯示於人，言宜為之於密也。蓋謀成於密，敗於泄也。

【論述】

呂吉甫氏以“人之不可以離柔弱，猶魚之不可以脫於淵。魚脫於淵則獲，人離於柔弱則死之徒而已矣。天下之至柔，馳騁天下之至堅，無有入於無間。馳騁天下之至堅而入於無間，則器之利者也。操利器以馭天下國家，則其所以圖回運動者，常在於無形之際，安可使人知其所至哉”為解。王雱氏以“又知柔弱之勝剛強矣，此所謂利器者也。魚巽伏柔弱而自藏於深渺之中，以活身也，聖人退處幽密，而操至權以獨運，幹萬物於不測，故力旋天地，而世莫覩其健；威服海內，而人不名以武……天下皆剛強勝物也，吾獨寓於柔弱不爭之地，則發而用之，其孰能禦之者……彼聖人者，自藏於深渺之中，而託柔弱以為表，故行萬物於術內，而神莫能知其所自，此所謂密用獨化者耶”為解。皆以

老子章句淺釋

"利器"為"柔弱"，未能盡利器之義也。經文所云張歙、強弱、興廢、與奪者，皆以柔弱為用也。故以"柔弱"釋"利器"，不若釋為張歙、強弱、興廢、與奪之術之為勝也。所謂"常在無形之際"，"神莫能知其所自"，皆言利器之用，須為之以密也。

第三十七章

道常無為，而無不為。

【註解】

"道"，謂自然之道。"常"，經常也，永遠之義。"無為"，無所為，無私之義。"無不為"，謂道之衍生天地萬物，其用無窮也。

【文義】

謂道永遠無私，而能衍生天地萬物，其用無窮。言人當法道之無私也。

【論述】

"道常無為"，河上公氏以"道以‘無為’為常也"為解。以"常"為經常也，經常，即永遠之義。

王弼氏以"順自然也"為解。以"無為"為順自然也。所謂順自然者，不為之義，非無為之義也。蓋道非不為，為而無私也，故"無為"即無私之義也。

宋常星氏以"無形、無聲，可謂無為矣"為解。所謂無形、無聲者，謂道之本體，視之不足見，聽之不足聲，亦非無為之義也。蓋無為者，言道之用，而非言道之體也。

"無不為"，王弼氏以"無不為，萬物由之以始以成也"為解。嚴靈峯氏以"道能化生天下萬物，故曰：'無不為'也"為解。皆言道用之無窮，其義是也。

侯王若能守之，萬物將自化。

【註解】

"侯王"，謂國君也。"守之"，謂守道之無為也。"萬物"，萬民也。謂天下之人也。"化"，向化，謂向慕德化而來歸服也。

【文義】

謂國君若能守道之無為，則天下之人皆向慕其德化而自來歸服也。

【論述】

成玄英氏以"萬乘之主，五等之君，若能守持此道者，八荒萬國，自然從化"為解。謂國君之能守道之無為，則天下自然歸之矣。其義是也。河上公氏以"言侯王若能守道，萬物將自化，效於己也"為解。所謂"萬物將自化，效於己"，言天下萬民皆以之為法而無為也。似以成氏之解為勝。惟若解"效"為效力，謂萬民效力於己，即與成氏"天下自然歸之"之義同也。

蔣錫昌氏以"此言侯王若能守道無為，則民將自生自長也。"為解。以"自化"為"自生自長"，以"無為"為不為也。其說似非是。

化而欲作，吾將鎮之以無名之樸。

【註解】

"欲"，私欲也。"作"，興起也。"鎮"，壓也。剋制之義。"無名之樸"，謂道也。

【文義】

謂天下萬民向化歸服，而興起私欲之念，則以道之無為以剋制之，使去私欲也。言身不能離道，離道則私欲起矣。

【論述】

宋常星氏以"侯王守此道，必要統一不離。倘若守之不純，利欲稍有萌蔽，則無為之化，未嘗不釀成有為之作也。雖然始則無為，未嘗不漸漸至於有欲，自此詐偽日興，自此而作為滋勝，若不鎮之以無名之樸，欺詐之作，其作不可止矣。無名之樸，卽是真常無為之道"為解。言當守道之無為，以剋制利欲之念也。

高亨氏以"欲，讀為私欲之欲。作，起也。化而欲作者，言萬物既化而又私欲萌動者也。若然，吾將鎮之以道，則萬物亦將無欲"為解。蔣錫昌氏以"'欲'，貪欲也。'作'，起也。《說文》：'鎮，博壓也。''無名'，道也。'樸'，真也。此言設人民自生自長而有貪欲起者，吾將鎮之以道之真也。道之真何？卽無欲而已"為解。皆言以道鎮壓萬民私欲之起也。以治國而言，"我無為而民自正"，故不若解為侯王應守道之無為，以剋制其私欲之萌動也。

老子章句淺釋

鎮之以無名之樸，夫亦將無欲。

【註解】

"無欲"，私欲不作也。

【文義】

謂侯王若能自行剋制於道之無為，則私欲不作也。

【論述】

王弼本原文無"鎮之以"三字。高亨氏以為"疑此文當作
'吾將鎮之以無名之樸。鎮之以無名之樸，夫亦將無欲。'夫，彼
也，指萬物而言。謂萬物欲作，吾將鎮之以無名之樸。既鎮之以
無名之樸，則萬物亦將無欲也。"高氏之解說，容有可議之處，請
參考上文論述。惟在'無名之樸'之上，補增"鎮之以"三字，
則文義較完，因據增。

無欲以靜，天下將自正。

【註解】

"無欲"，無私欲也。"靜"，清靜也。澹泊之義。"正"，定也，安定也。治平之義。

【文義】

謂國君無私欲而清靜澹泊，則天下向化，自然治平也。

【論述】

"無欲以靜"，王弼本原作"不欲以靜"。高亨氏以為"'無'，
王本原作'不'，龍興觀碑作'無'，作'無'是也。"上文"夫

亦將無欲"，承上文而言，"不欲"當作"無欲"。高氏之言是也，因據改。

河上公氏以"能如是者，天下將自正定也"為解。所謂"能如是者"，言無私欲而清靜澹泊也。王雱氏以"故唯不欲而靜者，能正己而物正也"為解。謂國君己正而天下之人皆向化也。蔣錫昌氏以"此言王侯以無欲自靜，則天下皆受感化，而將自定也"為解。其解皆通。

第三十八章

上德不德，是以有德；下德不失德，是以無德。

【註解】

"上德"，德之上者。謂至德之君也。"不德"，不自以為德，卽不自居其德也。"下德"，德之次者，謂次德之君也。"不失德"，謂自以有德，卽自居其德也。

【文義】

謂至德之君，德惠於民，不自以為德而不居其德。為而不恃，功成而弗居，此合於道，故謂之有德。次於上德之君，德惠於民，自以為有德，居德之名，此不合於道，故謂之無德。

【論述】

張默生氏以"上德的人，對人有德而不自以為德，所以才有德。下德的人，有德而自居其德，所以反而無德"為解。所謂"不自以為有德"，卽不自居其德也。其義是也。

河上公氏以"上德，謂太古無名號之君，德大無上，故言上德也。不德者，其德不見，故言不德也。下德，謂號諡之君，德不及上德。故言下德也。不失德者，其功可見，其功可稱也”“以有名號及其身故”為解。所謂“上古無名號之君，德大無上”，即不以名為務之義也。所謂“其德可見，其功可稱”及“有名號及其身”，即以名為務而身不忘名也。不以名為務，即不以德自居也；以名為務，即身居其德也。其義亦是。

呂吉甫氏以“上德者以無得為得，唯其無所得，乃所以得也。下德者，以不失之為得者也，唯其不失，故雖得而非德”為解。蔣錫昌氏以“‘上德不德’，言最得利益之君，不以德為事也。‘是以有德’，言其結果反有得也。‘下德’，指俗君而言，言其所得之利益最下也。‘下德不失德’，言得利益最下之君，持德不失也。‘是以無德’，言其結果反無得也”為解。所謂“唯其無所得，乃所以得也”，即不以得為務，乃能有所得也。所謂“以不失之為得者也”，即以得而不失為務也。不以得為務而有所得，以得為務，而無所得也。皆“後其身而身先，外其身而身存。”之義也。其解亦通。

上德無為，而無以為；下德為之，而有以為。

【註解】

“無為”，無私也。“無以為”，無所為，非為己而為也。“有以為”，有所為，為己而為也。

【文義】

謂上德之君，其治無私，不為身謀，即非為己而為；不自以為德，而不居其德是也。下德之君，其為之也，有所為而為，即為己而為；自以為有德，而身居其德是也，。

【論述】

　　高亨氏以"無以為者，無所因而為之，無所為而為之。有以為者，有所因而為之，有所為而為之"為解。所謂"無所因而為之"，言不為身謀也。所謂"有所因而為之"，言為己而為之也。其義是也。

　　"上德無為而無以為"，俞樾、陶邵學、蔣錫昌、高亨、張默生諸氏，皆以為應為"上德無為，而無不為。"以經文中有"道常無為而無不為"之語也。"下德為之，而有以為。"

　　陶鴻慶、蔣錫昌、張默生諸氏皆以為應為"下德為之，而有不為。"以"有不為"與上句"無不為"為對比也。唯據上文"上德不德，是以有德；下德不失德，是以無德。"之義，此兩句正是上文之申論，義甚明顯，故仍當以王弼本原文為是。

　　上仁為之，而無以為；上義為之，而有以為。

【註解】

"上仁"，上仁之君也。以仁為上，故稱上仁。"上義"，上義之君也。以義為上，故稱上義。

【文義】

　　謂上仁之君，以仁為上，德澤廣被，不自以為仁而居其仁，非為己而為，不為身謀；是上仁同於上德也。上義之君，以義為上，行合於宜，民受其惠，而以義自居，為己而為之；是上義同於下德也。

【論述】

河上公氏以“上仁，為行仁之君，其仁無上，故言上仁也。為之者，為仁恩。功成事立，無以執為”“為義以斷割也。動作以為己，殺人以成威，賦下以自奉也”為解。所謂“無以執為”，不以其仁為仁，而不責恩報，不為己而為也。所謂“動作以為己，殺人以成威，賦下以自奉”為己而為之也。其義是也。

“上仁為之，而無以為”，成玄英氏以“仁，慈恩也。有心覆育，故言為之；不責恩報，故言無以為”為解。周紹賢氏以“上仁之人，其樂善好施，惻隱慈愛之行為，乃出自同情心，無所為而為，並未私意有所希求”為解。蔣錫昌氏以“‘上仁’，以仁為上之君也。言上仁之君，立善行施，而並無所為”為解。所謂“不責恩報”，“並未私意有所希求”，“立善行施，而並無所為”，即為而非為己也。其義均是。

呂吉甫氏以“上仁者之於仁，無所施仁而仁者也，是為之而無以為也”為解。宋常星氏以“上仁之君，其仁如天，其愛如地，所以與民相安於無事之中，與民相忘於無為之道”為解。皆以“無以為”為不為也。

“上義為之，而有以為。”李宏甫氏以“不惟為之，而且有必為之心，是上義也”為解。宋常星氏以“因世道紛紜，人情多詐，所以真妄須權衡，得失須較量，有為之事，終無止息；有為之法，不可窮盡。故曰：‘上義為之而有以為。’”為解。所謂“有必為之心”，必有為之之事，故“有為之事，終無止息；有為之法，不可窮盡。”皆以“為”為“有以為”也。

老子章句淺釋

上禮為之而莫之應，則攘臂而扔之。

“上禮”，禮，行為之規範也，引申為以法為治之君。“應”，答也，物相應也，服膺之義。“攘臂”，奮臂而起也。決斷之義。“扔”，音認，強牽引也，強制之義。

【文義】

謂以法為治之君，人有不服法者，則決斷強制而行之也。

【論述】

河上公氏以“謂上禮之君，其禮無上，故言‘上禮’。‘為之’者，言為制度，序威儀”為解。所謂“為制度，序威儀”，卽法制也。蘇轍氏以“自德以降而至於禮，聖人之所以齊民者極矣。故為之而不應，則至於攘臂而強之”為解。以法而齊其民，卽以法為治也。宋常星氏以“聖人因人心之不正，世道之多偏，以典章格其非心，以文物化其意志，納民於軌物之中，是皆上禮之所為”為解。所謂“以典章格其非心，以文物化其意志，納民於軌物之中”，卽以法令禁民之為非也。其義均是。

呂吉甫氏以“禮”為往來之禮，為施報之義。嚴君平氏以‘謙退辭遜，謂之禮人。”蔣錫昌氏以“禮”為“敬禮”；皆與下文“禮者，忠信之薄，而亂之首。”之義不合。

故失道而後德，失德而後仁，失仁而後義，失義而後禮。

“失道”，道失也。道失其治世之功，卽道不足以治世也。“失德”、“失仁”、“失義",與失道同義。

【文義】

謂道不足以治世,益之以德;益德不足以治世,復益之以仁;益仁不足以治世,復益之以義;益義不足以治世,復益之以禮。道、德、仁、義、禮,皆治國之道,非謂以道治國,則不需德、仁、義、禮,亦非謂以禮治國,即屏除道、德、仁、義也。蓋社會日益進化,國家政事,亦日益繁復;人類之欲望,有增無已;是以為治之道,亦因之日增,方足以安國家齊民生也。

【論述】

宋常星氏以"上德、下德、上仁、上義、上禮五等化民之道,皆因下民反無為之道,行有為之事,效有為之迹,亂無為之風,世道因此而改變,人心因此而遷移。所以道失而德又失,德失而仁又失,仁失而義又失,義失而禮又失"為解。已說明道、德、仁、義、禮,皆為治國之道也。

嚴君平氏以"故帝王根本,道為之元,德為之始。道失而德次之,德失而仁次之,仁失而義次之,義失而禮次之"為解。蔣錫昌氏以"此言人君失無為之道,而後以德化為治,失德化而後以仁愛為治,失仁愛而後以分義為治,失分義而後以禮敬為治也"為解。嚴氏所謂"帝王根本,道為之元,德為之始",其說固是。惟其所謂"道失而德次之,義失而禮次之",與蔣氏所謂"人君失無為之道,而後以德化為治。失分義,而後以禮敬為治也。"則皆非經文之義。蓋治國之道,以"道"為基而及於德、仁、義、禮,此五者，皆治國之道也，世亦無單純以道或單純以德、以仁、以義、以禮而治其國者也。

夫禮者，忠信之薄，而亂之首。

【註解】

"薄"，輕也。"首"，始也。

【文義】

謂聖人以人輕忠信，詐偽滋多，故制禮以為治也。然獨恃法令以為治，法令繁苛，流於暴虐，民無所從，不安其業，盜賊以起。經所謂"法令滋彰，盜賊多有"也，故曰：亂之始也。言獨恃法令，不足以為治，法令不能繁苛也。

【論述】

河上公氏以"言禮廢本治末，忠信日以衰薄。""禮者，賤質而貴文，故正直日以少，邪亂日以生"為解。曹道沖氏以"禮者，束以名教，加以恥辱，剋意強說，偽而失真；禮者詐偽，而忠信之誠薄矣。忠信既薄，豈不犯上而姦諂？故為亂之首也"為解。成玄英氏以"徒自外彰文飾，未是情發於衷，既非信實之厚，適足忠誠之薄，不懲浮悖之源，更資昏亂之首"為解。皆以"禮"為禮節，並為亂之因也，卽亂起於禮也。夫禮因忠信之薄而制，所以止亂也。蔣錫昌氏所謂"是禮實產於忠信之薄"，其義是也。而其以亂起於於禮，為反禮之說者，乃倒因為果也。蘇轍氏以"忠信而無禮，則忠信不見。禮立，則忠信之美，發越於外，君臣、父子之間，夫婦、朋友之際，其外燦然，而中無餘矣。故順之則治，違之則亂，治亂之相去，其間不能以髮，故曰：‘亂之首’也”為解。亦以“禮”為禮節，然為重禮之說者也。解“禮”為亂之因者，乃使人誤以老子之學有反禮法之思想也。

前識者，道之華，而愚之始。

【註解】

“前識”，先知也，謂智也，巧詐之義。“華”，《韻會》：“音誇。不正也。”“愚”，《荀子·修身篇》：“非是，是非之謂愚。”即以是為非，以非為是也。邪偽之義。

【文義】

謂巧詐治國之君，道之不正也，即非道也，而為邪偽之開端，即邪偽之事，皆由此而起也。六十五章所謂“以智治國，國之賊”也。

【論述】

易順鼎氏以為“愚，當作遇，即《書·盤庚》：‘暫遇姦宄’之遇。《呂氏春秋·勿躬篇》：‘幽詭愚險之言。’王氏《經義述聞》以為愚即遇，愚、遇古字通用，知此《書》亦然矣。‘愚之始’即邪偽之始也。”其解是也。蔣錫昌氏以“‘前識者’，猶言先知者。即第三章所謂‘智（知）者’，六十五章所謂‘以智治國’之君。凡以德為治，以仁為治，以義為治，之君皆是也。言先知者乃道之虛華，而愚之首也”為解。其以“前識者”為“智者”，為“以智治國之君”是也。唯所謂以德、以仁、以義治國之君，皆為“智者”。“以智治國之君”，是乃反以德、以仁、以義治國也。

河上公氏以“不知而言知，為前識。此人失道之實，得道之表。言前識之人，為愚闇之倡始”為解。所謂“得道之表”，言非知道者也。此以“知”為識也。所謂“愚闇之倡始”，以“愚”為愚昧也。

呂吉甫氏以“前識雖所以用智，乃所以始愚也。夫何故？人之治常生於厚，厚則其性，薄則其偽。去性而作偽，未有不亂者也。離實而務華，則未有不愚者也”為解。所謂“前識雖所以用智”，此以“前識”為智，是也。所謂“離實而務華”，此以“華”為“偽”，亦是也。所謂“未有不愚者也”，以“愚”為愚昧也。

宋常星氏以“能知人之所未知，能見人之所未見，是謂前識。知愈廣而務外者愈多……非道之本也。道之本體，貴乎斂華就實，守樸還淳，況大智若愚？今逞於識，則炫露精神，妄用機智，日事於有為，離道日遠，豈非大愚乎”為解。以“前識”為智慧之智，以“愚”為愚昧也。

是以大丈夫處其厚，不居其薄；處其實，不居其華。

【註解】

“大丈夫”，謂國君也。“厚”、“實”，均謂道也。“薄”，謂禮法也。上文“禮者，忠信之薄。”“居”、“處”，為也。“華”，不正也，邪偽之義。

【文義】

謂國君之治理國家，為之以道，不專恃禮法及邪偽巧詐也。

蔣錫昌氏以"'大丈夫',指上德之君言,'厚',指道言,'薄',指禮言。此謂上德之君,處道不處禮也。'實',指道言,'華',指智言。'處其實不居其華',言處道不處智也"為解。所謂"處道不處禮","處道不處智",即言治國以道,而不專恃禮法與偽邪巧詐也。其義是也。

河上公氏以"'大丈夫',謂得道之君也。'處其厚'者,處身於敦樸""不處身違道,為世煩亂也""處忠信也""不尚言也"為解。所謂"敦樸",所謂"忠信",皆合於道也。所謂"不處身違道",不居其薄也。薄,謂禮也。所謂"不尚言",言謂法令也,即不專恃法令以為治也。其義亦是。

呂吉甫氏以"故忘仁義,絕禮學,遺智慧,而志於道之大全"為解。成玄英氏以"大丈夫當懷道德之厚,豈處禮義之薄耶……""去彼華、薄,則是絕仁棄義;取此厚實,則是返樸還淳"為解。此種以禮義為薄,而謂當"忘仁義,絕禮學,遺智慧","絕仁棄義",乃反以仁義、法令為治國之道也。

故去彼取此。

【按】

高亨氏:"'故去彼取此'五字疑後人註語。"其說是也。

第三十九章

昔之得一者：

【註解】

"昔"，始也，謂有始以來也。"得"，獲也，具有之義。"一"，謂道也，言道之以"無為"為用也。

【文義】

謂自有始以來，天地萬物，皆有其無為之道也。

【論述】

河上公氏以"一，無為也。"以解"一"之義，所謂"無為"，言道之用也。吳澄氏以"一者，沖虛之德……得者，謂得此以為德也"為解。所謂"得此以為德"，言"一"為道之用也。蓋道用為德，道之德則為"無為"也。嚴靈峯氏以"道通為一，故言得道為得一也"為解。以"一"為道也。周紹賢氏以"天地萬物由道而生，一本散為萬殊，萬殊各有其道……"為解。所謂

"萬殊各有其道"，即天地萬物皆有其道，皆有其無為之道也。其義皆是。

天得一以清，地得一以寧，神得一以靈，谷得一以盈，萬物得一以生，侯王得一以為天下貞；其致之一也。

【註解】

"清"，清靜也。"寧"，安寧也。"神"，古人虛擬之人格化而有福禍之能的無形之物，以勸誡人為善者也。所謂"神道設教"也。"靈"，《廣韻》："福也。""盈"，滿實也，虛而能容之義也。"生"，生生不息也。"貞"，正也，謂官長也。

【文義】

謂天具有道之無為而清靜，故能無所不覆；地具有道之無為而安寧，故能無所不載；神具有道之無為而福人，故為人所信奉；谷具有道之無為而空虛能容，故谿川歸之；萬物具有道之無為而生生不息，故能繁衍不絕；侯王具有道之無為，而為天下之官長，即為天下之主；凡此皆以道之所致也。經文在極言道用之大也。

【論述】

"其致之一也"，王弼本無"一也"二字。嚴靈峯氏據陶邵學、蔣錫昌氏之說，以為"當據補'一也'二字。"其說是，因據補。

王弼氏以"各以其一，致此清、寧、靈、盈、生、貞"為解。所謂"各以其一"，即各以其道也。蘇轍氏以"一，道也。物之所以得為物者，皆道也。天下之人，見一而忘道，天知其清而已，地知其寧而已，神知其靈而已，谷知其盈而已，萬物知其生而已，

侯王知其為天下貞而已；不知其所以得此者，皆道也”為解。其
義皆是。

**天無以清將恐裂，地無以寧將恐廢，神無以靈將恐歇，谷無
以盈將恐竭，萬物無以生將恐滅，侯王無以貞將恐蹶。**

【註解】

“無”，不也。“裂”，破裂也，不全之義。“廢”，殘也，缺也，與裂同義。“歇”，
息也，消失之義。“竭”，涸竭也。“滅”，絕也。“蹶”，顛僕也，傾覆之義。

【文義】

謂天不具有道之無為清靜，則不能全覆；地不具有道之無為
安寧，則不能全載；神不具有道之無為福人，則將不為人所信奉
而消失；谷不具有道之無為虛而能容，則不為谿川所歸而涸
竭；萬物不具有道之無為生生不息，則將滅絕；侯王不具有道之無為
以治其國，則將傾覆。此再言道之不可或缺，而侯王為天下官長，
尤必當以道之“無為”為治也。

【論述】

“地無以寧將恐廢”，王弼本“廢”作“發”。據劉師培氏、
蔣錫昌氏考證，“發”讀“廢”，“發”為廢之省形，“廢”“發”
同義。據嚴靈峯氏考證，“發”為廢之缺壞。均以“發”為
“廢”，是也。故以“發”為解者，皆失經文之旨。“侯王無以貞將
恐蹶”，王弼本“貞”作“貴高”。據劉師培、易順鼎、奚侗、蔣
錫昌諸氏考證，“貴高”當作“貞”是也，因據改。其以“貴高”

為解者，遂不免有所附會矣。

故貴以賤為本，高以下為基。是以侯王自稱孤、寡、不穀，此非以賤為本邪？非乎？

【註解】

"貴"，尊貴也。指侯王而言。"賤"，卑下也。指庶民而言。"高"，謂土築臺之高者。六十四章"九層之臺，起於累土。""孤、寡、不穀"，侯王自稱其德不足之謙辭。

【文義】

謂國以民為本，侯王失民則失其國，做侯王之尊貴，以民為本；此貴以賤為本也。九層之臺，固為高矣，然不起於累土，則無以成其高；此高以下為基也。言侯王當知"賤"為貴之本，"下"為高之基，而以謙下自處也。侯王之自稱孤、寡、不穀，自謙以德之不足，卽以賤為本之意也。

【論述】

成玄英氏以"貴，尊高也。賤，卑下也。得一之君，故能謙下。謙卑是尊貴之本。'九層之臺，起於累土。'百仞之高，原於一簣，以況尊貴以卑下為基。不穀，猶不善也。王侯貴人，智慧聰達，體知傲是喪身之本，謙為貴盛之基，故能俯接下凡，以卑自牧，乃稱孤、寡、不穀，豈非以賤為本邪？而言'非乎'者，蓋是嗟嘆假問之辭云爾"為解。蔣錫昌氏以"侯王之位貴高，孤、寡、不穀之稱賤下。侯王處貴高之位，而能以賤下自

老子章句淺釋

稱，是乃侯王應守之道，上文所謂‘得一以為天下貞’也”為解。其義皆是。

宋常星解“高以下為基”曰：“高者，功高於天下也。下者，不自有其高也。侯王雖功高於天下，心中不自有其高，卽是功成不居之義。”與他解不同，可供參考。

人之所惡，唯孤、寡、不穀，而侯王以為稱，至譽無譽。

【註解】

“惡”，憎惡也。“譽”，美稱也。

【文義】

謂人皆憎惡孤、寡、不穀之不美之名，而侯王至為尊貴，反以此為謙稱，是以賤為本，而不以譽為心也。不以譽為心者，人皆譽之有謙下之德，故為大譽也。

【論述】

經文“人之所惡”至“而侯王以為稱”，由四十二章移此，其說見該章。“至譽無譽”，或作“致譽無譽”，或作“致數譽無譽”，或作“致輿無輿”，河上公本作“致數車無車”，解亦因之不同。嚴靈峯氏以“侯王至尊至貴，此至譽也。而反以賤名自號，稱孤、寡、不穀，此無譽也”為解。所謂“以賤名自號”，以賤為本也。所謂“無譽也”，不以譽為心也。其義是也。達眞子以“致人以言尚己者，謂之譽。凡處至貴，則有貴之譽；處至高，則有高之譽。且處至貴至高，莫不致譽之速數也。侯王雖得致速數之譽，心得其道之一，忘貴而同賤，忘高而同下，常若無譽也”為解。所謂“常若無譽”，即不以譽為心。蔣錫昌氏以“貴致數譽，則反無譽；賤而無譽，則反有譽，故侯王應以賤為本也”為解。所謂“賤而無譽，則反有譽”，即以賤為本，人皆稱譽其有謙下之德也。其義均是。

　　“人之所惡，唯孤、寡、不穀，而侯王以為稱。”河上公氏以“孤、寡、不穀者，不祥之名，而王公（侯）以為稱者，處謙卑，法虛空和柔”為解。黃茂材氏以“水處眾人之所惡，故幾於道。孤、寡、不穀，亦人之所惡，而王公（侯）以為稱”為解。呂吉甫氏以“古之制名者，以其所惡為王公（侯）稱者，欲其貴而不忘賤，高而不忘下”為解。其義均是。

**　　故物或損之而益，或益之而損。**

【註解】

“損”，有所失也。“益”，有所得也。

【文義】

　　謂侯王自稱孤、寡、不穀，似是有所失其尊貴，而以賤為本，人皆稱美之，是似損而實益也。若自以為貴，驕矜凌物，民心不附，是似益而實損也。

【論述】

　　成玄英氏以“謙卑柔弱，損己濟物，物必歸之，救生道獲全。矜誇傲誕，益己凌物，物必挫之，故致危敗。危敗是損，全生是益，損益之驗，其義盡然”為解。宋常星氏以“王公（侯）以孤、寡、不穀自稱，是損之也，乃至國泰民安，非益之乎？若以驕泰自足，是益之也，或政亂民離，非損之乎？由此推之，物之因益而得損，因損而獲益者，皆然也”為解。其義均是。

不欲碌碌如玉，珞珞如石。

【註解】

“碌碌”，喻少也。“珞珞”，或作“落落”，喻多也。

【文義】

謂不欲如玉之少而見貴，寧願如石之多而見賤，卽以賤為本也。

【論述】

嚴靈峯氏以“言不願如玉之少而高貴，寧可如石之多而下賤，‘貴以賤為本’也”為解。其義是也。

高亨氏以“碌碌，玉美貌。珞珞，石惡貌……《後漢書·馮衍傳》：‘不碌碌如玉，落落如石。’李註：‘玉貌碌碌，為人所貴。朽形落落，為人所賤。’其訓近之矣”為解。其義亦是。

河上公氏以“碌碌，喻少。落落，喻多。玉少故見貴，石多故見賤。言不欲如玉為人所貴，如石為人所賤，當處其中也”為解。亦可供參考。

第四十章

反者，道之動；

【註解】

"反"，與七十八章"正言若反"之"反"字同義，相反也。卽與世俗之見識相反也。"動"，作也，施爲之義。

【文義】

謂道之施爲，與世俗之見識相反也。此老子誡人當摒去世俗之見識，而以道之施爲以爲法也。

【論述】

魏源氏以"人之見其相反者，道之動也"爲解。所謂"相反"者，與世俗之見相反也。

王弼氏以"高以下爲基，貴以賤爲本，有以無爲用；動皆知其所無，則物通矣。故曰："反者，道之動'也"爲解。言以下、以賤、以無爲用，皆道之施爲而與世俗之爭高、居貴、執有相反

　　　　　　　　　　　　老子章句淺釋

也。其義皆是。

河上公氏以"反，本也。本者，道之所以動，動生萬物，背之則亡也"為解。所謂"本者"，道動之所本也。道動之所本者，無私、無欲也。所謂"動生萬物"，言道之用也。道以其無私、無欲為用而能生萬物，其用無窮也。人若背道而行，不以無私、無欲為本則亡也。言人君之治國，當法道之以無私、無欲為本也。

蔣錫昌氏以"六十五章'玄德深矣，遠矣，與物反矣！'王（弼）註：'返其眞也。'王以'返其眞'訓'返'，是也……蓋有萬物而後世界有活動，有活動而後流弊百出，去眞日遠……夫道既不能不動，然動之方向，有進有退。老子鑒於進之弊，而欲救之以退，故曰：'反者，道之動'也"為解。所謂"眞"者，謂道也。所謂"去眞日遠"，卽世人之活動離道日遠也。所謂"救之以退"，言退返於道，卽人應去欲去私，返於道之無為也。返道之無為，卽與世俗之見相反也。

弱者，道之用。

【註解】

"弱"，柔弱也。"用"，功能也，亦施為之義。

【文義】

謂道體無聲無形，可謂至弱；水善利萬物而不爭，處眾人之所惡，故幾於道。謂水性柔弱而近於道。然道以之衍生天地萬物，是"道"以弱為用也。此喻人君之治國安邦，當法道之以柔弱為用也。

【論述】

河上公氏以"柔弱者，道之所常用也，故能長久"為解。所謂"長久"者，言人君法道之柔弱以治國安邦，可不失其位，即無傾危之患也。高亨氏以"道善利萬物而不爭，是以弱為用也"為解。蘇轍氏以"道無聲無形，天下之弱者莫如道……"為解。謂道體至弱也。呂吉甫氏以"天下之至柔，馳騁天下之至堅，無有入於無間是也"為解。謂柔弱之用至大也。柔弱之用既屬至大，而用之者可以長久，故人君之治國安邦，當以道之柔弱為法世。

高亨氏以為"右二句為一章"，是也。故將下文"天下萬物生於有，有生於無。"移一章"無，名天地之始"句上。

第四十一章

上士聞道，勤而行之；

【註解】

"上士"，謂上等之君。"道"，謂自然之道，以無私無欲，謙下虛靜，柔弱不爭為用也。"勤"，不怠也。

【文義】

謂上等之君，聞自然之道，以無私無欲，謙下虛靜，柔弱不爭以為用，其用無窮，行之不怠也。

【論述】

"上士"，蔣錫昌氏以"即上等之君"為解是也。成玄英氏以"上機之士，智慧聰達"為解。張默生氏以"是有志的人"為解。嚴靈峯氏以"嚮道之士"為解。皆通。

"勤而行之"，河上公氏以"自勤苦竭力而行之"為解，王弼氏以"有志也"為解。李息齋氏以"雖眾人譏詆，不能使之不勤"

為解。張默生氏以"而且勤行，是絕不肯間斷的"為解。皆言行之不怠也。

中士聞道，若存若亡；

【註解】

"中士"，謂中等之君。"存"，在也，能行之義。"亡"，失也，不能行之義。

【文義】

謂中等之君，聞自然之道以無私無欲，謙下虛靜，柔弱不爭為用，其用無窮，時而行之，時而不能行，不能貫澈始終以行之也。

【論述】

"中士"，蔣錫昌氏以"中等之君"為解，是也。張默生氏以"是比較普通的人"為解。嚴靈峯氏以"中庸之士"為解，亦皆通。

"若存若亡"，河上公氏以"中士聞道，治身以長存，治國以太平，欣然而存之。退見財色榮譽，惑於情欲，而復亡之也"為解。張默生氏以"信道不篤"為解。河氏所謂"欣然存之"，"治身以長存，治國以太平"，是能行之也。所謂"退而復亡"，以"退見財色榮譽，惑於情欲"，是又不能行之也。此時而能行，時而不能行，不能貫澈始終以行之，卽張氏所謂"信道不篤"也。

黃茂材氏以"未能盡信"為解。陸希聲氏以"疑信參半"為

老子章句淺釋

解。呂吉甫氏以"聞之而未審焉者也"為解。李息齋氏以"雖不能無信，亦不能使之無疑"為解。皆以不能盡信為解，亦可供參考。

下士聞道，大笑之；不笑，不足以為道。

【註解】

"下士"，下等之君。"笑"，譏笑也，輕卑之義。

【文義】

謂下等之君，聞自然之道以無私無欲，謙下虛靜，柔弱不爭為用，其用無窮，而譏笑輕卑其為迂謬，不以之為是也。此固無足怪異，以下等之君為私欲所惑，不識道用之大，故譏笑道為迂謬之說，此道之所以為道也。以道之"正言若反"也。

【論述】

河上公氏以"下士貪狠多欲，見道柔弱，謂之恐懼；見道質樸，謂之卑陋，故大笑之"為解。黃茂材氏以"下士瞢然無所知，故大笑"為解。蘇轍氏以"下士聞道，以為荒唐謬悠，而笑之"為解。呂吉甫氏以"下士聞道，聞之而不信者也，故大笑之"為解。張默生氏以"下士，是俗陋的人，聽見合於道的話，反而大笑起來，以為說的是瘋話"為解。蔣錫昌氏以"下等之君聞道，則迂而笑之也"為解。皆以道用之無窮不為下士所知，所信，而以之為"荒唐謬悠"，"瘋話"，"恐懼"，"卑陋"，故而大笑之也。其義皆是。

故建言有之：

【註解】

"建言"，建，立也，猶言古之立言者，謂古有是言也。

【文義】

謂古人曾有如是之言，即以下之言也。

【論述】

蘇轍氏以"建，立也。古之立言者有是說，而老子取之，下之所陳者是也"為解。其說是也。

奚侗以為"建言當是古載籍名。"高亨氏以為"'建言'殆老子所稱書名也。"周紹賢氏亦同其說。惟蔣錫昌氏以為"'建言'非古載籍名，謂古之立言者。老子引古立言者語，十四章所謂'執古之道'也。奚說非是。言立言者有以下之語也。"其說均是。蓋所謂"建言"是否古籍名，於文義無涉也。

王安石氏以為"蓋老子稱古之建言，古之人嘗有此三者之言，故老子述之而已。"其所謂三者，意指"上士聞道，中士聞道，下士聞道"而言，與上說所謂以"下之語"不同，可供參考。

明道若昧，進道若退，夷道若纇。

【註解】

"明道"，明，榮顯也，謂處榮顯之道。"昧"，闇也，不顯之義。"進道"，進，前進也，謂處前進之道。"退"，後退也，居後不先之義。"夷道"，夷，平也，平易之義。謂處平易之道。"纇"，音類，不平也。難行之義。

老子章句淺釋

【文義】

謂處榮顯之道，韜光晦迹，以昧為明，不自顯其貴，謙下以臨民，則人尊其貴矣。處前進之道，居後不先，不與人爭，則"後其身而身先，外其身而身存"矣。處平易之道，不以易為易，而以易為難，則終無難矣。

【論述】

"纇"字或作"類"字，解亦如之。經文"明""昧"相對，"進""退"相對，"夷""纇"相對，三句文體一律，故當作"纇"，不當作"類"。

"明道若昧"，王弼氏以"光而不耀"為解。蔣錫昌氏以"以昧為明也"為解。辭雖簡略，其義尚是。其他解"明道"為知"道"，解"若昧"為愚闇，或解為世人不知其為"道，"似皆非經文之義。

"進道若退"，王弼氏以"後其身而身先，外其身而身存"為解。蔣錫昌氏以"以退為進也"為解。張默生氏以"進道反而像後退的樣子"為解。言進之道似若後退也。嚴靈峯氏以"人皆取先，己獨取後，謂後其身而身先也"為解。其義皆是。

"夷道若纇"，高亨氏以為"行道而平易之謂夷，行道而不平易之謂纇。此就行道者而言，非就道之本體而言也。"以夷為平易之道，以纇為不平易之道，此"道"非自然之道，其說是也。故解"夷道"為"大道平易"之道，卽自然之道；解"纇"為邪徑者，似皆非經文之義。

上德若谷，

【註解】

"谷"，空虛之義。

【文義】

　　謂上德之君，其懷空虛若谷，物無不容，不自矜，不自是也。

【論述】

　　蔣錫昌氏以"言上德之人，虛空卑下，一若谷也"為解。所謂"卑下"，自處謙抑，即不自矜，不自是之義也。嚴靈峯氏以"谷空虛而無所不容，故百川歸之"為解。其義皆是。

　　河上公氏以"上德之人，若深谷不恥垢濁也"為解。言其以虛下之故，川流歸之，容垢納濁，即無物不容之義也。

　　王弼氏以"不德其德，無所懷也"為解。謂不自以為其有德於民而無所容心也。

廣德若不足，

【註解】

"廣德"，廣大之德，謂德被於天下也。

【文義】

　　謂人君之德廣被於天下，而猶以為不足，為而不恃，功成而弗居也。

【論述】

　　陸希聲氏以"衣被天下，而不有其仁，斯'廣德若不足'也"

　　　　　　　　　　　　　　老子章句淺釋

為解。所謂"衣被天下"，即德被於天下也。所謂"不有其仁"，即仁而不以仁者自居也。宋常星氏以"廣德之人，寧以德之不足為己病，不以德之有餘為己功。功雖日進，而不自以為進；善雖已成，而不自以為成"為解。即為而不恃，功成而弗居也。蔣錫昌氏以"'不足'，即謙下卑弱之義。此言廣德之人，謙下卑弱，若不足也"為解。所謂"謙下卑弱"，即不自恃之義也。

建德若偷，

【註解】

"建德"，建，立也，謂立德於天下也。"偷"，偷竊也。竊恐人知，引申為戒慎恐懼之義。

【文義】

謂人君立德於天下，當仍若偷，戒慎兢兢，懼有失德，立德不懈也。

【論述】

宋常星氏以"偷者，薄也。德已厚，而不自以為厚；功已深，而不自以為深；兢兢業業，謙以自牧"為解。蔣錫昌氏以"'建'，立也。'偷'為愉之假。《說文》：'愉，薄也。'言立德之人，若薄而不足也"為解。宋氏所謂"德已厚，而不自以為厚；功已深，而不自以為深"即蔣氏所謂"若薄而不足也"。以"若薄而不足"，是以能兢兢業業，懼失其德，而立德不懈也。

陸希聲氏以"生畜萬物而不顯其功，斯建德若偷也"為解。

成玄英氏以"建立大德之人，藏名匿跡，如彼偷竊，不用人知"為解。周紹賢氏以"建，立也。偷者，言有所畏，不求人知也。立德不為要譽，反而不露形跡，若恐人知"為解。陸氏所謂"生畜萬物"，言人君立德於天下也。所謂"不顯其功"，"藏名匿跡"，"若恐人知"，皆為善而不欲為人知之義也。

王弼氏以"因物自然，不立不施"為解。蘇轍氏以"因物之自然而無立者，外若偷惰而實建也"為解。王雱氏以"偷，苟且也。區區欲速，務有所建，豈足以為德。唯因時任理視若偷惰者，其建大"為解。所謂"因時任理"，即"因物之自然"也。皆以因物自然而無施為，即為建德；不為而為，消極之論也。

質德若渝。

【註解】

"質德"，質，樸也，謂淳樸之德。"渝"，空中也，空虛之義，言無私欲也。

【文義】

謂人君淳樸之德，懷若中空，而無私欲也。

【論述】

"德"，王弼本作"真"。劉師培氏以為"上文言'廣德若不足，建德若偷'，此與並文，疑'真'亦當作'德'，蓋'德'字正文為惪，與'真'相似也。'質德'與'廣德'、'建德'一律。"蔣錫昌、高亨、余培林諸氏皆以為是，因據改。

高亨氏以"'質'，實也……'渝'借為窬。《說文》：'窬，

老子章句淺釋

空中也。'‘質德若渝’，猶言實德若虛耳"為解。所謂"實德"，言淳樸之德也。所謂"若虛"，言無私欲也。

　　蔣錫昌氏以《說文》"‘渝，變污也’。‘質德若渝’，言樸德之人若污濁也"為解。余培林氏以"具有質實之德的人，毫不表現，好像空無所有似的"為解。亦可供參考。

　　其他以"質眞若渝"為解者，皆不取。

大白若辱，

【註解】

"大白"，大謂道也。解見廿八章"大制無割"。白，明也，榮顯之義。謂處榮顯之道。"若辱"，辱，汙也；汙邪，下地田也，卑下之義。謂似若卑下，卽以謙下自處也。

【文義】

　　謂處榮顯之道，當自處卑下，卽以謙下自處也。八章"水善利萬物而不爭，處眾人之所惡，故幾於道。"六十六章"江海所以能為百谷王者，以其善下之。"皆言當自處以卑下也。

【論述】

　　河上公氏以"大潔白之人，若汙辱不自彰顯"為解。所謂"大潔白之人"，謂言行純潔無私者也。所謂"不自彰顯"，不自炫耀其功能，有謙下之義也。王弼氏以"知其白，守其黑，大白然後乃得"為解。所謂"黑"，卽辱之義也。所謂"知其白，守其黑"，言自知其位居榮顯，當守謙下之道，而不自炫耀其榮顯。卽河氏所謂"不自彰顯"也。所謂"大白然後乃得",言可以得保其榮顯也。

呂吉甫氏以"大白者,滌除玄覽,而無疵者也,然受天下之垢,斯不亦若辱乎"為解。所謂"滌除玄覽"者,言盡去邪見,而無纖毫私欲也。所謂"受天下之垢",即七十八章"受國之垢",其義為國君當自行承受國家恥辱,而不責於人,效水之柔弱處下也。陸希聲氏以"常居溷濁,而終不可涅,斯大白若辱也"為解。李息齋氏以"大白不汙其性,苟性不汙,和(同)其塵皆可也,故曰:若辱"為解。所謂"常居溷濁",即"同其塵"之義也。所謂"終不可涅",即不汙其性也。

以上所述各家之註,各異其說,然均以"大"為"大小"之大,"白"為純潔,"辱"為恥辱,或以"辱"為"黑"。筆者之註與之不同,茲併錄之,以供參考。

大方無隅,

【註解】

"大方",大謂道也。方,正也,無私之義。謂處無私之道。"無隅",隅,角也,成見之義。謂無成見也。

【文義】

謂處無私之道以治理天下者,"以百姓心為心",即以民意為依歸,以人民之利以為利,而己無成見也。

【論述】

宋常星氏以"此句是取喻聖人無拘無執,心量闊大,不立些小圭角之義”為解。周紹賢氏以“大方至正之人，不存我見，不拘於一隅”為解。所謂“無拘無執，心量闊大”，“不存我見，不拘於一隅”，即己無成見，而有容人之見之量也。周氏所謂“大方至正之人”，即宋氏所謂之聖人也。其義均近是。

王雱氏以“大方，道之體也。若有四隅，則形盡於所見，其小久矣”為解。所謂“若有四隅，則形盡於所見”，言道體無隅，即謂道體之大不可見也。蔣錫昌氏以“此文‘大方’及下文‘大器’、‘大音’皆所以喻大道之不可以形體求也”為解。所謂“大道之不可以形體求”，言大道之無形，即王氏所謂道體不可見之義也。愚以為下文“大音”“大象”，固可作如是解，惟“大方”、“大器”二句，乃言道之用，而非言道之體也。

大器晚成，

【註解】

“大器”，大謂道也。器，神器，帝位也。謂處取帝位之道。“晚成”，晚，遲也，緩也，不躁進之義。

【文義】

謂取帝位以為天下主之道，當深積厚德，以至其成，不能躁進也。

【論述】

陸希聲氏以“以若拙之匠，陶甄天下，而不為近功，斯‘大器晚成’也”為解。所謂“陶甄天下”，言造就天下，即得帝位而為天下主之義也。王雱氏以"大器者，業也。孔子以管仲為小器，則帝王之功，其大器乎""帝王之功，不如霸者之速效"為解。以"大器"為帝王之功業也。所謂"不如霸者之速效"，義卽當深積厚德，以至其成，非如霸者之屈人以力之效速也。其義均是。

河上公氏以"大器之人，若九鼎、瑚璉，不可卒成也"為解。宋常星氏以"大器之人，養成積厚，操存日久，造到精金百煉，止於至善之地位，才可成經天緯地之才也"為解。皆以"器"為"才器"也。

周紹賢氏以"大器準備大用，須製造完善，不能期於速成"為解。以"器"為"器物"也。

大音希聲，大象無形。

【註解】

"大"，謂道也。"希"，少也，無之義。"象"，物之形狀也。

【文義】

謂道之體，聽之不能聞，視之不能見，無聲、無形也。

【論述】

蘇轍氏以"大音希聲，非耳之所得聞也；大象無形，非目之所能見也"為解。李息齋氏以"大音希聲，非聲音可得而知也；大象無形，非形器可得而執也"為解。所謂"非耳之所得聞"，"非目之所得見"，"非形器可得而執"，卽十四章"聽之不聞，視之不見，搏之不得。"之義，言道體之為無聲、無形也。其義皆是。

　　　　　　　　　　　　　　　　老子章句淺釋

道隱無名。

【註解】

"隱"，無聲、無形之義。"無名"，以無名之也。

【文義】

謂道之體，既為無聲、無形，無以名之也。故可以"無"而名之。三十二章"道常無名"。

【論述】

嚴靈峯氏以"'道常無名'，'繩繩（䋐䋐）不可復名，復歸於無物'；（十四章）故曰：隱於無名也"為解。周紹賢氏以"大道不可言說，無名可指，故曰隱"為解。所謂"大道不可言說"，一章"道可道，非常道"之義也。其義均是。

蔣錫昌氏以"此'無名'乃包括上文'若昧'、'若退'、'若纇'、'若谷'、'若辱'、'若不足'、'若偷'、'若渝'、'無隅'、'晚成'、'希聲'、'無形'等意義而言，言大道隱於無名也"為解。其所舉之文，自"若昧"至"晚成"，皆言"道"之用也。自"希聲"至"無形"，乃言道體也。故其說頗有值得商榷之處。

夫唯道，善貸善成。

【註解】

"貸"，施也，予也。"成"，成就也。

【文義】

　　謂道生天地萬物，天地萬物恃之而生而成，故謂道善貸善成。言道用無窮，人宜法道以成其事也。

【論述】

　　蔣錫昌氏以"《說文》：'貸，施也。'《廣雅·釋詁三》：'貸，予也。'　'善貸'，即善施予，猶八章所謂'善利'也。言夫唯此道，善利萬物，而且善於成也"為解。張默生氏以"只有無時不有，無所不在的大道，才善能施貸萬物，而無所不成"為解。其義均是。

第四十二章

道生一，一生二，二生三，三生萬物。

【註解】

"道"，謂自然之道。

【文義】

一者，數之始，至二至三以至於萬，言數之由少而多，以喻生物之由簡而繁也。

【論述】

蔣錫昌氏以"道始所生者一，一卽道也。自其名而言之，謂之道；自其敷而言之，謂之一。卅九章'天得一以清'，言天得道以清也。此其證也。然有一卽有二，有二卽有三，有三卽有萬，至是巧曆不能得其窮焉。老子一二三，只是以三數字表示道生萬物，愈生愈多之義"為解。並評其他諸家之說，以為"如必以一二三為天地人；或以一為太極，二為天地，三為天地相合之和氣，則鑿矣。"其義是也。所謂"一卽道也",十四章"故混而一",亦可為"一卽道也"之證。

萬物負陰而抱陽

【註解】

"負",擔荷也,任在背曰負,具有之義。"陰",謂牝也,雌性之義。"抱",懷也,懷抱。亦具有之義。"陽",謂牡也,雄性之義。

【文義】

謂萬物皆具有牝牡,卽皆有雌雄兩性也。

【論述】

蔣錫昌氏以"負,亦抱也。《淮南·說林》:'負子而登牆'。高註:'負,抱也。''萬物負陰而抱陽',言萬物陰陽相抱,五十五章所謂'牝牡之合'也"為解。其義近是。唯"牝牡之合",為下句"沖氣以為和"之義,不若解為萬物皆具雌雄兩性為勝也。

沖氣以為和。

【註解】

"沖",《說文》:"涌搖也"。"氣",精氣,謂生殖之精也。"和",和合,交配之義。

【文義】

謂物之雌雄兩性,涌搖其生殖之精,以事交配,從而滋生也。

【論述】

蔣錫昌氏以"《說文》:'沖,涌搖也'。此字老子用以形容牝牡相合時，搖動精氣之狀，甚為確切。‘氣’，指陰陽之精氣而言。‘和’者，陰陽互相調和也。‘沖氣以為和’，言搖動精氣以為調和也。‘萬物負陰而抱陽，沖氣以和為。’卽萬物生育之理，乃所以釋上文生生之義者也”為解。所謂“陰陽之精氣”，卽雌雄生殖之精也。所謂“陰陽互相調和”，卽雌雄之交配其精之結合也。其解是也。

高亨氏以為“右六句為一章”，其說甚是。蓋右六句為萬物滋生之理，與下文義不相涉也。

人之所惡，唯孤、寡，不穀，而侯王以為稱。故物或損之而益，或益之而損。人之所教，我亦教之。強梁者不得其死，吾將以為教父。

按：右經文為其他各章之錯簡。

馬敍倫氏以為“‘人之所惡，唯孤、寡、不穀，而侯王以為稱。’當在卅九章‘故貴以賤為本……非乎？’一段之下，‘致譽無譽’之上。‘故物或損之而益，或益之而損。’當在卅九章‘不欲碌碌如玉，珞珞如石。’兩句之上。”

嚴靈峯氏以為“‘人之所教，我亦教之。’此兩句與上下文均不相應，疑係四十三章‘不言之教，無為之益，天下希及之。’句下之錯簡，當在此下。‘強梁者不得其死’，此句與上下文不相屬，疑係七十六章‘木強則兵’句下之錯簡，當在此下。‘吾將以為教父’，此句移去‘強梁者不得其死’一句，正接‘我亦教之’句下，並係四十三章之文，亦當係‘天下希及之’以下之文。”

馬氏、嚴氏之說均是，因據分移各該章。

第四十三章

天下之至柔，馳騁天下之至堅。

【註解】

"至柔"，謂水也。七十八章"天下莫柔弱於水，而攻堅強者莫之能勝。""馳騁"，攻擊貫穿之義。"至堅"，謂金石之物也。

【文義】

謂天下至柔之水，可以擊穿天下至堅之金石；言柔弱之用能剋剛強也。

【論述】

河上公氏以"至柔者水，至堅者金石，水能貫堅入剛，無所不通"為解。成玄英氏以"至柔，水也；至堅，金也。馳騁，是攻擊貫穿之義也。言水至柔，能攻金石之堅"為解。蔣錫昌氏以"此言水為天下至柔之物，金石為天下至堅之物，然水能貫穿金石，而無所不入"為解。其義皆是。

老子章句淺釋

王弼氏以"氣無所不入，水無所不經"為解。以氣與水為天下至柔之物，無所不入，無所不經；言柔弱為用之至大也。

焦竑氏以"馳騁，役使也。至剛者天下莫能勝，而至柔能役之"為解。張默生氏以"馳騁當作駕御解。天下至柔的東西，能駕御天下至堅的東西"為解。所謂"駕御"，卽焦氏所謂"役使"之義。亦言柔弱能勝剛強也。

出於無有，入於無間。

【註解】

"無有"，無形之義。無形者，虛也。"入"，貫穿之義。"無間"，無空隙，謂物之堅實者也。

【文義】

謂無形之物，可以貫穿堅實之物。堅實之物，不易貫穿，惟無形之物可以入之，言虛之可以克實也。

【論述】

焦竑氏以"無間，無內也。無內者，天下莫能破，而無有能入之"為解。所謂無內者，內無間隙也，卽謂物之堅實者也。宋常星氏以"無者為虛，有者為實，無有乃能入於無間"為解。所謂無者，無有也，無有卽虛也。所謂有者為實，言堅實之物也。其義皆是。蔣錫昌氏以"水由冷氣凝成，富其為氣，散仕空中，全無質相，是出於無有也。及其凝氣成水，則貫穿金石，無隙不入，雖千軍萬馬之力，亦不能相敵，是入於無間也"為解。乃據上文所云天下至柔之水，可以貫穿天下至堅之金石，極言柔弱為用之至大也。

吾以是知無為之有益。

【註解】

"是"，謂水性至柔，可以克剛；無有至虛，可以入於無間。"無為"，無私欲也。

【文義】

謂至柔者不爭，無私也；至虛者無有，無欲也。無私無欲，是乃無為也。至柔者可以克剛，至虛者可以入堅，無為而無不為也。以是知無為之有益於治國也。

【論述】

河上公氏以"吾見道無為，而萬物自化成，是以知無為之有益於人也"為解。以"無為"解為"不為"也。

周紹賢氏以"道體無形，即在無形中發揮其功能，故曰：'無為'。宇宙萬物在其化育之中，不知不覺皆得以各遂其生，'無為而無不為'矣"為解。以無形之"為"解"無為"也。

不言之教，無為之益，天下希及之。

【註解】

"不言之教"，言謂法令也。謂不專恃法令以治其國也。"天下"，謂人主也。"希"，少也。

【文義】

謂天下之人主，甚少能不專恃法令以治其國，而知無為無私以治其國之有益也。

　　　　　　　　　　　　　　　老子章句淺釋

【論述】

　　蔣錫昌氏以“此言聖人不言之教，無為之益，天下之人主罕有及之也”為解。所謂“人主罕有及之”，其義是也。

　　張默生氏以“不言之教，無為之益，天下人很少能懂得這種道理”為解。其義亦是。

人之所教，我亦教之，吾將以為教父。

【註解】

“人”，謂世俗之人，指不知“道”者。“我”，老子自稱。“教父”，教條也。

【文義】

　　謂世俗之人所教者為剛強，我所教者為柔弱。以柔能克剛之故，吾將以“不言之教”、“無為之益”為教條也。

【論述】

　　右經文自原四十二章移此，說明見該章。

　　“人之所教，我亦教之”，河上公氏以“謂眾人所以教，去弱為強，去柔為剛；我教眾人去強為弱，去剛為柔”為解。其義是也。

　　“吾將以為父”，河上公氏以“父，始也。老子以強梁之人，為教戒之始也”為解。嚴靈峯氏以“言古人以不逞強與謙下為教，我亦奉此為施教之張本也”為解。所謂“始”，即“根本”之義。以“教父”為“根本”、“張本”，均是。羅運賢氏以為“《說文》：‘父，巨也。’‘巨，規巨也。’教父，即教巨，猶言‘教條’也。”其解“教父”為“教條”，更為確當。

第四十四章

名與身孰親？身與貨孰多？得與亡孰病？

【註解】

"名"，謂名聲、名譽，指高位尊名而言。"身"，身體，謂生命也。"親"，愛也。"貨"，財貨，指利而言。"多"，重也。貴重、重要，皆其義也。"得"，獲有也，謂獲得名利也。"亡"，傷亡也。"病"，害也。

文義：

謂世人應熟計高位尊名與生命相較，何者可愛？生命與財貨相較，何者貴重？得到名利與傷亡生命相較，何者為害此戒人勿以身而徇名利也。

【論述】

王弼氏以"尚名好高，其身必疏。貪貨無厭，其身必少。得多利而亡身，何者為病也"為解。所謂"其身必疏"，不愛其身也。所謂"其身必少"，不重其身也。所謂"何者為病"？以亡身為害也。黃茂材氏以"天下之所謂名者，皆身外物，而乃欲亡吾身以爭之，是亦不知親疏者乎？天下之所謂貨者，何可勝計，而乃欲役吾身以求之，是亦不知多寡者乎？使其得之，不過名也、貨也，而其亡者身也”為解。呂吉甫氏以“列士之所徇者名也，而至於殘生傷性，則不知身之親於名也。貪夫之所徇者貨也，而至於殘生傷性，則不知身之多於貨也。所徇者名，則世謂之君子；所徇者貨，則世謂之小人。君子、小人之所徇，雖或不同，而亡其所存則一也。然則，得名與貨而亡其所存，則不知亡之病於得也”為解。所謂“亡其所存”，言失“道”也。其義皆是。惟黃茂材氏以“多”為多少之多，不如解“多”為“重”之為勝也。

　　蔣錫昌氏以“此言人主之名與身孰親，身與貨孰重，得與亡孰苦也”為解。經文之義，不獨人主為然，凡人皆然也。

**　　是故甚愛必大費，多藏必厚亡。**

【註解】

“愛”，親也。謂親於名，卽熱中於名也。“大費”，費，損也，謂損失甚大也。“藏”，貯藏，謂積蓄財貨也。“厚亡”，亡，失也，謂亡失甚大也。

【文義】

　　謂不知身之重於名，而熱中於名，不知所止，勞心費神，而損及生命，所損甚大也。不知身之重於貨，蓄積貯藏，不知所足，貪而無厭，致損及生命，所失甚大也。

【論述】

　　高亨氏以為“‘甚愛’上，王本原有‘是故’二字。河上本無。今據刪。‘是故’二字後人所益。”按：此兩句係承上文“親名"、"多貨"之為害而言其原因，"是故"為承接詞。高氏之說，非是。

呂吉甫氏以"愛名，欲以貴其身也。以甚愛之故，并其身貴而失之，是大費也。蓄貨，欲以富其身也。以多藏之故，并其至富而害之，是厚亡也"為解。成玄英氏以"費，損也。故甚愛名譽之人，必勞形怵心，費神損智；此一句解名也。夫多藏賄貨於府庫，必有劫盜之患，非但喪失財物，亦乃害及己身。其為敗亡，禍必深厚……此一句解貨"為解。黃茂材氏以"費，非謂費其貨財也，而費精神之為損大；亡，非謂亡其蓄積也，而亡性命之為禍厚"為解。宋常星氏以"貪名、貪貨，皆是欲愛之心所使而然也。欲愛之心既甚，必勞我之身心，耗我之精力。積貨積物，至於身危命害，所藏者雖多，所亡者必厚"為解。其義均是。

知足不辱，知止不殆，可以長久。

【註解】

"知足"，無不足之感。不貪財貨之義。"不辱"，身不受辱也。"知止"，知所應止，不競競於名位之義。"不殆"，身無危殆也。

【文義】

謂不貪於財貨，則身不受辱。不競競於名位，則身無危殆。財貨、名位之私欲，不累於身，故可以長久。

【論述】

成玄英氏以"體知財賄虛假，守分不貪，清廉知足，故無恥

老子章句淺釋

辱。既悟名譽非眞，止而不著，全身遠害，故無危殆。知止於名，知足於貨，忘名忘利，則可長久”為解。所謂“守分不貪，清廉知足”，不貪於財貨也。所謂“止而不著，全身遠害”，不競競於名位也。所謂“忘名忘利”，不以財貨名位之私欲累及於身也。其義是也。

李息齋氏以“知物之備於我，自反而足，故於外無求，雖欲辱之，不可得也。知吾之所止，止於至道，故非道不為，雖欲危之，不可得也。是以為常，常故能久”為解。所謂“於外無求”，於身之外無求也，不貪於財貨。所謂“非道不為”，功成身退，不競競於名位也。呂吉甫氏以“夫唯有德者，知至貴之在己，而無待於名也，故知足而不辱。知至富之在己，而無待於貨也，故知止而不殆。不辱不殆，則可以久矣”為解。謂身親於名，身重於貨也。

第四十五章

大成若缺，其用不弊。

【註解】

"大成"，大，謂道也。解見廿八章"大制無割"。"成"，謂功成業就也。言處功成業就之道。"若缺"，缺，不足也，謂似若不足也。"弊"，敗也。

【文義】

謂處功業成就之道，常以成就不足為誡，而競競業業，為道不懈；以此為用，則可以永保其成而不敗。

【論述】

河上公氏以"大成，為道德大成之君。若缺者，滅名藏譽，如毀缺不備也。其用如是，則無弊盡時"為解。所謂"道德大成之君"，言以道為治之君也。所謂"滅名藏譽，如毀缺不備"，言不自矜其成，而為道不懈也。所謂"無弊盡時"，言可以長久也，即可以永保其成而無敗也。

成玄英氏以“言行業大成就之人，能忘其成，故雖大成，如缺少不足也。只為能忘其成，資用而無弊損”為解。所謂“行業大成就之人”，言修道有大成就者也。所謂“忘其成，如缺少不足”，言猶以成就不足為誡，而為之不懈也。所謂“資用而無弊損”，言不害其所成也，卽可以永保其成也。

大盈若沖，其用不窮。

【註解】

“大盈”，大，謂道也。盈，滿也，富極貴極之義。謂處富極貴極之道。“若沖”，沖，空虛也，謂似若空虛也。“窮”，盡也。

【文義】

謂處富極貴極之道，常似若空虛無物，而不盈滿驕奢；以此為用，則可以長保其富貴而無盡時也。

【論述】

河上公氏以“大盈，謂道德大盈滿之君也。若沖者，貴不敢驕，富不敢奢也。其用如是，則無窮盡時也”為解。成玄英氏以“沖，虛也。窮，盡也。言道德大滿之人，能忘其滿，故雖滿如空虛無物也。只為忘滿沖虛，故能利用無竭也”為解。河氏所謂“道德大盈滿之君”，成氏所謂“道德大滿之人”，皆言德澤普被於天下者也。河氏所謂“貴不敢驕，富不敢奢”，卽成氏所謂“忘其滿”也。忘其滿者，卽不自以為盈滿也。河氏所謂“其用如是，則無窮盡時也”，成氏所謂“利用無竭”，皆言以沖為用，則可以長保其盈，而無竭盡時也。

大直若屈，

【註解】

"大道"，大，謂道也。直，伸也，發展之義。謂處發展之道。"若屈"，屈，曲也，謂似若可曲。柔弱之義。

【文義】

謂圖發展之道，似若柔弱可曲，不與人爭，不以伸而伸，而以屈為伸，則伸而不折，曲而能全，可無挫敗也。

【論述】

河上公氏以"大直，謂修道法度正直如一也。若屈者，不與俗人爭，如可曲折"為解。成玄英氏以"屈，曲也。大直質素之人，不顯直相，故能混迹同塵，委曲隨物，故若曲也"為解。皆以"直"解為正直也。惟"直"、"曲"相對，此處"曲"為動詞，"直"亦當作動詞，故"直"當解為"伸"，以伸與曲相對也。河氏所謂"不與俗人爭"，成氏所謂"委曲隨物"，皆以柔弱為用也。"天下莫柔弱於水，而攻堅強者莫之能勝。"故以柔弱為用者，則伸而不折，曲而能全，可無挫敗也。

大巧若拙。

【註解】

"大巧"，大，謂道也。巧，才能也。謂處才能之道。"若拙"，拙，不巧也，愚魯之義。謂似若愚魯，鋒鈍不露也。

　　　　　　　　　　　　　　　老子章句淺釋

【文義】

謂處才能之道，似若愚魯，不矜其能，鋒鋩不露也。

【論述】

河上公氏以"大巧，謂多才術也。若拙者，亦不敢見其能"為解。成玄英氏以"匠成萬物，鑪錘羣生，有大功巧，而忘巧用晦，故若拙也"為解。河氏所謂"多才術"，成氏所謂"匠成萬物，鑪錘羣生"，皆以"巧"為才能之義也。河氏所謂"亦不敢見其能"，及成氏所謂"忘巧用晦"，皆以"若拙"為鋒鋩不露之義也。

大辯若訥。

【註解】

"大辯"，大，謂道也。辯，爭論也，謂以言辭爭勝也。言處以言辭爭勝者之道。"若訥"，訥，言難也，謂似言難也。不事辯爭之義。

【文義】

謂處以言辭爭勝之道，不事辯爭，似若言難也。生而不辭，其德自顯；功不自言，其功自著，事實勝於雄辯也。

【論述】

河上公氏"大辯者，智無疑。若訥者，口無辭"為解。言其智之足以言辭爭勝，而不以言辭爭勝也。卽李息齋氏所謂"辯不以口也"。黃茂材氏以"苟不知'道'，其誰肯以屈、拙、訥自處哉"為解。言其肯以"訥"自處者，以知"道"之故也。此以

"道" 生養萬物而不辭，以解 "若訥" 也。

靜勝躁，寒勝熱；清靜為天下正。

【註解】
"靜"，清靜，無欲之義。"躁"，擾也，動也，有所為之義。"寒"，與靜同義。
"熱"，與躁同義。"正"，長也，君也。

【文義】

謂清靜無欲，可以勝躁動有為也。能清靜無欲，可為天下
之長。

【論述】

王弼本經文原作 "躁勝寒，靜勝熱。" 據蔣錫昌氏、嚴靈峯氏
考證，當改為如文。據改正。

蔣錫昌氏以 "言靜可以勝動，寒可勝熱也。所以喻清靜無為，
勝於躁動有為也。'正'者，所以正人也，故含有模範之義。此言
人君應以清靜之道為天下人民之模範也" 為解。其所解 "靜勝
躁"，"寒勝熱" 之義，是也。至解 "正" 為模範之義，亦通。

老子章句淺釋

第四十六章

天下有道，卻走馬以糞。

【註解】

"有道"，謂以"道"治天下也。"卻"，驅使也。"走馬"，健馬也。"糞"，糞田，治田也。耕種田禾之義。

【文義】

謂以道治天下者，驅使其健馬，耕種田禾，而不用之於戰爭，則國無戰患，民得安其業而遂其生也。

【論述】

河上公氏以"謂人主有道也。""糞者，糞田也。兵甲不用，卻走馬治農田"為解。王弼氏以"天下有道，知足知止，無求於外，各修其內而已。故卻走馬以治田糞也"為解。李息齋氏以"天下有道，則能使兵為民"為解。所謂"天下有道"，即以道治天下也。所謂"兵甲不用"，"使兵為民"，"無求於外"，即不以戰爭為務也。所謂"卻走馬治農田"，"卻走馬以治田糞"，即驅其健馬以耕種田禾也。其義均是。

天下無道，戎馬生於郊。

【註解】

"無道"，謂不以道治天下也。"戎馬"，戰馬也，戰爭之義。"郊"，國境也。

【文義】

謂不以道治天下，為滿其貪欲以兵革為事，戰爭將發生於國境，則國有戰患，民不得安其業、遂其生矣。

【論述】

王弼氏以"貪欲無厭，不修其內，各求於外，故戎馬生於郊也"為解。所謂"貪欲無厭，各求於外"，即以戰爭為事而侵略他國以滿其貪欲也。所謂"不修其內"，即政治不修，不以道治天下也。陸希聲氏以"天下無道之時，天子則外攘四夷，諸侯則外侵鄰國，故甲兵動於境內，戎馬馳於四郊"為解。其義皆是。

"戎馬生於郊"，河上公氏解為"戰伐不止，戎馬生於郊境之上。"蔣錫昌、張默生、高亨諸氏，皆解為戎馬生產於郊；雖不能言其非是，然不若解為"戰爭將發生於國境"之為勝也。

罪莫大於多欲，禍莫大於不知足，咎莫大於欲得。

【註解】

"多欲"，多物欲也。聲色名利之事皆是。"不知足"，欲無止境，貪求無厭也。"欲得"，求為己有也，滿足之義。

【文義】

謂人多物欲而無止境，貪求無厭，必欲得之而滿足其所欲，則罪咎禍患隨之而生也。若以此而治國，則內不修政，外興干戈，民生憔悴，國無寧日，不可以長久矣。

【論述】

"罪莫大於多欲"，世本作"罪莫大於可欲"。王弼本無此句。高亨氏以"河上本、傅（奕）本皆有之。《韓非子·解老篇》、《喻老篇》引並同。《韓詩外傳》九引作'罪莫大於多欲'。孫詒讓曰：《韓詩外傳》引'可欲'作'多欲'，義較長。'按：'可'當作'多'，孫說是也。蓋'罪莫大於可欲'，義不可通，因罪屬於人，而可欲屬於物，若云人之罪莫大於可欲之物，直不成辭……當作《韓詩》引改。"其說是。因據增改如文。

黃茂材氏以"人有三患，可（多）欲也，不知足也，欲得也"為解。以多欲，故不知足；以不知足，乃欲得也。故所謂三患，實由於多欲也。劉驥氏以"人之有欲，至於決性命之情以爭之，故罪莫大於可（多）欲。若不知足，則攘奪誕謾，無所不至，故禍莫大於不知足。欲得，則所欲必得，恣縱之甚，殃咎尤大"為解。皆以人之治身，不能多欲、不知足、欲得也。呂吉甫氏以"天下無道，見可欲以為造兵之本，雖有封疆之界，不能定也，故曰'戎馬生於郊'。然則罪之所由生者，何也？可（多）欲而已矣……由可（多）欲，故不知足，則雖有餘而不止也。平為福，有餘為禍……由不知足，故欲得；欲而得之，則怨咎之招，而兵之所以不已也"為解。蔣錫昌氏以"謂興師動眾，殺人盈野，此皆人主貪欲之過也"為解。皆以人君以多欲、不知足、欲得而治其國，為干戈以興之由也。陸希聲氏以"夫無道之君，毒痛天下，原其所以，其惡有三：心見可欲，非理而求，故罪莫大焉。求而不已，必害於人，故禍莫大焉。欲而必得，其心愈熾，故咎莫重焉"為解。此以人君以多欲、不知足、欲得而治其國，則毒禍天下也。蘇轍氏以"以其可欲示人，固有罪矣；而不足其足者，其禍尤甚；所欲必得者，其咎最大。匹夫有一於身，患必及之。侯王而為是，則戎馬之所自起也"為解。所謂"戎馬之所自起"，即言干戈以興之由也。此兼言人之治身，不能多欲、不知足、欲得，而侯王亦不能以此而治其國也。其所解皆通。

故知足，常足矣。

【註解】

"知足"，無不足之感，少私寡欲之義。

【文義】

不足生於欲無止境，故永無足時。人能少私寡欲，則無不足之感，而常以為足矣。

【論述】

高亨氏以為"此句王（弼）本原作'故知足之足，常足矣。'司馬光本無'之足'二字，《文選·東京賦》李註引同。今據刪。"

老子章句淺釋

其說是也。因據刪。

　　河上公氏以"守眞根也""無欲心也"為解。所謂"守眞根"，言守"道"也，道無私欲，故以"常足"為無欲心也。成玄英氏以"守分不貪於行便足，恒無闕少，故言常足"為解。達眞子以"知足者，足於道而不足於物，足於內而不足於外，是以舉無不足矣"為解。所謂"物"、"外"，卽物欲也。言少私寡欲，則無不足也。曹道沖氏以"不知足者，足亦不足；知足，則不足常足"為解。所謂"足亦不足"，欲無止境也。所謂"知足"，少私寡欲也。其義均是。

第四十七章

不出戶，知天下；不窺牖，見天道。

【註解】

"出戶"，足出戶外也。"天下"，謂天下之事也。"窺牖"，自窗外視也。"見"，與知同義。"天道"，謂天下人之所共是也。民意之義。

【文義】

謂聖人不以己知為知，以天下人之所共知為知，能無所不知；故足不出戶，而盡知天下之事。聖人不以己見為見，以天下之所共見為見，能無所不見；故不自窗外視，而盡知天下之民意也。

【論述】

河上公氏以"聖人不出戶以知天下者，以己身知人身，以己家知人家，所以見天下也。天道與人道相同，天人相通，精氣相貫。人君清靜，天氣自正；人君多欲，天氣煩濁；吉凶利害，皆由於己"為解。言反求於己，即可"知天下，見天道"也。

　　　　　　　　　　　　　　老子章句淺釋

王弼氏以"事有宗，而物有主，途雖殊而同歸也，慮雖百而其致一也。道有大常，理有大致，執古之道以御今，雖處於今，可以知古始。故不出戶，窺牖而可知也"為解。言道為萬事萬物之主，知"道"則能"知天下，見天道"，而知"道"則可以不出戶、不窺牖而知之也。類此之解甚多。

其出彌遠，其知彌少。

【註解】

"彌"，益也，甚之義。

【文義】

謂出戶以求知，欲以己之所知為知，所至甚遠，而所知甚少。以一人之所至難徧，故所知終屬有限，言不若以天下人之所共知為知也。

【論述】

河上公氏以"謂去其家，觀人家；去其身，觀人身。所觀益遠，所見益少也"為解。蔣錫昌氏以"此言人主不以無為求諸己，而務以有為求諸民，則其出彌遠，其知彌尠也"為解。皆言人主應反求諸己以知、見也。

呂吉甫氏以"夫天下之大固無窮也，必待出而後知之，則足力之所及者寡短，所知者幾何哉！天道之遠固不測也，必待窺而後見之，則目力之所及者寡矣，所見者幾何哉！故曰：'其出彌遠，其知彌少。'"為解。言天下、天道，不能以出戶、窺牖而知之、見之也。

是以聖人不行而知，不見而名，不為而成。

【註解】

"不行"，謂不出戶以求自知也。"不見"，謂不窺牖以求自見也。"名"，明也。"不為"，無為也，無私之義。

【文義】

謂聖人不出戶以求自知為知，而以天下之所共知為知，故能無所不知；不窺牖以求自見為見，以天下人之所共見為見，故能盡明天下之民意。此無身、無私也。聖人以無身無私，故能成其功也。

【論述】

蔣錫昌氏以"'不行而知，不見而明，'係承上文而言，言不出行而知天下，不窺見而明天道也。'無為而成'，言聖人無為而成也"為解。嚴靈峯氏以"'不出戶，知天下'，不行而知也。'不闚牖，見天道'，不見而明也。'無為而無不為'，'不為而成也。'"為解。所謂"無為"，無私欲也。其義皆是。

老子章句淺釋

第四十八章

為學日益，為道日損；

【註解】

"學"，謂世俗之學，非"道"之學。"益"，增也，增加其私欲也。"道"，謂自然之道。"損"，去也，去其私欲也。

【文義】

謂世俗之所學，日增其私欲；修道之所學，日去其私欲。言人宜擯世俗之所學者而為修道之所學也。

【論述】

成玄英氏以"為，修營也。學，俗學也。言修俗學之人，銳情分別，故累欲日增也。為道，猶修道也。言修道之士，虛夷恬淡，所以智德漸明，累惑日損也"為解。所謂"累欲"、"累惑"，即人之私欲也。

河上公氏以"學，謂政教禮樂之學也。日益者，情欲文飾，日以益多。道，謂自然之道也。日損者，情欲文飾，日以消損"
為解。政教禮樂者，治國之道也，若謂學之則情欲文飾日以益多，
似非是。惟所謂學自然之道，則情欲文飾日以消損，則是也。蓋
道本無為無私也。

損之又損，以至於無為；無為而無不為。

【註解】

"無為"，無私也。"無不為"，謂其用無窮也。

【文義】

謂修道不輟，持之以恒，日以去私為念，去之再去，以至於
無私之境，則其用不窮也。

【論述】

河上公氏以"損情欲，又損之，所以漸去""當恬淡如嬰
兒。無所造為""情欲斷絕，德與道合，則無所不施，無所不為
也"為解。所謂"當恬淡如嬰兒"，無私之境也。所謂"德與道
合"，無私之德，即道之無為也。宋常星氏以"使人知損其人欲
之私，工夫不可間斷，定要徹頭徹尾，損之而至於又損，損到無
可損之地位，纔得清靜之妙，入於自然無為大道也。此清靜無為
之道，則又無為而無不為矣"為解。蔣錫昌氏以"此言聖人將
情欲損之又損，以至於無為也""上行無為，則民亦自正，而各
安其業，故無不為也。無為者，言其因；無不為者，言其果"為
解。其義均是。

取天下常以無事，及其有事，不足以取天下。

【註解】

"取"，治也。"無事"，無為也。無為，無私也。"及"猶若也。

【文義】

"無為而無不為"，無為之用無窮，故治天下當以無為無私也。若有其私欲，則不足以治天下，言不能以私而治天下也。

【論述】

王弼氏以"動常因也""自己造也""失統本也"為解。所謂"動常因者"，言取天下因民之欲也。所謂"自己造"者，言因己之欲也。所謂"失統本"者，失統治之本也。統治之本，即道之無為也。周紹賢氏以"聖人所以能安定天下，即以'無為'為常道，若私有所為，使天下多事，便不足以治天下矣"為解。其義皆是。

蘇轍氏以"人皆有欲取天下之心，故造事而求之，心見於外，而物惡之，故終不可得。聖人無為故無事，其心見於外，而物安之，雖不取天下，而天下歸之矣"為解。所謂"造事而求之"，以己之利而欲取天下也。其以"取天下"為取得天下，其說亦通。

河上公氏以"取，治也，治天下常以無事，不當煩勞也""及其好有事，則政教煩，民不安，故不足以治天下也"為解。所謂"不當煩勞"，言不當煩勞於民也。蔣錫昌氏以"言治天下恒以無事也。及其有事，則政煩民擾，故不足以治天下也"為解。與河氏略同，皆以"無事"為無政教之事，不如以"無私"解之為適也。

第四十九章

聖人無常心，以百姓心為心。

【註解】

"常心"，固定之心，謂成見也。

【文義】

謂聖人之治國，不以自己之心為心而有成見，以天下百姓之心為心，卽政必洽於民心，心為百姓，重民意也。蓋"天下者乃天下人之天下，非一人之天下"，"民為貴，君為輕"也。

【論述】

黃茂材氏以"聖人不以己之心為心，而以百姓之心為心"為解。焦竑氏以"無常心，心無所主也"為解。張默生氏以"常心，卽是一定的心，卽是成見。聖人沒有一定的成見，他是以百姓的心為心"為解。其義皆是。

蔣錫昌氏以"此言聖人治國，無常心於有為，而任百姓之自化，故以百姓之心為心也"為解。所謂"無常心於有為",言無為也。所謂"任百姓之自化",言不為也。即以"無為"為不為也。

善者,吾善之;不善者,吾亦善之;德善。

【註解】

"善者",謂友善於我者。"德",讀得。

【文義】

謂友善於我者,我善以待之;不友善於我者,我亦善待之,不因其異己而排拒之,則終可得其友善之同應。

【論述】

河上公氏以"百姓為善,聖人因而善之""百姓雖有不善者,聖人化之使善""聖人德化,百姓為善"為解。蘇轍氏以"無善不善,皆善之,善不善在彼,吾所以善之者,未嘗渝也,可謂德善矣。不然,善而棄不善,豈所謂'常善救人,故無棄人'哉"為解。皆以"善者"為良善之人,"不善者"為不良善之人,聖人以道德化民,民皆為善而解之也。

信者,吾信之;不信者,吾亦信之;德信。

【註解】

"信者",信,忠誠也,謂忠誠於我者。"德",解見上句。

【文義】

謂忠誠於我者,我信任之;不忠誠於我者,我亦以誠信待之,不因其不忠誠於我而摒棄之；則終能得其誠信之回應。

【論述】

河上公氏以"百姓為信，聖人因而信之""百姓不信，聖人化之使信""聖人德化，百姓為信"為解。蘇轍氏以"無信無不信皆信之，信不信在彼，而吾之所以信者，未嘗變也，可謂德信矣。不然，信信而棄不信，豈所謂'常善救人，故無棄人'哉"為解。張默生氏以"百姓信實的，固然以信對他們；百姓不信實的，也要以信對他們。因為聖人是只守信實，不知虛假。這樣，才能化虛偽為信實。故曰得信"為解。皆以"信者"為信實之人，"不信者"為不信實之人，聖人以道德化民，民皆為信而解之也。

聖人在天下，歙歙；為天下渾其心。

【註解】

"在天下"，謂治天下也。"歙歙"，歙，收斂也，謂不敢驕奢也。"渾其心"，謂渾然其心而無私欲。

【文義】

謂聖人之治天下，其心歙歙，戒慎恐懼，不敢驕奢；為天下百姓渾然其心，無私無欲以為天下之百姓也。

【論述】

"歙歙"，河上公本作"怵怵"。亦有作"歙歙焉"者。解皆從之。

　　　　　　　　　　　　　　老子章句淺釋

河上公氏以"聖人在天下，常恐怖，富貴不敢驕奢""言聖人為天下百姓渾濁其心，若愚闇不通也"為解。所謂"恐怖"，戒慎恐懼之義，卽常有自誡之心也。所謂"渾濁其心，若愚闇不通"，言無知無識也，卽無私無欲之義也。其義是也。

達眞子以"聖人之在天下，常畏恐其人之不善，欲使之皆善；常畏恐其人之不信，欲使之皆信；故善者應，不善者亦應；信者應，不信者亦應。故為天下渾其心，則此所謂'無常心'也"為解。此以"渾其心"為"無常心"也。

李宏甫氏以"夫天下之人，各一其心者久矣，聖人則合天下之人，而渾為一心"為解。此以"渾其心"為渾凝天下之人心也。

蔣錫昌氏以"'歙歙焉'，所以形容聖人儉嗇無欲之狀也。言聖人之在天下，歙歙焉常以儉嗇無欲自處也。'為天下渾其心'，言欲天下皆受聖人之化而亦混沌無欲也"為解。所謂"儉嗇無欲"，亦不敢驕奢之義。此以"渾其心"為欲渾天下百姓之心也。

高亨氏以"言聖人急急使天下人心渾濁，歸於無識無知也。"為解。此以"渾其心"為渾濁天下之人心也。

張默生氏以"聖人在天下，是不用私智的，他是渾樸其心的，他更歙歙然為天下的百姓渾樸其心"為解。此以"混其心"為渾樸其心而不用智巧也。

百姓皆注其耳目，聖人皆孩之。

【註解】

"註"，用也。"耳目"，視聽之義。"孩之"，謂愛之如母之待嬰孩也。

【文義】

謂百姓視聽聖人之言行以為範，聖人愛百姓如母之待嬰孩。上下和同，則國家安平矣。

【論述】

呂吉甫氏以"百姓皆註其耳目，唯聖人為之視聽，而聖人皆孩之。孩之也者，遇之以慈，待之以厚"為解。達真子以"百姓皆註其耳，則莫不聽也；百姓皆註其目，則莫不視也；百姓視聽皆一仰於聖人者，何哉？以聖人皆孩之也"為解。所謂"唯聖人為之視聽"，"百姓視聽一仰於聖人"，言以視聽聖人之言行以為範也。其義皆是。

河上公氏以"註，用也。百姓皆用其耳目為聖人視聽也""聖人愛念百姓如嬰孩赤子，長養之，而不責望其報"為解。言百姓皆為聖人之耳目，即一聽於聖人也。而聖人愛念百姓，則出之於無為也。

成玄英氏以"顛倒之徒，迷沒世境，縱恣耳目，滯著聲色！聖人愍其迷困……""眾生淫妄，耳目淪沒愛河，聖人勤懼慈救，義同赤子，哀其無識，如嬰兒之可愍"為解。以耳目為聲色之欲而解之也。

蔣錫昌氏以"言百姓皆註其耳目，以察是非得失。王弼所謂'各用聰明'也。'聖人皆孩之'，言聖人皆以小兒待之，而不分其善不善，信不信也"為解。所謂"察是非得失"，言有善不善，信不信者，而聖人不計，仍愛之如嬰兒也。

高亨氏以'孩'，借為'閡'。《說文》：'閡，外閉也。'聖人

　　　　　　　　　　　　　　　老子章句淺釋

皆孩之者，言聖人皆閉百姓之耳目也。上文云：'歙歙為天下渾其心'，即謂使天下人心胥渾渾噩噩而無知無識也。此文云：'百姓皆註其耳目，聖人皆閡之。'即謂閉塞百姓耳目之聰明，使無聞無見也。此老子之愚民政策耳"為解。此據六十五章"古之善為道者，非以明民，將以愚之。"以"愚"為愚昧而解之也。非是。

第五十章

出生，入死；生之徒，十有三，死之徒十有三。

【註解】

"出生，入死"，謂人之自然生死也。"生"，謂長生也，長壽之義。"死"，謂夭亡也，短壽之義。"徒"，類也。"十有三"，謂十中有三也。

【文義】

謂人之自然生死，長壽者約十中有三，短壽者亦十中有三。

【論述】

蔣錫昌氏以"人出於世為生，入於地為死。其長壽之類，約其分數，十人之中有三人；其短命之類，約其分數，亦十人之中有三人也"為解。其說是也。

馬如龍氏以"徒"讀"途"，高亨氏以為是。呂吉甫氏以"生之徒十有三，則由生而得生，非幸生也。死之徒十有三，則由死而得死，非不幸而死者也"為解。魏源氏以"天下惟生死二者，

　　　　　　　　　　　　　　老子章句淺釋

出乎生，則入乎死矣。二者聽人自擇。'生之徒'，'死之徒'，猶云取生之道，取死之道。此二者統言天地間人物生死常然之理也。而人之生於天地間，往往捨其取生之道，動輒由其取死之道，此乃專言斯人不能全生之通弊也"為解。皆以"徒"讀"途"為之解也，其說雖尚通，惟與下文之義重複。

人之生，動之死地，亦十有三。夫何故？以其生生之厚。

【註解】

"人之生"，謂可以長壽及中壽者。"動之"，之，往也。謂自往也。"死地"，謂致死之所。"生生"，求生也。"厚"，豐厚也。

【文義】

謂人之可以長壽及中壽者，自往於致死之所者，亦約有十分之三。其原因在於求生活之豐厚，奢欲無窮也。

【論述】

"人之生，動之死地，亦十有三"，傅奕本作"人之生生而動，動皆之死地，亦十有三。"范應元本作"人之生生而動之死地，亦十有三。"高亨氏以為"傅、范並重'生'字。下文云：'以其生生之厚'，卽承此句'生生'而言。是其證。王（弼）本脫一'生'字宜據補。"按：經文之義，蓋在說明人生之自趨於死地者，亦十有三耳。所謂"生"，為上文所云"生之徒"（長壽者）及非死之徒（短壽者）以外之生者也。與下文"生生之厚"之"生生"無關也。此"生生之厚"，在說明自趨死地之原因也。惟高亨氏所解"生生，猶養生也。十二章'五色令人目盲，五音令人耳聾，五味令人口爽，馳騁畋獵令人心發狂，難得之貨令人行妨。'生生之厚，逞欲於聲色等，是自傷其生而動之死地矣。"則是也。

蔣錫昌氏以為"'生之徒十有三，死之徒十有三'，係指普通之人言之。此'十有三'，則就富貴之人言之。以'生生之厚'者，必屬富貴之人也。"惟經文所謂"生之徒"、"死之徒"各十有三，蓋指人之自然之死生者也。此"十有三"，謂自趨於死地者而言，似不當解為富貴之人也。

蓋聞善攝生者，陸行不遇兕虎，入軍不被甲兵；兕無所投其角，虎無所措其爪，兵無所容其刃；夫何故？以其無死地。

【註解】

"善攝生"者，謂善於養生之人，即不縱奢欲以求生生之厚者。"兕虎"，害人之獸，喻奢欲也。"甲兵"，殺人之器，與兕虎同義。"角爪"，兕虎害物之具，以喻奢欲之足以傷生也。"刃"，甲兵殺人之具，與"角爪"同義。"容"，用也。"死地"，謂奢欲致人於死也。

【文義】

謂善於養生之人，不縱奢欲以求生生之厚，則奢欲雖如兕虎之角爪，如甲兵之刃，而不能傷其生。其故在能不縱奢欲以趨死地也。

【論述】

王弼氏以"器之害者，莫甚於戈兵；獸之害者，莫甚乎兕虎。而令兵戈無所容其鋒，兕虎無所措其爪角，斯誠不以欲累其身者也。何死地之有乎”為解。所謂“以欲累其身”，即以兕虎、兵甲以喻“欲”也。以不縱奢欲而求生生之厚之故，奢欲不能傷其生，故無死地也。

蔣錫昌氏以“蓋善避害遠禍，如若不及。其陸行也，不為兕虎出沒之處，故決不為兕虎所遇；其入軍也，不至敵人戒線之內，故決不為兵甲所加”為解。其所解“陸行不過兕虎”，尚通。所解“入軍不被甲兵”，謂不至敵人戒線之內，則非是。蓋作戰之事，不能永遠停在敵人戒線之外也。即我能如此，敵人未必如此，則交鋒之事，固所難免，如何能避敵之刃而不為所傷！

《韓非子》云：“聖人之遊世也，無害人之心，則必無人害。”王安石云：“惟善攝生者，則能無我；無我，則不害於物，而物亦不能害之矣。”殊不知世之不害人而為人所害者多矣。設如其說，則人不害兕虎，兕虎亦不害人；作戰之時，我不殺敵，敵即不殺我，天下無有此等事也。故韓、王兩氏之說，似是而非也。

第五十一章

物，道生之，形之；德畜之，成之。

【註解】

"物"，謂萬物也。"道"，謂自然之道。"德"，道之用也。"畜"，養也。"成"，成物也。

【文義】

謂萬物由道而生、而形，萬物由德之畜、之成。德者，道之用，故萬物之生、形、畜、成，皆由自然之道也。道即自然，故萬物之生、形、畜、成，皆出之自然之用也。

【論述】

王弼本及世本經文原文為"道生之，德畜之，物形之，勢成之。"高亨氏以為"'物形之，勢成之'兩句，義不可通，文必有誤。疑此四句當作'物，道生之，形之；德畜之，成之。'蓋轉寫'物'字竄入下文，'形之'二字亦竄入下文，讀者以意增'勢'

字耳。'道生之，形之；德畜之，成之。'言物乃道生之，形之；德畜之，成之也。'形'，謂賦之形也。若'道'無'物'字，則道生之，德畜之，'之'字失其所措，此'物'字當在句首之證。生之形之，辭意相依，道之事也；畜之成之，辭意相依，德之事也；且生、形、成為韻，如今本則失其韻，此'形之'二字當在'德'字之上之證。"其說甚是，茲據改。下面所引述各家之解，皆據王弼本及世本原文而解之者。

河上公氏以"道生萬物""德，一也。一主布氣而畜養。""一為萬物設形象也""一為萬物作寒暑之勢以成之"為解。所謂"道"，所謂"德"，一體也，德為道之用，故道與德皆謂自然之道也。

王弼氏以"物生而後畜，畜而後形，形而後成。何由而生？道也；何得而畜？德也；何因而形？物也；何使而成？勢也。唯因也，故能無物而不形；唯勢也，故能無物而不成。凡物之所以生，功之所以成，皆有所由，有所由焉，則莫不由乎道也。故推而極之，亦至道也，隨其所因，故各有稱焉"為解。所謂"物之所以生，功之所以成，則莫不由乎道"，即莫不由乎自然也。

呂吉甫氏以"萬物之生，常本於無名之物，而其畜常在於一而未形，而物得以生之際。無名者，道也；一而未形，物得以生者，德也。及其為物，則特形之而已，非其所以生且畜也。已有形矣，則臝者不得不臝，鱗介羽毛者，不得不鱗介羽毛；以至於幼壯老死，不得不幼壯老死；皆其勢之必然也"為解。道體無形，其中有精，此為萬物之原，其所謂"一"者，即道中之"精"也。所謂"其勢之必然"者，以其皆為自然之用也。

蔣錫昌氏以"四'之'並為萬物之代名詞。是'德'為一種
生活之原則或規律。'物'指各種生物不同形之物種而言,'勢'
指各物所處之環境而言,如地域之變遷,氣候之差異,水陸之不
同是也。'道生之',言道生萬物也。'德畜之',言生活之原則畜
養萬物也。'物形之',言各類不同形之物種形成萬物也。'勢成
之',言各物所處之環境造成萬物,環境不同,其物種及德性亦因
有不同也"為解。所謂"環境",即自然也。

是以萬物莫不尊道而貴德。

【文義】

謂物由道生之,形之;以德畜之,成之。由生至成,功在道、
德,故萬物莫不當尊之、貴之也。所謂"道",自然之體也;所謂
"德",自然之用也。

【論述】

陸希聲以"萬物以能生,故尊道;以能畜,故貴德"為解。
李息齋氏以"物非道不生,非德不畜,自其有形,以至於勢成,
莫不以道德為主;道之尊,德之貴,至於此極矣"為解。蔣錫昌
氏以"無道與德則不能生畜,不能生畜,則物固不能形,勢亦無
所成,是以萬物莫不尊道而貴德也"為解。其義皆是。

道之尊,德之貴,夫莫之命而常自然。

【註解】

"常",猶固也。"命",使也。

　　　　　　　　　　　　　　老子章句淺釋

【文義】

　　謂道、德之生畜萬物，而成其尊貴，非道、德之使其生，使其畜，而萬物之生畜，固皆由於自然之力也。

【論述】

　　李息齋氏以"不自尊其尊，不自貴其貴，其施於物，非有心於物也。'莫之命而常自然'，自然而生，自然而畜"為解。張默生氏以"道雖尊，德雖貴，却不自尊其尊，不自貴其貴。其施於物者，並不是有心命物，乃是無心命物，而物各自然以生，各自然以養"為解。其義皆是。道、德者，乃自然也，以其為自然，故無心也。以其無心，故萬物之生畜，非道、德使之，而道、德亦不能自尊自貴也。其生其畜，固皆因自然之力也。蔣錫昌氏以"此言道之所以尊，德之所以貴，卽在於不命令，或干涉萬物，而任其自化自成也"為解。所謂"任其自化自成"，以其有自然化成之力也。所謂"不命令或不干涉萬物"，以自然無心，不能命令，不能干涉之也。

故道生之，德畜之；長之育之，亭之毒之，養之覆之。

【註解】

"長育"，皆生長之義。"亭毒"，化育也，生生不息之義。"養覆"，全其所養之義。

【文義】

　　謂道、德卽自然之生畜萬物；不惟生長之，而又能生生不息，以能全其有所養也。

河上公氏以"道之於萬物，非但生之而已，乃復長養成熟，覆育全其性命。人君治國治身，亦當如是也"為解。其義近是。

李息齋氏以"凡所以長育成熟以至以養之覆之，莫非自然者"為解。以自然能全養萬物也。

生而不有，為而不恃，長而不宰，是謂玄德。

【註解】

"有"，謂自有之也。"為"，施也。"恃"，依仗也。"宰"，主也。"玄"，清靜也，無欲之義。

【文義】

謂道生育萬物，不以萬物為己之私有；道施澤萬物，不以之為依仗，而待萬物之報；道長養萬物，而不為萬物之主，是謂清靜無欲之德也。以其清靜無欲，故不有、不恃、不宰之也。此人君治國之所當法也。

【論述】

河上公氏以"道生萬物，不有所取以為利也；道所施為，不恃望其報也；道長養萬物，不宰割以為利也。道之所行恩德，玄闇不可得見"為解。嚴靈峯氏以"道生育萬物而不執為己有，作成萬物不恃其能，而不待望其報；長養萬物而不自居主宰，此可謂至精至微之德也"為解。其所解不有、不恃、不宰之義均是也。

李息齋氏以"由其自然，故未嘗望物之報，生不辭勞，施不求報，是謂玄德"為解。所謂"未嘗望物之報"，由其自然也。自然無心，故"未嘗望物之報"也。

第五十二章

天下有始，以為天下母。

【註解】

"天下"，謂天下萬物也。"始"，根源之義，謂"道"也。一章"無，名天地之始"是也。"母"，謂天下萬物之所從生也。一章"有，名萬物之母"是也。

【文義】

謂天下萬物，皆有其根源，卽"道"是也。道為天下萬物之所從出，可以為天下萬物之母也。

【論述】

河上公氏以"始者，道也。道為天下萬物之母"為解。蘇轍氏以"'無，名天地之始；有，名萬物之母。'道方無名，則物之所資始也。及其有名，則物之所資生也。故謂之'始'，又謂之'母'"為解。呂吉甫氏以"'天下有始，以為天下母。'經文所謂'吾不知其名，字之曰道'者是也"為解。達眞子以"唯天下莫不始之於道，所以為天下之母也”為解。蔣錫昌氏以“始，卽道也。道先天地生，故為天下萬物之母也”為解。其義均是。

既知其母，以知其子；

【註解】

“子”，謂天下萬物也。道為天下萬物之所從出，故謂“子”為天下萬物也。人為萬物之靈，故亦謂天下之人也。

【文義】

謂既知其母之道，可以知天下萬物卽人之道；“子”與“母”同也。其母之道何？無為無私，虛靜謙下，柔弱不爭，其子之道亦猶是也。

【論述】

“既知其母”，王弼本作“既得其母”。蔣錫昌氏以為“道藏王弼本作‘既知其母’。諓誼藏本為長，當據改正。”因據改。

王弼氏以“母，本也。子，末也。得本以知子，不舍本以逐末也”為解。所謂“得本以知子”，卽得其母之道，可以知其子之道也。王雱氏以“萬物由道以出，道謂之母，故謂之子。得道，則萬物之理不待識而知”為解。是以萬物為“子”也。所謂“萬物之理”，卽萬物之道也。李息齋氏以“道為物母，物為道子，古之得道者，能使子母不離，而道物為一。蓋物從道出，物不異道；子從母出，子不離母”為解。所謂“道物為一”，“物不異道”，卽萬物之道當與“道”同也。其義均是。

既知其子，復守其母。

【註解】

"其"，謂"道"也，卽自然之道。"守"，保持弗失之義。

【文義】

謂既知萬物之道卽人之道同於自然之道之無為無私，虛靜謙下，柔弱不爭，則人當保持弗失，卽守之不渝也。

【論述】

王弼本及世本"復守其母"句下，有"沒身不殆"一句。嚴靈峯氏以為"彭耜《道德眞經集註》釋文：'葉夢得本無此四字。'疑係十六章錯簡複出於此，當據葉本刪此一句。"其說是也。因據刪。

河上公氏以"既知其一，當復守道，反（返）無為"為解。所謂"一"，卽經文所謂之"子"也。所謂"反無為"，卽守自然之道之無為也。蔣錫昌氏以"此言聖人既知道之子為萬物，復守本來之道，以返清靜無為……"為解。所謂"守本來之道"，卽守自然之道也。其義均是。

王安石氏以"'夫物芸芸，各歸其根；歸根曰靜，靜曰復命。'則得以返其本也。故曰：'復守其母。'"為解。所謂"芸芸"，謂天下萬物也。而經文之義，在言人事之道，雖可解"子"為萬物，然此萬物乃指人而言，蓋人為萬物之靈者也。王氏逕以萬物生生之道以解之，似不適也。

　　　　　　　　　　　　　　　　　老子章句淺釋

塞其兌，閉其門，終身不勤。

【註解】

"塞"，杜絕也。"兌"，私欲之所由生。"閉"，關閉也。與塞同義。"門"，私欲之所由從也。"勤"，憂也，憂患之義。

【文義】

謂人能杜絕私欲之生，私欲之行，則終身可無憂患。蓋人之患，率由私欲所致也。

【論述】

《淮南子·道應訓》："王者欲久持，則塞民於兌。"高誘註："兌，耳目鼻口也。《老子》曰：'塞其兌'是也。"俞樾氏以為"兌，當讀為穴。'塞其穴'，正與'閉其門'文義一律。"按：耳目鼻口皆人之穴也，故"兌"之讀"穴"與否，其義固無異也。經文"塞其兌"，言杜塞其耳目鼻口之欲也。

王弼氏以"兌，事欲之所由生。門，事欲之所由從。無事永逸，故終身不勤也"為解。所謂"事欲"，即私欲也。所謂"無事"，即無私欲之事也。呂吉甫氏以"塞兌、閉門，守其母之謂也。心動於內，而吾縱焉，是之謂有兌。有兌，則心出而交物；塞之，則心不出矣。物引於外而吾納焉，是之謂有門。有門，則物入而擾心；閉之，則物不入矣。內不出，外不入，雖萬物紛耘於前而不知，夫何勤之有哉"為解。所謂"守其母"，守道之無私無欲也。所謂"心動於內"，欲念生也。所謂"物入而擾心"，物欲惑之也。所謂"內不出，外不入"，物欲不生，物欲不惑，即守其母也。其義均是。

開其兌，濟其事，終身不救。

【註解】

"開"，開放，放縱之義。"濟"，益也，長也。與開同義。"不救"，危殆之義。

【文義】

謂放縱私欲之念，放縱私欲之行，則終身將陷於危殆也。

【論述】

王雱氏以"兌開物入，而復費神以濟其事，則內徇外，逐物往矣。一溺此流，誰能救之哉"為解。所謂"兌開物入"，言物欲由之而生也。所謂"費神以濟其事"，言放縱於物欲之行也。所謂"內徇外，逐物往矣"，言為物欲所役也。所謂"誰能救之哉"，言將陷於危殆而無救也。嚴靈峯氏以"言五官九竅一開，則外物侵擾，嗜欲日增，事故紛陳，應接不暇，終身役役，勞神耗氣，傷性殘生，則終身不可救藥矣"為解。其義皆是。

奚侗氏以"濟，盆也。救，當訓治。開其兌，則民多智慧；益其事，則法令滋彰；天下因以燏亂，終身不能治也"為解。以"濟其事"則"法令滋彰"，與王氏、嚴氏之解不同。然以聖人之治國而言，其說亦可供參考。

見小曰明，

【註解】

"見小"，小，謂道也。卅四章"常無欲，可名於小。"以小名道也。此言見道之無為無私，虛靜謙下，柔弱不爭之用也。

【文義】

謂能見道之無為無私，虛靜謙下，柔弱不爭之用而法之，可謂明達也。

【論述】

蔣錫昌氏以"此'小'字與卅四章'可名於小'之'小'同誼，謂搏之不得之道也。'見小曰明'，見道曰明也"為解。周紹賢氏以"道體精微，視之不見，故曰小"為解。皆以"小"為"道"，是也。蔣錫昌氏所謂"見道曰明"，非言見道之體，乃言見道之用也。蓋道體無形，不可見也。所謂見道之用，言見道無為無私、虛靜謙下、柔弱不爭之用也。河上公氏以"萌芽未動，禍亂未見為小，昭然獨見為明"為解。王安石氏以"微而見之，則可謂之明；見於大，則不足以謂之明"為解。王弼氏以"為治之功不在大，見大不明，見小乃明"為解。李息齋氏以"人之患，在於不謹其小，若自小而謹之，雖小必明"為解。皆解"小"為大小之小。或以能見於小，或以能見其微，或以先見為明，皆不若解"小"為"道"之義為長也。蓋本章經文之義，在言知母知子，知子守母，所謂"母"，自然之道也。

守柔曰強。

【註解】

"守"，與上文"復守其母"之"守"字義同。

【文義】

謂守柔弱之道，而物莫之能勝，故可謂之強也。

【論述】

呂吉甫氏以"守無形之至柔，而物莫之能勝也。故曰：守柔曰強"為解。王安石氏以"至柔馳騁天下之至堅也。故曰：守柔曰強。"嚴靈峯氏以"柔弱勝剛強，故守柔為強也"為解。其義均是。

用其光，復歸其明；無遺身殃，是謂習常。

【註解】

"光"，耀也，顯貴之義。謂至尊之位也。"歸"，依歸，依恃也。"明"，謂能見道之無為無私，虛靜謙下，柔弱不爭之用也。"殃"，災患也。"習常"，習通襲，因也。常謂道也。言因道而行也。

【文義】

謂聖人以顯貴至尊之位，依恃其所見道之無為無私，虛靜謙下，柔弱不爭之用，而法之以為治，則國家治平，民遂其生，故身無災患，可以長久，是因法道而行也。

【論述】

李息齋氏以"明者，本也；光者，明之所自出也。元明為本，其末分而為視、為聽、為覺、為觸者，皆其光也。道自本流於末，學自末求其本，故曰：'用其光，復歸其明。'常，即本明，光自明而出。今以光歸其明，故曰：襲常"為解。此以"明"為人之元明，以"光"為元明之用也。元明者，本覺之體清淨光明也。"本覺"

　　　　　　　　　　　　　　老子章句淺釋

之體，即眾生之心體，本有之性德也。所謂"為視、為聽、為覺、為觸者，皆其光也。"言視、聽、覺、觸皆為"明"之用，即"明"之用於外者也。所謂"以光歸其明"，言視、聽、覺、觸不離於"明"，即不離"本覺"之清淨光明，塵而不染之義也。

王安石氏以"光者，明之用；明者，光之體。唯其能用其光，復歸其根，則終身不至於有咎，而能密合長久之道"為解。所謂"復歸其根"，即"復歸於明"，以"明"為道也。

呂吉甫氏以"夫唯守其母者，每見其心於動之微，則寂然不動矣。既用其光，以見於動之微，復歸其明，以返於寂然，終身未嘗開兌濟事，以陷於不救，何殃之有"為解。所謂"守其母"，言守道不渝也。所謂"動之微"，言心為外物所惑誘而心為之動也。所謂"返於寂然"，言返於道之無欲也。人能杜絕私欲，終身可無憂患，故曰："何殃之有！"張爾岐氏以"暫用其外見之光，復斂歸其本然之明，無外馳不返以遺身殃，是與常道合一者也"為解。所謂"暫用其外見之光"，言心與物接也。所謂"復斂歸其本然之明"，言守道不渝也。所謂"無外馳不返以遺身殃"，言不為物欲所惑誘也。呂氏、張氏之說，皆守道去欲之義也。

蔣錫昌氏以"'光'謂智慧，'明'謂道，言用其智慧，復返於道也。聖人能用其光，復歸其明，則無遺身殃，是謂因順常道也"為解。義在智慧之用，當不離於道也。周紹賢氏以"道德充實於中，自然輝光外發，有時才智功能見之於行事，但決不意氣飛揚，逞能以為快，而仍然返歸於本然之明。五十八章所謂'光而不耀'也"為解。義在雖有才智功能，當守道之謙柔也。

第五十三章

使我介然有知，行於大道，惟施是畏。

【註解】

"使"，假設也。"介然"，微小貌。"有知"，謂有知於道也。"大道"，正道，謂自然之道。"施"，讀斜，與邪同義。"畏"，懼也，戒慎之義。

【文義】

謂假使我小有知於道，而行之以治天下，猶戒慎恐懼入於邪路，卽恐行離於道也。

【論述】

王弼氏以"言若我可介然有知，行大道於天下，唯施為之是畏也"為解。所謂"行大道於天下"，卽以大道治天下也。所謂"唯施為之是畏"，以"施"為"施設"，"施設"卽有為之義。道本無為，畏於有為，卽畏懼於行離於道也。陸希聲氏以"使我介然微有知常之明，方將行於大道，則惟所施而是畏，畏其不合於大道"為解。蔣錫昌氏以"此言使我小有所知，行於大道，唯邪路是畏也"為解。所謂"邪路"，即不合於道之路也。其義皆是。

大道甚夷，而人好徑。

【註解】
"夷"，平也，易行之義。"人"，謂人主也。"徑"，不平之道，邪道之義，即非正道也。

【文義】

謂大道平夷易行，而世之人主，却好行邪道，即背正道而行也。

【論述】

"人"字，王弼本原作"民'字。奚侗氏以為"'人'指人主言。各本皆誤作'民'。與下文誼不相屬。蓋古籍'人''民'互用，以其誼可兩通。此'人'字屬君，自不能借'民'為之。"高亨氏、蔣錫昌氏皆以為是，因據改。

蔣錫昌氏以"此言大道甚平，而俗君好邪道也"為解。所謂"大道甚平"，言大道之易行也。所謂"好邪道"，言行離於大道，即背正道而行也。

河上公氏以"易，平易也。徑，邪也，不平正也。大道甚平易，而民好從邪徑也"為解。王弼氏以"言大道蕩然平正，而民猶尚舍之而不由，好從邪徑。況復施為以塞大道之中乎"為解。所謂"施為"，謂有為也。以有為塞大道之中，則大道不行矣。宋常星氏以"平坦之大路，謂之夷；蹊徑小路，謂之徑。無為之大道，平平然……奈何世俗之人，性迷情執，顛倒邪見，不行平坦正大之道路，反好崎嶇傍溪之曲徑，或趨名競利，或背理徇私，殊不知愈行愈遠，愈趨愈下"為解。所謂"平坦正大之道路"，言無為之"道"也；"崎嶇傍溪之曲徑"，言非正道，即非無為之道也。所謂"趨名競利，背理徇私"，即有為之道也。其義均是，惟皆以"民"為解也。若以"人"為解，其義更恰。

朝甚除，田甚蕪，倉甚虛。

【註解】

"朝"，朝廷，謂宮室也。"除"，治也，修治之義。"蕪"，荒蕪，眾草叢生也。農事不修之義。"虛"，空也。無蓄積之義。

【文義】

謂修治宮室臺榭，力役繁，奪農時，農事不修，故田疇荒蕪。田疇荒蕪，倉廩空無蓄積。

【論述】

河上公氏以"高臺榭，宮室修""農事廢，不耕治""五穀傷害，國無儲也"為解。王弼氏以"朝，宮室也。除，潔好也。朝甚除，田甚蕪，倉甚虛，設一而眾害生也"為解。陸希聲以"觀朝闕甚修除，牆宇甚雕峻，則知其君好土木之功，多嬉遊之娛矣。觀田疇甚荒蕪，則知其君好力役，奪民時矣。觀倉庫甚空虛，則知其君好末作，廢本業矣"為解。成玄英氏以"失道之君，好行

老子章句淺釋

邪徑，不崇樸素，唯尚華侈，既除去故宇，更起新宮，雕極刻桷，窮乎綺麗”為解。宋常星氏以“朝中或廢其國政，以治宮室之美；或妨其農事，以崇臺榭之高，是為‘朝甚除’。此時民力在朝，稼穡必廢，民之田疇，未有不荒蕪者。田疇既已荒蕪，國課自然無所出，倉廩未有不空虛者。倉廩既虛，欲求民安國富者，未之有也”為解。皆以“除”為修治或除舊而治新之義，是也。

“朝甚除”，張默生氏以“你看朝廷是污穢的”為解。嚴靈峯氏以“除，去也，猶廢也。言朝政不舉，而廢弛也”為解。所謂“朝廷是污穢的”，即“朝政不舉”之義也。其義亦是。

服文綵，帶利劍，厭飲食，財貨有餘；是謂盜夸，非道也哉！

【註解】

“文綵”，謂華麗之衣也。“利劍”，劍之銳利者。“厭”，足也，豐美之義。“盜夸”，夸，大也，謂大盜也。

【文義】

謂人君服華麗之衣，佩銳利之劍，飽豐美之食，廣積貨財，此皆為其私欲而重斂於民者也，故可謂之大盜。其行為盜而非“道”也。

【論述】

陸希聲氏以“觀衣服多文采，則知其君好淫巧，蠹女工矣。觀佩帶皆利劍，則知其君好武勇，生國患矣。觀飲食常饜飫，則知其君好醉飽，忘民事矣。觀資物常有餘，則知其君好聚斂，困民財矣。凡此數者，皆盜用民力，故謂之盜夸。盜夸者，非有道之治也”為解。嚴靈峯氏以“言著錦繡之衣，佩鋒利之劍，飲食飽飫，聚斂多餘之財貨，此乃大盜，非有道之君也”為解。其義皆是。

成玄英氏以“黼黻文繡，以麗其身；干將莫邪，以衛其命；醪醴膻腥，以爽其口。重賦百姓，積斂有餘，多賦多斂，如盜如賊，既蓄且積，且矜且夸，乖理悖德，謂之非道”為解。宋常星氏以“服錦繡文綵之衣，徒以眩天下之目；佩鋒鋩利刃，徒以威天下之眾；又且百味充口，猶為不美，則厭其飲食；百寶在目，猶為不足，則積其貨財……宮殿衣食之美，貨財自足之餘，苦民力以自樂，取民賦而自用。譬如盜人之物，誇為己有，此非有道之人所為之事耳”為解。皆以“夸”為“誇耀”之解，其義亦通。

老子章句淺釋

第五十四章

善建者不拔，善抱者不脫；子孫以祭祀不輟。

【註解】

"善建者"，謂善於建立者。喻建"道"為治國之本者也。"善抱者"，謂善於抱持者。喻持"道"以行者也。"不拔"、"不脫"，拔，取也。脫，失也。謂不被拔取，不脫失也。喻國無亡失也。"輟"，已也，止也。

【文義】

謂立"道"為治國之本，持"道"以行之，無亡失之患。子孫祭祀無有已時，即子孫可以續享其國，言國祚之可以長久也。

【論述】

呂吉甫氏以"凡物以建而立者，未有不拔者也，唯有道者建之以常無有，則善建而不拔矣。凡物以抱而固者，未有不脫者也，唯為道者抱神以靜，則善抱而不脫矣。夫唯所建所抱者如此，則其傳豈有窮哉！此子孫所以祭祀不輟也"為解。所謂"建之以常無有”，“抱神以靜”，言所建者“道”，所抱者“道”也。蔣錫昌氏以“此言善道者，猶如善立之不拔，善抱之不脫，其效極大，其力極固，甚至可使其子孫亦受繁昌，世世祭祀，無有止時也”為解。皆言道用之大，其義皆是。

黃茂材氏以“夫道‘獨立而不改’，以是而建，則為善建，故不拔。‘載營魄抱一，能無離乎？’以是而抱，則為善抱，故不脫。不拔，不脫，非特可持當年，雖傳後世可也。故曰：‘子孫以祭祀不輟。’”為解。所謂善建、善抱者，皆言道也。

修之於身，其德乃眞；修之於家，其德有餘；修之於鄉，其德乃長；修之於邦，其德乃豐；修之於天下，其德乃普。

【註解】

“修”，治也。“德”，得也。“眞”，眞實也。“餘”，謂餘慶，澤及子孫也。“長”，久也。“豐”，多也。‘普’，大也，博也。

【文義】

謂治身以道，身受其益，所得眞實；治家以道，得有餘慶，澤及子孫；治鄉以道，鄉人推奉，所得長久；治邦國以道，國家治平，所得豐多；治天下以道，四海歸心，所得博大。言自修身以至於治天下，皆當為之以道也。

【論述】

“修之於邦”句，王弼本原作“修之於國”。劉師培氏以為“《韓非子‧解老篇》引作，‘修之邦，其德乃豐。’則‘國’當作

老子章句淺釋

'邦'。邦，豐叶韻，蓋改邦為國，亦因漢人避高祖之諱也。下文'以國觀國'，《解老篇》亦作邦，均當依彼文訂正。"高亨氏亦以為是。因據改正。

河上公氏以"修道於身，愛氣養神，益壽延年，其德如是，乃為真人""修道於家，父慈子孝，兄友弟順，夫信妻貞，其德如是，乃有餘慶及於來世子孫""修道於鄉，尊敬長老，愛養幼小，教誨愚鄙，其德如是，乃無不覆及也""修道於國，則君信臣忠，仁義自生，禮樂自興，政平無私，其德如是，乃為豐厚也""人主修道於天下，不言而化，不教而治，下之應上，信如影響，其德如是，乃為普博"為解。達真子以"真則不偽，餘則不欠，贏於眾則曰長，足於眾則曰豐，徧於眾則曰普。凡得道之謂德。自一身以至一家，自一家以至一鄉，自一鄉至於一國（邦），自一國以至於天下，以道為治，則無乎不善也"為解。蔣錫昌氏以"言修道於身，則延年益壽，故其得乃真也""言修道於家，則一家之內，清靜無為，故其得有餘也""言修道於鄉，則一鄉之內，清靜無為，故其得乃長也""言修道於邦，則一邦之內，清靜無為，故其得乃豐也""言修道於天下，則天下之人，清靜無為，故其得乃沛也"為解。周紹賢氏以"人之德性、良知，為天然所具有，只要肯自修，使自身健全，則推己及人；同然之理，揆之萬事而合，放之四海而準，決無差爽，故曰'其德乃真'。既能修身崇道以自立，則擴充建德之範圍，治家，必然德化家人而有餘；治鄉，必能德化鄉人而長久；治國（邦），必能德化國人而勳業豐隆；治天下，必能德化天下而流惠普徧"為解。其各解或同或不同，而治身以至於治天下，皆當為之以道之義，皆是也。

故以身觀身，以家觀家，以鄉觀鄉，以邦觀邦，以天下觀天下。吾何以知天下然哉？以此。

【註解】

“觀”，視也。“此”，謂道也。

【文義】

謂以己之身，體人之身；視人之身，如己之身。以己之家，體人之家；視人之家，如己之家。以己之鄉，體人之鄉；視人之鄉，如己之鄉。以己之邦，體人之邦；視人之邦，如己之邦。天下人主以己之心，體天下人之心；視天下人之心，如己之心。言推己及人，無為無私以治身、治家、治鄉、治邦、治天下也。吾所以知天下之治亂者，以此“道”知之也，行道則治，背道則亂也。

【論述】

宋常星氏以“聖王觀天下眾人之身，如自己之一身。惟知天下之身，不知自有其身。觀天下之家，不異於自己之家。觀天下之鄉，不異於本土之鄉。不生本國鄰國之心，德被生民，不起大國之見，而萬國同觀，雖遠方異域，不因遠而視為度外，雖山河險阻，不因難而懈其撫宇，不敢以天下為己有，觀天下於大公也”為解。言以無私為治，其義是也。河上公氏以“以修道之身，觀不修道之身，孰亡孰存也”“以修道之家，觀不修道之家也”“以修道之鄉，觀不修道之鄉也""以修道之國，觀不修道之國也"
"以修道之主，觀不修道之主也""老子言，吾何以知天下修道者
昌，背道者亡，以此五事觀而知也"為解。蔣錫昌氏以"'以身觀
身'，言以修道之身，觀不修道之身，孰得孰失，孰存孰亡也。下
四句文誼，依此類推。'吾何以知天下之然哉？以此。'言吾何以
知天下一切得失存亡乎？皆由'道'以知之也。'此'，道也"為
解。皆言觀治身、治家、治鄉、治邦、治天下之是否以道，可以
知其得失存亡，卽治身以至於治天下，必以道為治也。

高亨氏以為"《管子·牧民篇》：'以家為鄉，鄉不可為也。以
鄉為邦，邦不可為也。以邦為天下，天下不可為也。以家為家，
以鄉為鄉，以邦為邦，以天下為天下。毋曰不同生，遠者不聽。
毋曰不同鄉，遠者不行。毋曰不同邦，遠者不從。（諸邦字今本亦
並作國，依王念孫校改。）如地如天，如月如日，唯君之節。'大
悕與此文同。"《管子》上文之義，亦以聖人之治國，當如天地日
月之大公無私也。

第五十五章

含德之厚，比於赤子。

【註解】

"含德之厚"，含，銜也。銜德，行不離德，謂有德之人也。"赤子"，謂嬰兒，以喻無私欲也。

【文義】

謂有德甚厚之人，其無私欲，可比之嬰兒也。

【論述】

成玄英氏以"言懷道德，甚自淳厚，欲表其狀，故取譬嬰兒"為解。是以嬰兒以喻含德之厚者也。劉驥氏以"聖人抱道懷德深厚，無思無為，寂然不動，故比於赤子"為解。是以赤子之無思無為以喻抱道懷德深厚之聖人也。所謂"無思無為，寂然不動"，即無私欲也。王雱氏以"德性未嘗不厚，而必至於薄者，欲慮使然也"為解。是含德之厚者，必無欲慮也。所謂"欲慮"，即私欲也。其義皆是。

毒蟲不螫，猛獸不據，攫鳥不搏。

【註解】

"螫"，毒蟲以尾刺人也。"據"，猛獸以爪攫物也。"搏"，鷙鳥以翼擊物也。"毒蟲"、"猛獸"、"攫鳥"，皆是為害於人之物，以喻人之私欲也。

【文義】

謂有德甚厚之人，如嬰兒之無私欲，私欲不能為之害，如毒蟲之不螫，猛獸之不據，攫鳥之不搏也。

【論述】

"毒蟲不螫"，王弼本原作"蜂蠆虺蛇不螫"。河上公本作"毒蟲不螫"。俞樾、蔣錫昌、高亨、嚴靈峯諸氏均以河上公本為是。因據改。河上公、王弼、王安石、曹道沖諸氏，或解以"赤子不害於物，物亦不害人。"或解以"赤子無求無欲，不犯眾物，故毒螫人之物，無犯之也。"或解以"赤子之心，非有心害物也；無心害物，則物亦莫能害。"或解以"稚子無心害物，物亦不與為害。"皆為赤子不犯物，物亦不犯之之義。引伸為含德之厚者，不犯於物，物亦不犯之。揆之事實，殊非如此。高亨氏以"毒蟲、猛獸、攫鳥，皆以喻強暴殘毒之人也。此三句言雖強暴殘毒之人，對赤子亦不加害耳"為解。亦非必然。故皆不足以明經文之義。經文所謂毒蟲、猛獸、攫鳥，皆為害於人之物，乃以喻人之私欲也。人接遇毒蟲、猛獸、攫鳥，必為之所害；而人有所私欲，亦必為私欲所害，其理正同。此乃言私欲之為害，如毒蟲、猛獸、攫鳥之劇，而誡人不能有私欲也。

蔣錫昌氏以"'毒蟲不螫',非謂毒蟲不螫赤子,乃謂赤子所居之地,察乎安危,謹於禍福,故決非毒蟲之物可得而害之也。五十章'蓋聞善攝生者,陸行不遇兕虎,兕無所投其角,虎無所措其爪,夫何故?以其無死地。'赤子無死地,故毒蟲不螫也"為解。所謂"死地",即言私欲之行也。經文所謂毒蟲、猛獸、攫鳥與兕虎,同為喻人私欲之行也。

骨弱筋柔而握固,

【註解】

"握固",謂握持牢固也。

【文義】

謂嬰兒之骨弱筋柔,伸縮自如,故能握持牢固也。此以喻欲握持牢固者,當以柔弱為用,亦所以言柔弱之可貴也。

【論述】

王弼氏以"以柔弱之故,握能周固"為解。成玄英氏以"言赤子筋骨柔弱,手握堅固,喻含德心性柔弱,順物謙和"為解。蔣錫昌氏以"此言赤子骨弱筋柔,而能握拳牢固也"為解。其義均是。

未知牝牡之合而朘作,精之至也。

【註解】

"牝牡",雌雄之通稱,此謂男女也。"合",謂男女交合也。"朘",小兒陰莖也。"作",勃起也,以喻有所作為也。"精",謂自然之道。

【文義】

謂小兒無欲念，不知男女交合之道而陰莖勃起，自然之道也。此以喻自然之道，無欲而能有所作為，人當以無欲為用也。

【論述】

"朘"王弼本作"全"。俞樾曰："全之義未詳。河上本'全'作'峻'，而其註曰'赤子未知男女之合會，而陰作怒者，由精氣多之所致也。'是以'陰'字釋'峻'字。《玉篇·肉部》：'朘，赤子陰也。'峻卽朘也……據此，改'全'為'朘'。"達真子以"未知牝牡之合而峻（朘）作，性之自然也"為解。所謂"性"，卽道也。王雱氏以"非有慕好於外而峻（朘）作，則是順其氣之自運，而不以心者也"為解。所謂"非有慕好於外"，"而不以心者也"，無欲之義也。卽宋常星氏所謂"不知交合，常無欲而自作"也。

"精之至也"，頗多釋為"精氣滿實之至也"，"此正是精氣至純所使而然也"，"由精氣多之所致也"，似皆不足以盡經文之義。

終日號而不嗄，和之至也。

【註解】

"號"，啼號也。'嗄'，音沙，去聲。聲破也，啞也。以喻有所損傷也。"和"，柔和也，不爭之義。

【文義】

謂小兒終日啼號而其聲不破啞，以無爭欲之心而柔和之故也。

此以喻不爭柔和，雖有所作為而無所損傷，則人之作為，當以不爭柔和為用也。

【論述】

王弼氏以"無爭欲之心，故終日出號而不嘎也"為解。以無爭欲之心，故能柔和；以能柔和，故能終日出號而不嘎也。經文之義，蓋在以此而喻人能柔和不爭，則無所損傷也。蘇轍氏以"終日號而不啞，是以知其心不動而氣和也。和者，不以外傷內也"為解。所謂"其心不動"，言其心不為物欲所動也。所謂"氣和"，柔和不爭也。所謂"不以外傷內"，言不為爭欲以損其身也。王雱氏以"全德之人，雖形與物接，而心常泊然，故雖用氣，而氣自動耳；故但動而無動之累，然則其淳氣之守，孰能抗之哉"為解。所謂"心常泊然"，無爭欲也。所謂"用氣"、"動"，言有所作為也。所謂"無動之累"，無爭欲之累也。所謂"淳氣之守"，言淳和不爭也。所謂"孰能抗之哉"，言無可傷損之也。其義均是，惟解義稍欠明晰耳。

知和曰常，

【註解】

"和"，柔和不爭也。"常"，謂自然之道也。

【文義】

謂能知柔和不爭，則得自然之道也。

【論述】

河上公氏以"人能知和氣之柔弱有益於人者，則為知'道'

　　　　　　　　　　　　　　老子章句淺釋

之常也”為解。是以和氣為柔弱也。王弼氏以“物以和為常，故知和則得常也”為解，所謂“常”即“道”也。其義均是。

高亨氏以為“知和曰常，義不可通，疑‘知’當作‘精’，蓋精字轉寫脫去，讀者依下句增知字耳。前文云：‘精之至也’。又云：‘和之至也’。故此總之曰‘精和曰常’。常乃自然之義，此句言精與和乃性之自然也。”其說以“精”“和”為自然，是也。至以“知”為“精”之說，可供參考。

知常曰明，

【按】

嚴靈峯氏以為“次解本無此四字。疑係十六章錯簡複出於此，當據次解本刪。”其說是也，因據刪。

益生曰祥，

【註解】

“益生”，厚養其生也。“祥”，災殃也。

【文義】

謂人不能清靜寡欲，而厚養其生，則有災殃也。

【論述】

王弼氏以“生不可益，益之則夭也。”所謂“夭”，即災也。嚴靈峯氏以“‘以其生生之厚’，‘故動而之死地’，災殃至矣”為解。高亨氏以“益生者，以五色養目，以五音養耳，以五味養口，適以致病也"為解。十二章"五色，令人目盲；五音，令人耳聾；五味，令人口爽……"故謂"適以致病"也。

曹道沖氏、黃茂材氏，皆解"祥"為"吉祥"，非是。

心使氣曰強。

【註解】

"心"，謂爭欲之心。"氣"，精神之表現於外者。"強"，謂強梁、強暴也。

【文義】

謂爭欲之心，表現於精神，卽以爭欲為務者，則為強梁、強暴。夫道以守柔為強，故此心使氣之強，非"道"之強也。

【論述】

王弼氏以"心宜無有，使氣則強"為解。所謂"心宜無有"，卽爭欲之心不可有也。有爭欲之心以使之，則為強梁、強暴矣。王安石氏以"氣者，當專氣致柔，今反為心之所使，不能專守於內，則為暴矣。此強非守柔之強，乃強梁之強"為解。蘇轍氏以"氣惡妄作，而又以心使之，則強梁甚矣"為解。其義均是。

物壯則老，謂之不道，不道早已。

按：馬敍倫曰："此文已見三十章，乃因錯簡而複出者也。弼於三十章有註，此無註，其明證也。"嚴靈峯氏以為"馬說是也，此三句當刪。"因據刪。解見本書三十章。

老子章句淺釋

第五十六章

知者不言，言者不知。

【註解】

"知者"，謂知"道"而篤行之者。"不言"，不自炫於知"道"。"言者"，謂自炫於知"道"，而行不由道者。"不知"，謂不真知"道"也。

【文義】

謂知"道"而篤行者，不自炫其知"道"也。自炫於知"道"，而行不由"道"者，非真知"道"者也。

【論述】

"知者不言"，河上公氏以"知者貴行不貴言也"為解。曹道沖氏以"契理則忘言"為解。呂吉甫氏以"知至於知常，則知之至也，則默而成之，而無不理也"為解。河氏所謂"不貴言"，呂氏所謂"默而成之"，皆謂篤於行"道"而不自炫其知"道"也。河氏所謂"知者"，謂知"道"也。曹氏所謂"契理"，呂氏所謂

"知常"，亦言契於道、知於道也。其義皆是。蔣錫昌氏以"是'言'乃政教號令，非言語之意也。'知者'，謂知'道'之君；'不言'，謂行不言之教、無為之政也"為解。其義亦通。

"言者不知"，曹道沖氏以"能言而不能行，與不知'道'何異"為解。所謂"能言而不能行"，言自謂知"道"而行不由道也。其義是也。

蔣錫昌氏以"'言者'，謂行多言有為之君；'不知'，謂不知'道'也。王（弼）註：'造事端也。'行多言之教，有為之政，則天下至此紛亂，是造事端也"為解。其義亦通。

塞其兌，閉其門，挫其銳，解其紛，

【註解】

"塞其兌，閉其門。"解見五十二章。言杜絕私欲之生，私欲之行也。"挫"，去也。"銳"，銳利也，有為之義。"解"，釋也。"紛"，糾紛也，爭逐之義。

【文義】

謂杜絕私欲之生，私欲之行。去有為之念，釋爭逐之心。無為無私，柔弱不爭也。

【論述】

"解其紛"，王弼本"紛"作"分"。成玄英本"紛"作"忿"。解皆亦因之。

河上公氏以"情欲有所銳為，當念道無為，以挫止之。紛，結恨不休。當念道恬泊，以解釋之"為解。蘇轍氏以"挫其銳，

恐其流於妄也；解其紛，恐其與物構也”為解。成玄英氏以“挫
其銳，止貪競也；解其紛，釋恚怒也”為解。所謂“情欲有所銳
為”，“流於妄”，“貪競”，皆言有為也。所謂“結恨不休”，“與
物構也”，皆言與人有所爭也。故“解其分”王弼註：“除爭原
也。”其義皆是。

宋常星氏以“挫者，挫去也。銳者，氣猛也。聖人虛心應物，
全無一毫圭角，去其機智，守其愚拙，以挫銳自養。解者，解釋也。
紛者，紛亂也。知‘道’之人，心不起於欲，性不引於情，常如虛
空，物自難染，紛紜外誘，一毫不有”為解。历謂“守其愚拙”，言
不露鋒鋩也。所謂“紛紜外誘，一毫不有”，言不為情欲所惑也。

蔣錫昌氏以“‘銳’‘紛’二字，皆指欲望而言。盡人欲之銳，
可起爭盜，其紛可至亂心，皆聖人所以減少人民之欲望”為解。
以之為人君治民之術也。高亨氏以“此論聖人臨民之術，諸‘其’
字皆指民言。‘塞其兌，閉其門’者，杜民之耳目口鼻，使之無識
無知也。‘挫其銳’者，折民之鋒鋩，使之不逞能見賢也。‘解其
紛’者，解民之糾紛，使之無爭無亂也。‘和其光’者，混同民之
德采，使之不表殊立異也。‘同其塵’者，同一民之行蹟，使之無
舛馳異驅也。如是，天下已致玄妙齊同之境，故曰：是謂玄同”
為解。此以老子之政治思想為愚民獨裁也。

和其光，同其塵；

【註解】

“光”，耀也，顯貴之義。“塵”，埃也，微賤之義。

【文義】

謂不以顯貴自居，而自視微賤與民同等，不異於民，上下同體也。

【論述】

河上公氏以"雖有獨見之明，當和之，使闇昧，不使曜亂""不當自別殊也"為解。言不自曜其明，不自異於人也。

劉驥氏以"和其光，則含光不耀；同其塵，則大同無己"為解。所謂"大同無己"，言己與人同，即河氏所謂"不當自別殊也"。

李息齋氏以"和其光者，不取善也；同其塵者，不捨惡也"為解。所謂'不取善者'，言不自顯其美善也。所謂"不捨惡也"，言不因惡而捨之也。

蘇轍氏以"從而和之，恐其與物異也。雖塵無所不同，恐其棄萬物也"為解。宋常星氏以"聖人不以自明而先人，人之明，即我之明也。不以己是違物，物之是，即我之是也。我之光與人之光，如以火照火，渾同無跡，故曰：和其光。聖人心上無塵，處世之法，不得不同其塵，所以不棄於人"為解。言與人同光，與人同塵也。與人同光，即蘇氏所謂"恐其與物異也"。與人同塵，即蘇氏所謂"恐其棄萬物也"。

是謂玄同。

【註解】

"是"，謂塞兌，閉門，挫銳，解紛，和光，同塵也。"玄"，謂"道"也。

　　　　　　　　　　　老子章句淺釋

【文義】

謂以上塞兌，閉門，挫銳，解紛，和光，同塵者，乃同於道也，即合於道也。

【論述】

河上公氏以"玄，天也。人能行此上事，是謂與天同道也"為解。蔣錫昌氏以"'玄'，即道……猶云同於道也"為解。其義均是。

宋常星氏以"上文所謂挫銳，解紛，和光，同塵，皆是與世玄同之道。謂聖人之同，以道同於天下，以德同於世人"為解。其義亦通。

故不可得而親，不可得而疏；不可得而利，不可得而害；不可得而貴，不可得而賤；故為天下貴。

【註解】

"貴"尊貴也。

【文義】

謂聖人無私，故無親疏之別；無欲，故無利害之爭；謙下，故無貴賤之分。聖人以此無私、無欲、謙下以臨民，故為天下之人所尊貴，樂推而不厭。言其可以為天下之主也。

【論述】

成玄英氏以"道契重玄，境智雙絕，既兩忘乎物我，亦一觀乎親疏。""夫利害者，與夫存亡也，死生無變於己，況利害之間乎!"＂夫貴賤者,與乎榮辱也,既毀譽不動,寵辱莫驚,不可以貴賤語其心也。"＂既遣蕩乎親疏,又虛忘乎利害,毀譽不關,其慮貴賤,莫介乎懷;故蒼生荷載而不辭,羣品樂推而不厭,是以天下人間尊而貴之也"為解。其義是也。

　　河上公氏以"不以榮譽為樂,獨立為哀"＂志靜無欲,與人無怨"＂身不欲富貴,口不欲五味"＂不與貪爭利,不與勇爭氣"＂不為亂世主,不處暗君位"＂不乘權而驕,不以失志為屈"＂其德如此,天子不得臣,諸侯不得屈。與世浮沉,容身避害,故為天下貴也"為解。王弼氏以"可得而親,則可得而疏也;可得而利,則可得而害也;可得而貴,則可得而賤也"＂無物可以加之也"為解。皆言親疏、利害、貴賤,不能動其心,故為天下所貴也。自個人修養而言,其義亦是。

第五十七章

以正治國，以奇用兵，以無事取天下。吾何以知其然哉？以此。

【註解】

"正"，正道，無為之道也。"奇"，奇道，詭詐之術也。"無事"，無私欲之事，卽所謂正道，卽無為之道也。"取"，治也。"以此"，謂下文所云也。

【文義】

謂治國與用兵不同。治國者須用無為之道，而不能用奇；用兵者則以詭詐之術，可不必用正道也。言不能以詭詐的用兵之術，施之於治國，而治國必以無為之道也。何以知治國必以無為之道？由下文所云可知也。

【論述】

呂吉甫氏以"國容不入軍，軍容不入國，其來久矣，則其所以治國、用兵者，固不同也。治國者，不可以不常且久也，故以正而不以奇。正者，所以長且久也。兵者，不祥之器，非君子之器，故有道者不處。兵而常且久，則是處之矣，故以奇而不以正。奇者，應一時之變者也。以奇，故不能不有以為；以正，故不以智治國，國之福也。治國而無所事智，則有事之不可以取天下也明矣。何以知無事之足以取天下哉？以有事之不足以取天下而知之也”為解。所謂“不以智治國”，即不以巧詐治國也。所解用兵以奇而不以正，治國以正而不以奇者，即用兵之術不能用為治國之道，其義是也。

蘇轍氏以“古之聖人，柔遠能邇，無意於用兵，唯不得已，然後為征伐之事，故以治國為正，以用兵為奇。雖然，此亦未足以取天下。天下神器，不可為也，為者敗之，執者失之，唯體道者，廓然無事，雖不取天下，而天下歸之矣”為解。言以治國為正，以用兵為奇，兩者相輔，猶不足以取天下，唯體道者之無為，天下歸之，以“無為”可以取天下也。

王雱氏以“治國在乎盡道之正而已，無容私智”“兵非有道之器，而聖人不能無，但不以為常。以正治國，則天下自服，奚以有事為哉！蓋天下神器，唯無為者能有之，故下云”為解。以“正”為“無為”之道也。

天下多忌諱，而民彌貧；

【註解】

“天下”，謂治理天下也。“忌諱”，謂防禁之事也。“彌”，益也。

【文義】

謂治理天下，令煩禁多，民不安其業，怠於農事，生之者少，故人民益貧也。

【論述】

　　河上公氏以"忌諱者，防禁也。令煩則奸生，禁多則下詐，相殆，故貧"為解。王雱氏以"事為之禁，則民擾而失業，故貧也"為解。李息齋氏以"我多忌諱，則禁防必設，則民安得而不貧"為解。宋常星氏以"一多忌諱，令煩則奸出，禁多則民困，必有妨民之事，使民不得盡力於生發，安得不貧乎"為解。所謂"相殆"，"不得盡力於生發"，謂民之怠於農事也。所謂"民擾而失業"，"妨民之事"，謂民不得安於其生業也。其義皆是。

　　蘇轍氏以"人主多忌諱，下情不上達，則民貧而無告"為解。蔣錫昌氏以"天下，謂天下之人主也。多，猶重也。此言天下人主重忌諱，下民疾苦，莫敢上達，而貧乃愈甚也"為解。均以言路為忌諱所阻，下情不能上達為解。其義亦通。

人多利器，國家滋昏。

【註解】

"人"，謂人主也。"多"，重也。"利器"，權謀也。卅六章"國之利器，不可以示人。""滋"，甚也。"昏"，亂也。

【文義】

　　謂人主多用權謀以治其國，卽以奇用兵之術，而治其國，則人民以權謀應之，上下不信，彼此相欺，國家昏亂必滋甚也。

【論述】

"人"，王弼本原作"民"，蔣錫昌氏以為"'民'當從諸本作'人'。蓋'天下多忌諱'，'人多利器'，'人多伎巧'，'法令滋彰'四句，皆指人主而言，以明有事之不足以治天下也。卅六章'國之利器，不可以示人。'亦指人主而言，可為證也。"其說是，因據改。

成玄英氏以"利器，干戈也。滋，甚也。昏亂之世，不崇文德，唯事干戈，傷害既多，荒亂日甚"為解。蔣錫昌氏以"利器，兵器也。此言人主重兵器，則國家愈亂也"為解。所謂"事干戈"，"重兵器"，皆言好戰也。

蘇轍氏以"利器，權謀也。明君在上，常使民無知（智）無欲，民多權謀，則其上眩而昏矣"為解。所謂"眩而昏"者，無以為治也。言治國當使民無知（智）無欲也。

李息齋氏以"我以利示民，則民多趨利，民既趨利，則國安得而不昏"為解。謂民趨利而爭利，爭利而忘義，則國家亂矣。此言治國不能以私而誘民趨利也。

宋常星氏以"利器者，權柄也。人之有權，如有利器在手一般……倘若人多持利器，君權移之於下，臣之權僭之於上，紀綱法度，刑賞黜陟，皆可以亂用，皆可以妄為也。君臣之道，自此而不明，上下相欺，國家未有不昏亂者"為解。言君之權柄，不能下移也。以上各解，以對"利器"之釋不同，解義亦異，讀者當可比較而研究之也。

人多伎巧，奇物滋起；

【註解】

"伎巧"，伎通技，謂物之製造精巧，奢靡之義。"奇物"，謂奢靡之物。"滋"，蕃也，蔓衍之義。

【文義】

謂人主崇尚製造精巧之物，以饜其欲，則奢糜蔓衍，奇物日多，風俗流於奢糜也。

【論述】

河上公氏以"人，謂人君……'多伎巧'，謂刻畫宮觀，彫琢章服。'奇物滋起'，下則化上，飾金鏤玉，文繡彩色，日益滋甚"為解。下則化上，謂下效於上也。言君民競於伎巧之物而趨於奢糜也。其義是也。

宋常星氏以"考上古之人，其性渾全，其情樸厚，凡物付之自然，不知用伎巧也。後世有伎巧者出，使人悅之，則愈逞伎巧，以蠱惑人心，為象箸者，必至為玉盤，伎巧愈妙，奇物愈多"為解。伎巧之日精，進化之常也。經文之義，在誡人主不可崇尚精巧物品之享用而趨於奢糜也。

法令滋彰，盜賊多有。

【註解】

"滋彰"，繁苛之義。

【文義】

謂法令繁苛，民無所措，妨民之生。民生無聊，則流為盜賊，愈繁愈苛，則盜賊愈多，言專恃法之不足以為治也。

【論述】

　　蘇轍氏以"患人之詐偽，而多為法令以勝之，民無所措手足，則日入於盜賊矣"為解。成玄英氏以"刑名彰著，法令滋繁，不堪苛虐，逃竄者多，因生濫竊，盜賊斯起"為解。宋常星氏以"法太過，民必流離；令太急，民必不堪。民既流離，流而為盜者有之；民既不堪，流而為賊者有之。是民之為盜、為賊，皆上之法令太顯有以致之也"為解。所謂"民無所措手足"，則妨民之生矣。妨民之生，則民不堪而流離為盜賊矣。

　　"法令"，河上公本為"法物"，並以"法物，好物也。珍好之物，滋生彰著，則農事廢，飢寒並至，故盜賊多有也"為解。謂人主好珍好之物也。蔣錫昌氏以"法物"為是，並以"此言人主多藏珍好之物，則盜賊多有也"為解。人主多藏珍好之物，皆取之於民也。徵斂無度，妨民之生，民生無聊，則民流為盜賊矣。其解亦通。

故聖人云：我無為，而民自化；

【註解】

"聖人"，謂有道之士。"無為"，無私也。"化"，歸服也。

【文義】

　　謂有道之士言，我無人欲之私，則民皆自行歸服也。

【論述】

　　宋常星氏以"古聖人之無為，造道入德，絕無人欲之私，修

　　　　　　　　　　　老子章句淺釋

己治人，渾全天理之正……所以天下之民，仰之如瑞日祥雲，感之如和風甘雨，所以不教而民自化，不約而民自歸”為解。周紹賢氏以“我不私有所為，而民自化”為解。所謂“自化”，卽自行歸服之義也。

成玄英氏以“言上虛淡無為，下民自化，改惡從善”為解。所謂“自化”，言化其惡而為善，以“化”為“教化”也。

我好靜，而民自正；

【註解】

“靜”，不躁動也，不妄作之義。“正”，謂正道也。

【文義】

謂我不妄為以擾民，則民皆自歸於正道，而不為邪惡之事也。

【論述】

成玄英氏以“在上好靜，不擾於民，民稟淳風，自歸正道”為解。呂吉甫氏以“好靜故民自正，而盜賊無有”為解。周紹賢氏以“我好靜而不妄為，而民自正”為解。所謂“不擾於民”，卽不妄為也。所謂“盜賊無有”，民不為盜賊也，卽民不為邪惡之事也。

我無事，而民自富；

【註解】

“事”，力役之事。

【文義】

謂我無不必要之力役征召以使民，不妨農時，民安其業，致力生產，則人民自然富足矣。

【論述】

河上公氏以"我無徭役征召之事，民安其業，故皆自富"為解。成玄英氏以"心既無為，迹又無事，四民各業，六合同歡，輕徭薄賦，不富何為"為解。其義皆是。惟國家之徭役征召，或不可免，然不能為不必要之力役以使民也。

我無欲，而民自樸。

【註解】

"欲"，奢欲也。"樸"，淳樸無華也。

【文義】

謂我不尚奢糜，上行下效，則民風自歸於淳樸無華也。

【論述】

河上公氏以"我常無欲，去華文，微服飾，民則隨我以為質樸也"為解。王弼氏以"上之所欲，民從之速也。我之所欲唯無欲，而民亦無欲而自樸也"為解。成玄英氏以"君上少私寡欲，清廉潔素，則百姓知足守分，歸於淳樸也"為解。其義均是。

第五十八章

其政悶悶，其民淳淳；

【註解】

"悶悶"，潭氲貌，寬大之義。"淳淳"，樸厚也。

【文義】

謂為政寬大容物，則民風樸厚也。

【論述】

成玄英氏以"悶悶，寬裕也。淳淳，質樸也。言君上無為，布政寬裕，下民從化，皆多淳樸也"為解。嚴靈峯氏以"言政治寬簡，則民俗淳厚"為解。其義皆是。

河上公氏以"其政教寬大，悶悶昧昧，似若不明也"為解。所謂"不明"，不以察察為務也。呂吉甫氏以"悶悶者，言其不以察為快也，故其民淳淳。淳淳者，言其不澆於薄也"為解。所謂"不澆於薄"，卽樸厚之義也。其義亦均是。

其政察察，其民缺缺。

【註解】

"察察"，分別辨析也，嚴苛之義。"缺缺"，缺，疑借為訬。訬訬，詐也。解見高亨氏《老子正詁》。

【文義】

謂為政嚴苛，則民風以詐偽相尚也。

【論述】

蔣錫昌氏以"'察察'，嚴苛急疾貌。'缺缺'，機詐滿面貌。此言俗君好有為，則專以智術為嚴苛急疾之政，故其民亦應之以姦偽爭競，而機詐滿面也"為解。所謂"民亦應之以姦偽"，即民風詐偽相尚也。其義是也。呂吉甫氏以"察察者，反悶悶者也。故其民缺缺。缺缺者，言其不全於樸也"為解。嚴靈峯氏以"言政治苛細，則民風澆薄"為解。所謂"不全於樸"，即澆薄之義。而澆薄亦含有詐偽之義也。

禍兮，福之所倚；福兮，禍之所伏。孰知其極？

【註解】

"倚"，因也。"伏"，藏也。

【文義】

謂福可因禍而生，福可轉而為禍。人之遭禍，而能悔過責己，修道行善，則禍去而福至；人之得福，驕恣縱欲，則福去而禍至矣。此種禍福轉變之理，誰能知其窮極？即人莫能究知其理也。

【論述】

王弼本“孰知其極”句下，有“其無正”一句。世本“正”字下有“耶”字，作疑問詞解。亦有認為應為“其無邪正”者，以“邪”作“惡”解。亦有以“其無正”，併下句“正復為奇，善復為妖。”連解者。陳柱氏據王（弼）註證明此句為衍文，張默生氏以為是，因據刪，茲從之。

河上公氏以“倚，因也。夫福因禍而生，人遭禍而能悔過責己，修善行道，則禍去而福來。禍伏匿於福中，人得福而為驕恣，則福去禍來，禍福更相生，誰能知其窮極也”為解。嚴靈峯氏以“福因禍而生，人遭禍則有戒心，修善得道，則禍去而福來；禍伏匿於福中，人得福，則忘形驕恣，則福去而禍來。言禍反為福，福反為禍也”“言禍福依伏，互轉相生之理，誰能知其窮極”為解。其義皆是。

蔣錫昌氏以“聖人無為，天下自化，既無所謂福，亦無所謂禍。自俗君有為，以智為治，天下乃紛紛擾擾，競以姦偽相勝，於是禍福依伏，而莫知其極矣”為解。言人君行無為之治，則人間禍福不生也。

正復為奇，善復為妖。

【註解】

“正”，正直也。“奇”，詭詐也。“善”，善良也。“妖”，謂異於常物而害人也，邪惡之義。

【文義】

謂正直或詭詐，善良或邪惡，均在一念之間。人能抱道守一，則自然正直善良，而無詭詐邪惡之行也。或解之為正直善良者，如執道不堅，則復可為詭詐邪惡之行。

【論述】

河上公氏以"奇，詐也。人君不正，下雖正，復化上為詐也""善人皆化上為妖祥也"為解。蔣錫昌氏以"此言人主無清靜之道以治邪，則民之本清靜者，將復化為邪亂；民之本良善者，將復化為凶惡也"為解。皆言人君不能以道為治，則下民化之而為奇詐妖祥、邪亂凶惡也。

人之迷，其日固久。

【註解】

"迷"，謂迷失也。

【文義】

謂人之迷惑於禍福、奇正、善惡之理，而不知轉禍為福，守正行善，摒奇去惡之道，由來固已久矣。

【論述】

河上公氏以"言人君迷惑失正以來，其日已固久"為解。蔣錫昌氏以"此言人主好察察為政，至遭禍而不悟，甚至民皆化為邪惡而亦不悟，可謂迷惑之日已久，非一朝一夕之故也"為解。高亨氏以"迷，謂不明於禍福善妖之相循也"為解。嚴靈峯氏以"言世人迷惑禍福之門，而不知依伏之理者，其為時必已久矣"為解。其解或以世人而言，或以人主而言，然言"迷"為迷失於

"道"，則無不同也。

是以聖人方而不割，廉而不劌，直而不肆，光而不耀，其不欲見賢。

【註解】

"方"，正也，無私之義。"割"，害也。"廉"，廉潔，謂不貪也。無欲之義。"劌"音桂，傷也。"直"伸也。"肆"，放恣也。剛強之義。"光"，光輝也，榮顯之義。"耀"，照也，炫示之義。"見"，讀現，顯露也。

【文義】

謂聖人以無私為治，不損害於民；以無欲為治，不傷及於民；伸而不剛，柔弱能曲而求全；位居榮顯而不自炫其貴，謙下以臨民；利澤天下，韜光晦跡，而不顯露其才能。

【論述】

"其不欲見賢"句，由七十七章移此。說見該章。

高亨氏以為"'是以聖人方而不割'之前八句為一章，'是以'二字衍文，後人所益。"其說是也。惟舊讀多以經文為一章，解亦因之，或不免有所附會矣。

河上公氏以"聖人行方正者，欲以率下，不以割截人也。聖人廉清，欲以化民，不以傷害人也。聖人雖直，曲己從人，不自伸之也。聖人雖有獨見，常如闇昧，不以曜亂人也。不欲使人知己之賢，匿功不居榮"為解。所謂"行方正"，以方正為治卽以無私為治也。所謂"廉清"，廉潔不貪也。所謂"曲己從人，不自伸之"，言直而不剛，柔弱能曲也。

王弼氏以"以方導物，令去其邪，不以方割物，所謂'大方無隅'。廉，清廉也。劌，傷也。以清廉治民，命去其汙，不以清廉劌傷於物也。以直導物，令去其僻，不以直激拂於物也，所謂'大直若曲'也。以光鑑其所以迷，不以光照求其隱慝也，所謂'明道若昧'也。此皆崇本以息末，不攻而使復之也"為解。言聖人以其方、廉、直、光而使人皆復其方、廉、直、光也。

宋常星氏以"方是不徇私，不任智，心上方正之義。割者，害也。方之太過，必害其政，清而不貪，潔而不染，是以謂之廉。劌，傷也。聖人以得民為心，不以貪鄙為心，所以不傷其為政之事也。以正處事，不失真常之理，便是直字之義。肆者，急切太甚。為政者固貴用直，以中正之道率人，以無私之為臨下，無敢太過，無敢不及，得當然處正之宜，天下未有不直者。理無不明，事無不照，是以謂之光。不以光明自生炫耀之心，是以謂之不耀。凡以智先人以能自衒者，皆欲見賢也。欲見賢，則其賢必小……必淺，不欲見賢，則賢為不可測之賢，賢為用之不窮之賢"為解。以"方"為無私，以"廉"為不貪，皆是也。

高亨氏以"耀，照也。'方而不割'者，方不毀物也。'廉而不劌'者，廉不傷世也。'直而不肆'者，直不觸人也。'光而不耀'者，不炫俗也"為解。所謂"方不毀物"，"廉不傷世"，"直不觸人"，皆言以柔為用也。

以上各家之解，各有異同，可供參考。

　　　　　　　　　　　　　　　老子章句淺釋

第五十九章

治人，事天，莫若嗇，

【註解】

"治人"，治理人民，謂治國也。"事天"，事，奉也；天，道也；謂奉道以行也。"莫若"，無過也。"嗇"，斂也，損也，謂斂損其私欲也。無為之義。

【文義】

謂人君奉道以行，治理國家，最重要者無過於斂損私欲也。

【論述】

"治人"，河上公氏以"謂人君欲治理人民"為解。嚴靈峯氏以"治人，猶治國也"為解。所謂"治理人民"，即治國也。其義均是。

"事天"，河上公氏以"事，用也，當用天道，順四時"為解。以"事天"為用道也。成玄英氏以"天，自然也"為解。所謂"自然"，即道也。用道，即奉道以行也。

"嗇"，李息齋氏以"嗇者，無所不嗇之謂也。謹於內，閑於外，內心不馳，外心不起，謂之嗇"為解。宋常星氏以"嗇者，儉也。心神收斂，一切逐物喪真之為，不敢妄動，便是'嗇'字之義"為解。皆以嗇為收斂之義也。所謂"內心不馳，外心不起"，心不為物欲所惑也。所謂"心神收斂，一切逐物喪真之為，不敢妄動"，謂收斂物欲之念也。不為物欲所惑，收斂私欲之念，卽斂損私欲而無為也。

夫唯嗇，是謂早服。

【註解】

"早"，先也。"服"，從也。

【文義】

謂能斂損其私欲，而以無為治其國，是謂先從於道也。

【論述】

高亨氏以"'早服'下無賓語，意不完足，疑'服'下當有'道'字。'早服道'與'重積德'句法相同，辭意相因。'服道'卽廿三章'從事於道'之意也"為解。註者亦多釋"早服"為早服於道，故其說是也。

王弼氏以"早服常也"為解。所謂"常"，卽道也。韓非子以"眾人離於患陷於禍，猶未知退，而不服從道理。聖人未見禍患之形，虛無服從於道理，以稱早復"為解。皆言"早服"為早從於道也。

　　　　　　　　　　　　　　老子章句淺釋

蘇轍氏以“夫嗇者，有而不用者也。世患無以服人，苟誠有而能嗇，未嘗與物較，而物知其非不能也，則其復之早矣”為解。以“早復”為人所早服也，其解亦通。

早服，謂之重積德；

【註解】

“重”，厚也。

【文義】

謂早從於道，以無為而治其國，國泰民安，則德業之積日益厚實矣。

【論述】

河上公氏以“先得天道，是謂積重德於己也”為解。呂吉甫氏以“夫誠能嗇而早復之，則德日益以充，故曰：‘早服謂之重積德’。重積德，則德之至者也”為解。嚴靈峯氏以“言早服膺於道理者，能厚於積德也”為解。所謂“積德於己”，“德日益以充”，“厚於積德”，卽言德業之積，日益厚實也。

重積德，則無不克；

【註解】

“克”，勝也，成功之義。

【文義】

謂其德業之積日益厚實，則無不成其功者，所謂“無為而無不為"也。

【論述】

　　河上公氏以"尅（克），勝也。重積德於己，則無不勝"為解。蘇轍氏以"德積既厚，則天下之剛強，無不能克"為解。蔣錫昌氏以"此言積德日厚，則無不勝"為解。所謂"無不勝"，"無不能克"，卽無不成其功者也。其義均是。

　　無不克，則莫知其極；莫知其極，可以有國。

【註解】

"莫知其極"，極，無窮也，謂道用無窮也。"有國"，謂為一國之主也。

【文義】

　　謂從道而厚積德業，無不成功，以道用之無窮也。用無窮之道，可以為一國之主也。

【論述】

　　王弼氏以"道無窮也""以有窮而莅國，非能有也"為解。所謂"道無窮也"，言道之用無窮也。所謂"以有窮而莅國，非能有也"，言不以道用而莅國，則不能有其國也。其義是也。

　　河上公氏以"無不尅（克）勝，則莫有知己德之窮極也。""莫得己德有極，則可以有杜稷，為民致福"為解。蘇轍氏以"雖天下之剛強，無不克，則物莫測其量矣，如此而後可以有國"為解。蔣錫昌氏以"無不勝，則莫知其所至也。人主積得莫知其所至者，方可以有國，而膺天下之重寄也"為解。所謂"莫知己德之窮極”，“莫測其量”，“莫知其所至”，皆言道用之無窮也，即“無不為”之義也。所謂“可以有社稷”，“膺天下之重寄”，皆言為一國之主也。

有國之母，可以長久。是謂深根固柢，長生久視之道。

【註解】

“母”，謂道，嗇道也。“長久”，長治久安也。“深根固柢”，根、柢皆樹木之根，以喻國家之根本也。“長生久視”，視，立也。與“長久”義同。

【文義】

謂以嗇道治其國者，可以長治久安。因嗇而無為，是強固國家根本之長久之道。

【論述】

“有國之母”，王弼氏以“國之所以安，謂之母，重積德是”為解。以“母”所以安國，“母”即道也，以道而能重積德也。呂吉甫氏以“‘既得其母，以知其子；既知其子，復守其母；沒身不殆。’（五十二章）故曰：‘有國之母，可以長久。’”為解。以“母”為道也。蔣錫昌氏以“‘有國之母’，猶言‘有母之國’，此文以‘母’、‘久’為韻，故倒言之耳。河上公氏註：“‘母，道也。’蓋即上文之嗇道而言。‘有國之母’，言有嗇道之國也”為解。所謂“有嗇道之國”，即以嗇道治其國也。其義均是。

“深根固柢”，王弼氏以“唯圖其根，然後營末，乃得其終也”為解。所謂“唯圖其根”，以根為根本之義也。韓非子以“樹木有曼根，有直根。直根，書之所謂‘柢’也。柢也者，木之所以建生也；曼根者，木之所以持生也”為解。高亨氏以“《說文》：‘柢，根也。’蓋根、柢二字，對言則別，混書則通也”為解。所謂根、柢者，以喻國家之根本也。

第六十章

治大國，若烹小鮮。

【註解】

"小鮮"，謂小魚也。"烹"，煮也。

【文義】

謂煮小魚者，若多事攪動，則魚體糜爛而不全，以喻治理大國者，若禁多令煩，則傷擾民生。言治理國家禁不可多，令不可煩，當政簡刑清也。

【論述】

河上公氏以"鮮，魚。烹小魚，不去腸，不去鱗，不敢撓，恐其糜也。治國煩，則下亂"為解。王弼氏以"不擾也""躁則多害，靜則全真。故其國彌大，而其主愈靜，然後能廣得眾心也"為解。蘇轍氏以"烹小鮮者，不可撓；治大國者，不可煩。煩則人勞，撓則魚爛，聖人無為，使人各安自然，外無所煩，內無所畏”為解。宋常星氏以“治大國若烹小鮮一般，妄用攪動，魚肉必然潰亂，魚形不得其全矣。是故治大國者，不以異政亂民之心，不以巧智亂國之政。民之在國，猶魚在釜一般，烹魚之法與治國之道，其事雖異，其理未嘗不同也”為解。所謂“治國煩”，“治大國者不可煩”之煩，即言禁多令煩也。禁多令煩，則傷擾民生也。王弼氏所謂“不擾也”，宋常星氏所謂“不以異政亂民之心，不以巧智亂國之政”，即言治大國不能以禁多令煩而擾民亂國也。

韓非子以“凡法令更，則利害易，利害易，則民務變，治大國而數變法，則民苦之。是以有道之君，貴靜，不重變法”為解。張默生氏以“烹小魚不可常翻動，恐怕把小魚弄碎了。治大國，也不可朝令夕改，過於多事，恐怕把國家弄亂了”為解。均言法令不可時相更張，以致苦民亂政，此又一解也，可供參考。

以道蒞天下，其鬼不神；

【註解】

“道”，謂自然之道，無私無欲也。“蒞”，通作涖，音利，蒞政，謂治國也。“鬼”，陰險害人謂之鬼，此以喻邪惡之徒也。《詩·小雅》：“為鬼為蜮”，鬼蜮皆能害人，因以喻陰險作惡之人曰鬼蜮。“神”，謂神通；能力之義。

【文義】

謂聖人君臨天下以道而治其國，無私無欲，則邪惡之徒，無傷害人之能力也。

【論述】

　　老子以“道”為自然，乃無神論者，與世俗以鬼神為實有之神道論者，絕然不同。故以鬼神為實有而解之者，似非經文之本旨。

　　朱熹氏以“若是王道修明，則此不正之氣，都消鑠了”為解。所謂“王道修明”，卽以道治國，政治修明也。所謂“不正之氣”，卽邪氣，謂鬼也。鬼為邪氣，卽“鬼”為邪惡之義。成玄英氏以“莅，臨也。言用正道以臨天下者，使邪魅之鬼，不敢為妖孽之患也”為解。亦以鬼為邪魅也。

　　蔣錫昌氏以“天下無道，民情憂懼，祈禱事起，而鬼乃以人而神。天下有道，民情安樂，祈禱事絕，而鬼亦因人而不神”為解。是鬼之有無及其神與不神，皆以人為之主也。信鬼則有鬼，信神則有神，故鬼神非實有之也。經文之義，乃在以“鬼”喻邪惡之徒也。

非其鬼不神，其神不傷人；

【文義】

　　謂非鬼無傷害人之能力，其能力不足以傷害人也。

【論述】

　　蘇轍氏以“非其鬼之不神，亦有神而不傷人耳”為解。所謂“有神而不傷人”，其能力不足以傷人也。李宏甫氏以“故聖人以‘無為’治天下，雖有神姦，無所用之，非聖人能絕之使不神也，雖神而自不能為人之傷也”為解。所謂“神姦”，卽邪惡之徒也。

所謂 "無所用之"，言其不足以傷人也。

非其神不傷人，聖人亦不傷人。夫兩不相傷，故德交歸焉。

【註解】

"其"，謂鬼也，即邪惡之徒。"聖人"，謂有道之人君也。"交"，共也，俱也。

【文義】

謂邪惡之徒非其能力之不足以傷人，乃以聖人亦不傷人之故，而不能傷人也。蓋有道之君，無私無欲，以道治天下，愛民如子，國家治平，邪惡之徒不能為害以傷人也。聖人不傷於人，邪惡之徒亦不能傷人，人安其業，遂其生，故將其德共歸之於聖人也。

【論述】

成玄英氏以 "言非此鬼之不傷物，但為聖人以道莅天下，能制伏邪惡，故鬼不復傷害於人，力在聖治。故云：聖人之（亦）不傷人也" 為解。言邪惡之不能傷害於人，由於聖人以道治天下而能制伏邪惡，是以邪惡不復能傷害於人也。其義是也。

老子章句淺釋

第六十一章

大國者，下流；天下之交。

【註解】

"下流"，謂如江海之處下也。"交"，會也，歸附之義。

【文義】

謂大國能如江海之善處於下，而不自滿自傲，不以強凌弱，不以大欺小，則天下之國，將如百川之歸海而歸附之也。六十六章"江海所以能為百谷王者，以其善下之"之義也。

【論述】

王弼氏以"江海居大而處下，則百川流之。大國居大而處下，則天下流之……""天下所歸會也"為解。吳澄氏以"交，會也。大國者，諸小國之交會，如水之下流，為天下眾水之交會也"為解。所謂"眾水之交會"即眾水之所歸也。其義是也。宋常星氏以"以下流之德，交與一切小國；一切小國，亦未有不自下於大國者也”為解。以“交”為“交與”，其義亦通。

高亨氏以“天下之交”與下文“天下之牝”連讀為解：“交當作父，形近而誤。《說文》：‘父，家長率教者。’引申則國君執政者，亦可曰父。然則天下之父，猶言天下之長，天下之君耳。此言為天下之父者，乃天下之牝，非天下之牡也。何則？因牝能以靜勝牡，以靜為下耳。下二句正申明此二句，文有誤謬，遂失其恉矣。”惟經文“牝常以靜勝牡”，乃以雌雄之交合，以喻靜而居下之可貴也。高氏以“交”為“父”，解“父”為君長之義，雖亦言之成理，似不恰也。

天下之牝，牝常以靜勝牡，以靜為下。

【註解】

“為下”，居下也。

【文義】

謂天下之牝者，常以靜勝牡，以其靜故能居下，以其居下故能勝牡。此以牝牡之交配，以喻靜而居下之可貴也。

【論述】

河上公氏以“女所以能屈男，陰勝陽，以安靜不先求之也”為解。王弼氏以“牝，雌也。雄躁動貪欲，雌常以靜，故能勝雄也”為解。吳澄氏以“牝不先動以求牡，牡常先動以求牝。動求者招損，靜俟者受益，故曰：以靜勝牡。動求者居上，靜俟者居下，故曰：以靜為下”為解。牝之所以居下者，以其靜也。其義

　　　　　　　　　　　　　　　　老子章句淺釋

皆是。

故大國以下小國，則取小國；小國以下大國，則取大國。

【註解】

"取"，得也，獲也。

【文義】

謂大國不恃其強，謙遜居下，以遇小國，則獲小國之心得其歸附，而有其國。小國自知其弱，卑柔居下以事大國，則獲大國之心，得其優容，而保其國也。

【論述】

王弼氏以"大國以下小國，猶云以大國下小國也。小國則附之，大國納之也。""大國修下，則天下歸之；小國修下，自全而已"為解。所謂"自全"，即保其國也。李息齋氏以"以大國而下小國，則必得小國；以小國而下大國，則必得大國"為解。是以"取"為得也。成玄英氏以"以聖人君臨大國，善用謙柔，故能攝化萬邦，遐邇款附。小國自知卑下，守分雌柔，聚於大國之中，欽風慕義也"為解。吳澄氏以"大國不恃其尊，謙降以下小國，則能致小國之樂附；小國甘處於卑，俯伏以下大國，則能得大國之見容"為解。所謂"致"，即得之義也。嚴靈峯氏以"大國下於小國，則得小國附之；小國下於大國，則大國容之"為解。所謂"天下歸之"，"附之"，"款附"，"樂附"，皆歸附之義也。以其歸附，則可以有其國也。所謂"納之"，"容之"，"見容"，"聚於大國之中"，皆言得大國之優容，而能保其國，即王弼氏所謂"自全"也。蔣錫昌氏以"此言大國以下小國，則聚小國；小國以下大國，則見聚或聚於大國也"為解。以"取"為"聚"。所謂"聚小國"，即小國歸之也。所謂"聚於大國"，即得大國之優容而保其國也。其義皆是。黃茂材氏以"夫道，非徒下之而已。雖曰下之，其終也不有以勝之，必有以取之。牝，柔，靜而處下，然能勝牡，此非下之而終有以勝之者歟？'大國以下小國，則取小國'，湯事葛是也。'小國以下大國，則取大國'，勾踐事吳是也。此非下之而終有取之者歟？"為解。以"取"為取人之國，以"下"為取人之國之過程與手段也。其義亦通。

故或下以取，或下而取。

【註解】

"以取"，謂大國以取小國也。"而取"，謂小國而取大國也。

【文義】

謂大國以謙下而得小國之歸附者，以獲小國之信任也。小國以卑下而得大國之優容者，以獲大國之信任也。國無信不立也。

【論述】

呂吉甫氏以"'故大國以下小國，則取小國。'則所謂'或下以取'之也。下以取之者，言大之於小，宜若可以無下，而下之者，以取之故也。'小國以下大國，則取大國。'則所謂'或下而取'者也。下而取之者，言小之於大，不得不下而取之故也……

　　　　　　　　　　　　　　　老子章句淺釋

取之者，得其心而不失之謂也”為解。李息齋氏以“大國或下小國以取，小國或下大國而取者，各獲其心之謂也”為解。蓋大國不獲小國之信任，不能致小國之歸附也。小國不獲大國之信任，不能得大國之優容也。故謙下、卑下，皆所以為獲得彼此之信心者也。吳澄氏以“下以取，謂大國能下以取小國之附；下而取，謂小國能下而取大國之容也”為解。其義皆是。俞樾氏以為“故或下以取，或下而取，兩句義無別，疑有奪誤。當云：‘故或下以取小國，或下而取大國。’蓋即承上文而申言之……”其說可供參考。

大國不過欲兼畜人，小國不過欲入事人。

【註解】

“兼畜”，兼，并也；畜，容也。謂并容之也。“事”，奉也。奉戴，臣服之義。

【文義】

謂大國以下而取小國，不過欲并容之，以大其版圖也。小國以下而取大國，不過欲奉戴臣服，以全其國也。

【論述】

河上公氏以“大國不失其下，則兼并人國而牧畜之。”“欲為臣僕”為解。所謂“不失其下”，以下而取之也。所謂“兼并人國”，并容之而大其版圖也。所謂“欲為臣僕”，奉戴臣服，以全其國也，即高亨氏所謂“子男之邦，但求能事大國，不被吞并而已。”宋常星氏以“在大國之寄意，不過欲兼畜於人，天下一家，大小一致，化溢四表，德被萬方。在小國之寄意，不過欲入事人，以下奉上，乃保一隅，所以能庇其民，保其身，守其國”為解。
其義皆是。

夫兩者各得其所欲，大者宜為下。

【註解】
“兩者”，謂大國與小國也。

【文義】

　　大國兼容小國而得大其版圖，小國臣服奉戴而得遂全其國，大小相安無事，則天下治平矣。惟以勢言之，大國強而易驕，若不能以謙下而遇小國，則小國叛離，不能成其大矣，故大國宜為之下也。

【論述】

　　成玄英氏以“兩者，謂大小之國。兼畜入事，各遂其心，雖復大小俱用柔和，而大者宜偏行謙下。何者？夫物必以大輕小，未嘗以小陵大，故令大者為下。此則‘高者抑之’之義也”為解。王安石氏以“蓋以小事大者，人之易；以大事小者，人之難。唯其人之所難，故老子以‘大者宜為下。’”為解。吳澄氏以“兩者皆能下，則大小各得其所欲。然小者素在人下，不患乎不能下；大者非在人下，或恐其不能下，故曰：‘大者宜為下。’”為解。其義皆是。

第六十二章

道者，萬物之奧；

【註解】

"道"，謂自然之道也。"奧"，室之西南隅，人所安息也，尊者居之。尊者主家，故"奧"有主之義。

【文義】

謂道衍生萬物，為萬物之主，萬物皆當以道為法也。

【論述】

張默生以"《禮記》鄭註云：'奧，主也。'道為萬物之奧，是言道為萬物之主的意思"為解。高亨氏以"萬物之奧，猶言萬物之主也"為解。其義皆是。

河上公氏以"奧，藏也。道為萬物之藏，無所不容也"為解。王弼氏以"奧，猶暖也。可得庇蔭之辭"為解。王雱氏以"大道深密，能庇護萬物，而為萬物之所伏藏"為解。劉驥氏以"言道為萬物之淵藪，無物不蘊藏也”為解。呂吉甫氏以“室之有奧，深邃燕間，而尊者之所處也。萬物莫不有深邃燕間尊高之處，則‘道’是也”為解。黃茂材氏以“物生於三，三生於二，二生於一，一生於道，則道也者，豈不為萬物之奧乎”為解。蔣錫昌氏以“言道為萬物之庇蔭也。奧，藏也。奧有藏義，故含有覆蓋庇蔭等義”為解。嚴靈峯氏以“道者，萬物之所由也，萬物之所以然也，萬物之所以成也。無所不包容，故為萬物之所蘊藏也”為解。所謂“道為萬物之所伏藏”，“道為萬物之庇蔭”，“道為萬物之淵藪”，道“無所不包容”，“萬物之所以成”，皆以道為萬物之主之義也。

善人之所寶，不善人之所保。

【註解】

“善人”，謂體道以行之聖人。“寶”，重也。“不善人”，謂不能體道以行之人，卽世俗之人。“保”，恃也，安也。

【文義】

謂體道之聖人，其治國惟道是行，以道為重而救人、救物，使人無棄人，物無棄物，人盡其材，物盡其用，民遂其生，世人皆恃之以安也。

【論述】

“善人、不善人”，宋常星氏以“明大道之理，得大道之奧，體用悉備者，善人也。不明大道之理，不悟大道之奧，體用未備者，不善人也”為解。則所謂善人者，聖人也；不善人者，世俗之人也。其義是也。

或以賢者、愚者以為解，或以賢者、不賢者以為解，或以“不善”為小人，或以“不善”為惡人，似皆不若宋氏之解為勝也。

美言可以市信，尊行可以加人。

【註解】

“美言”，謂巧媚之言也。“市”，買也，取得之義。“信”，信任也。“尊行”，高行，美名之義。“加”，施也，稱譽之義。

【文義】

謂使用巧媚之言，可以取得人之信任；以高行美名稱譽於人，可以悅人心意。蓋世俗之人，多喜巧媚之言及美名稱譽，以此投其所好，故可取得人之信任，可以悅人之心意也。

【論述】

經文王弼本作“美言可以市，尊行可以加人。”俞樾氏據《淮南子·道應篇》、《人間篇》所引此文，當作“美言可以市尊，美行可以加人。”蔣錫昌氏、高亨氏以為是。嚴靈峯氏考據，以為此兩句作“美言可以市信，尊行可以加人。”“美言”與“尊行”對文，“市信”與“加人”對文。其說是，因據嚴氏之說改正如義。

“美言可以市信”，嚴靈峯氏以“言甘言媚辭，可賈人之信任也”為解。其說是也。河上公氏以“美言者，獨可於市耳。夫市交易而退，不相與。善言美語，求者欲疾得，賣者欲疾售耳"為解。所謂"求者欲疾得"，言人之喜於善言美語也。所謂"賣者欲疾售"，投人之所好也。王弼氏以"美言之，則可奪眾貨之賈，故曰：'美言可以市'也"為解。所謂"可以奪眾貨之賈"，言買者眾，售價高，即可以得人信任之義也。河氏、王氏皆以"美言可以市"而解之也。

蔣錫昌氏以"此言善人化於道，則其美名可以取人尊敬"為解。宋常星氏以"本道以出言，為天下至義之言……然此美言不可徒善於己，當以公諸世市，如與人交易，而人無不悅服。人人欽此美言，則人人可進於道"為解。此以"美言可以市尊"而解之也。惟八十一章"美言不信"，蔣氏以"美言不真"為解。宋氏以"若美言，則必巧為悅人，或稱譽比擬以為工，而究其實則虛誕無憑"為解。所解美言之義，若以前解為是，則後解為非；若以後解為是，則前解為非矣。揆諸經文之義，當以後解為是也。

"尊行可以加人"，成玄英氏以"不能柔弱撝謙，後身先物，自尊高己行，加凌於人"為解。此以妄自尊大以凌人而解之也。宋常星氏以"本道以為行，為天下至尊之行……此尊行可行於一己，即可持以與人。加，如因其無而餽送，而人無不領受，人人遵此尊行，則人人可進於道"為解。此以"尊行"為尊貴之行，即本於"道"之行施之以於人為解也。兩解適反。愚以為"尊行"與"美言"為對文，其義相同。如以"美言可以市信"之解，則"尊行可以加人"，宜解為以高行之名稱譽於人，以悅其心，皆世俗投人所好之行為也。

按：

馬敍倫氏以為"此兩句在廿七章'故善人者'上。"嚴靈峯氏以為是。並以為"當在同章'故無棄物'句下。"以此兩句與上下文義不相屬也。

人之不善，何棄之有！

【註解】

"棄"，捨也。

【文義】

謂聖人以"道"治天下，無所不容，對於"不善者亦善之"，化之以道，遷之以善，使各盡其材，人無棄人，而不因其不善，而摒棄之也。

【論述】

河上公氏以"人雖不善，當以道化之。蓋三皇以前無有棄民，德化淳也"為解。呂吉甫氏以"有道者之於人，猶天地也。天無不覆，地無不載……則人之不善，何棄之有"為解。所謂"人雖不善，以道化之"，化其不善而為善也。卽無所不容，人無棄人也。天地之於人，不因其不善而不覆載以育之，是亦無所不容，人無棄人之義也。

張默生氏以"不善的人，只要明白道了，冉能悔過自新，道又怎樣能棄他呢"為解。蔣錫昌氏以"此言不善人化於道，亦能改過遷善，可知人無棄人，故道為不善人之所保也"為解。皆以道不棄人為義，不若解以聖人行道而不摒棄不善也。

故立天子，置三公；雖有拱璧以坐駟馬，不如先進此道。

【註解】

"置"，設置也。"三公"，周以太師、太傅、太保為三公，皆國之重臣，輔佐天子以治理國事者。"拱璧"，璧可拱抱，言其大也。尊貴之義。"駟馬"，一乘駟馬，榮顯之義。"進"，達也。

【文義】

謂天子、三公，雖有懷大璧、乘駟馬之尊貴榮顯，然就治國理民而言，則不如先進於此"道"。以"道"為萬物之主，治國理民之本也。

【論述】

王弼本原文為"雖有拱璧以先駟馬，不如坐進此道。"嚴靈峯氏考證，疑老氏原文當作"雖有拱璧以坐駟馬，不如先進此道。"其說是。因據改如文。

嚴靈峯氏以"言天子、三公雖貴，擁有拱璧，並坐駟馬，尚不如先進於此道為重也"為解。所謂"此道"，自然之道，即聖人治國以為據之道也。

河上公氏以"欲使教化不善之人""雖有美璧先駟馬而至，不如坐進此道"為解。王弼氏以"此道，上之所云也。言故立天子，置三公，尊其位，重其人，所以為道也。物無有貴於此者，故雖有拱抱寶璧以先駟馬而進之，不如坐而進此道也"為解。蔣錫昌氏以"此言人民所以立天子、置三公者,欲天子行道,三公輔之;故三公雖有拱璧以先駟馬獻於天子,然總不如跪坐而進以道之尤為可貴也"為解。皆以王弼本原文為之解也。其義亦通。

古之所以貴此道者,何?不曰以求得,有罪以免耶?故為天下貴。

【註解】

"貴",重也。"以求得",謂求道得道,進於道之義。"罪",罪咎,錯失之義。

【文義】

謂古來為何以道為重?以聖人能進於道而治其國,則行無錯失,惠施於民,民遂其生,國家治平矣。是以天下國君當以道為重,即當以道為法也。

【論述】

上文云:故立天子、置三公,雖有拱璧以坐駟馬,不如先進此道"所謂"此道",為自然之道,即聖人治國以為據之道也。上文"善人之所寶"之"善人",亦指體道以行之聖人而言。故經文所云"以求得,有罪以免",當指聖人以道治國而言。

王弼氏以"以求則得求,以免則得免,無所不施,故為天下貴也"為解。所謂"以求則得求,以免則得免",言聖人得道而治國,則行免錯失也。所謂"無所而不施",惠施於民,澤被天下也。其義是也。

蔣錫昌氏以"謂善人化於道,則求善得善;有罪者化於道,則免惡入善，此道之所以為天下貴也”為解。周紹賢氏以“自古所以貴此道者，何也？道之於人，有求必應，求則能得。善人得之以為至寶，享用無窮；不善人得之，可以免於罪而化為善。故道為天下之至貴，未有能及之者也”為解。皆以“善”、“不善”為善與惡之人，而為之解也。

老子章句淺釋

第六十三章

為，無為；事，無事；味，無味。

【註解】

"為"，治也。"無為"，無所為，無私也。"事"，與"為"同義。"無事"，無所事，無欲也。"味"喻事物之意味也。恬淡之義。

【文義】

謂聖人之治國，為而無私，事而無欲，恬淡為懷也。

【論述】

范應元氏以"無為，無事，無味，皆指道而言也。無為，言其虛；無事，言其靜；無味，言其淡"為解。以無為、無事、無味，皆合於道也。所謂"虛"，即無私也；所謂"靜"，即無欲也；所謂"淡"，即恬淡也。張默生氏以"眾人是有所為而為，聖人是無所為而為，故說：'為無為'。眾人是有所事而事，聖人是無所事而事，故說：'事無事'。眾人是味其有味，聖人是味其無味，故說：'味無味'。此處的'無為'、'無事'、'無味'，都是指道而言"為解。所謂"無所為而為"、"無所事而事"、"味其無味"，即無私、無欲、恬淡之義也。范氏、張氏所謂"指道而言"，言指"道"之用而為聖人所法也。其義皆是。

聖人欲不欲，不貴難得之貨。

【註解】

"欲"，心之所愛曰欲。"不欲"，心無所愛也。鄙棄之義。"貴"，重也。"難得之貨"，謂名位顯榮、金玉珠寶等是。

【文義】

謂聖人之所欲者，為世俗之所不欲，即世俗之所鄙棄者也。世俗之所欲者為名利，而聖人則恬淡自處，此為世俗之所不欲者也。聖人以恬淡自處，故不以名位顯榮、金玉珠寶為重也。

【論述】

右經文至下文"以輔萬物之自然而不敢為。"由六十四章移此。其說見該章。

河上公氏以"聖人欲人所不欲。人欲彰顯，聖人欲伏光；人欲文飾，聖人欲質樸；人欲於色，聖人欲於德也。""聖人不眩晃為服，不賤石而貴玉"為解。王雱氏以"不欲之欲，非無欲也。欲在於不欲，故不貴難得之貨而已"為解。李息齋氏以"聖人以不欲為欲，故未嘗貴難得之貨。所謂難得者，不必金玉也，身外之物皆難得矣"為解。其義皆是。

學不學，復眾人之所過。

【註解】

"學"，謂聖人之所學，"為道日損"也。"不學"，不學世俗之所學，"為學日益"也。"眾人"，謂世俗之人也。"過"，錯誤也。

【文義】

謂聖人之所學者為世俗之所不學也。聖人之所學者"為道日損"，"損之又損，以至於無為。"而世俗之所學者，"為學日益"，此聖人之所不學也。聖人不學世俗之所學者，以反世俗所學之錯誤也。

【論述】

河上公氏以"聖人學人所不學，人學智詐，聖人學自然""眾人學問皆反也，過本為末，過實為華，復之者，使反本也"為解。所謂"自然"，即道也。所謂"使反本也"，言反於"道"也，即反世俗所學者之錯誤也。劉仲平氏以"學眾人之所不學，故曰：學不學。不學眾人之所學，故曰：復眾人之所過"為解。其義皆是。

蔣錫昌氏以"普通之所學者，為政教禮樂等有為之學；其所不學者，為無為之學。學有為之學以致天下難治者，此多數人君之過也。聖人學人之所不學，則自多數人君之所過，返至道矣"為解。所謂"聖人學人之所不學"，其義是也。惟以學政教禮樂等有為之學，以致天下難治者，頗值商榷。蓋政教禮樂之合於道者，未嘗不可學也。

以輔萬物之自然而不敢為。

【註解】

"輔"，助也，引導之義。"萬物"，謂天下萬民也。"自然"，謂道也。"不敢為"，謂不敢欲俗人之所欲，學俗人之所學也。

【文義】

謂聖人之欲俗人之所不欲，學眾人之所不學，所以引導天下萬民之於大道，而不敢為欲俗人之所欲，學俗人之所學也。

【論述】

成玄英氏以"輔，助也，導也。言一切眾生皆稟自然正性，迷惑妄執，喪道乖真，今聖人欲持學不學之方，引導令其歸本"為解。所謂"自然正性"，即道也。所謂"引導令其歸本"，言引導眾生即天下萬民之歸於道也。其義是也。

大小多少。

【註解】

"大小"，以小為大也。"多少"，以少為多也。

【文義】

謂大起於小，當以小為大也。多起於少，當以少為多也。言不忽於其小、其少也。

【論述】

姚鼐氏以為"'大小多少'下有脫字，不可強解。"奚侗氏以為"'大小多少'句，誼不可說，疑上下或有脫簡。"馬敍倫氏、蔣錫昌氏均以為是。其不可解原因之一，為"大小多少"句下，有"報怨以德"之句，此句與上下文均不相屬，若據馬敍倫、高亨、嚴靈峯諸氏之意見，將其移入七十九章，則"大小多少"句之義，卽可與下文之義相連屬矣。

高亨氏以"大小者，大其小也；小而以為大也。多少者，多其少也；少而以為多也。視星星之火，謂將燎原；視涓涓之水，云將漂邑，卽謹小慎微之意"為解。嚴靈峯氏以言大必生於小，多必起於少"為解。余培林氏"謂視小為大，視少為多。'小'與'少'皆隱微不顯，所以往往為人所忽略，此亦如'易'與'細'然"為解。其義均是。

報怨以德。

按：

右經文移七十九章，說見該章。

圖難於其易，為大於其細。天下難事，必作於易；天下大事，必作於細。

【註解】

"細"，小也。"作"，始也。

【文義】

謂圖難之事，必在於易時；為大之事，必在於小時。以天下之難事，皆始於易時；若以易為易而輕之，則難事至矣。以易為難，則無難矣；若以小為小而輕之，則大事至矣；以小為大，則大事不生矣。言當謹之於易時，慎之於小時也。

【論述】

河上公氏以"欲圖難事，當於易時，未及成也。欲為大事，必作於少，禍亂從小來也"為解。呂吉甫氏以"天下之事，大作於細，難作於易，苟有所作，吾必於細於易而先見之，既則圖而為之，所謂知機其神者也"為解。蔣錫昌氏以"'圖難於其易，為大於其細。'即六十四章所謂'為之於未有，治之於未亂。'"為解。其義均是。

是以聖人終不自為大。故能成其大。

【按】

右兩句經文，奚侗氏以為"乃三十四章文，複出於此。"嚴靈峯氏以為"蔣錫昌曰：'強本成疏及榮註，於此均無註語，是成、榮無此二句。'按：趙至堅本、次解本均無此二句，疑係他章錯簡複出於此，當依次解本刪。"因據刪。其解見卅四章。

夫輕諾必寡信，多易必多難；是以聖人猶難之，故終無難矣。

【註解】

"輕"，易也。"寡"，少也。

【文義】

謂承諾之輕易者，必少實踐其所言，以其以信為易也。以易為易者，必多難事也。是以聖人以易為難，則難不至，故終無

老子章句淺釋

難也。

【論述】

　　河上公氏以"不重言也""不慎患也""聖人動作舉事，猶進退重難之，欲塞其源""聖人終身無患難之事，由避害深也"為解。所謂"塞其源"者，慎之於易，以杜塞患難之源也。嚴靈峯氏以"言不慎患者，輒以事之為輕易，其所遭遇之艱難必多""言聖人臨深履薄，防微杜漸，早於從事，'圖難於其易'，故無難事也"為解。其義皆是。

第六十四章

其安易持，其未兆易謀；其脆易泮，其微易散。

"安"，謂安不忘危也。"持"，執而不釋也，穩固之義。"未兆"，無朕兆，謂事之未萌也。"謀"，計也，圖也。"脆、微"，兩字義同，謂細小也。"泮、散"，兩字義同，謂分也，解也。

【文義】

　　謂治國者能安不忘危，則易穩固其政權。於事之未萌，見機之先，而豫備不虞，則圖之易於為功。乘其細小，勢未及成，易於解散驅除，而不致有星火燎原之患矣。言應圖避禍於先、於始也。

【論述】

　　黃茂材氏以"當其安而持之，不待於已危，故易持。當其未兆而謀之，不待於已形。故易謀。當其脆而泮之，不待於已堅，

　　　　　　　　　　　　　　　　老子章句淺釋

故易泮。當其微而散之，不待於已著，故易散"為解。劉驥氏以"患生不意，禍生所忽，審其未兆而謀之，乘其微脆，泮而散之，則易矣。及其禍患已成，而後謀之，是猶奔轟之車，沉流之航，聖人無所施其智巧"為解。言當圖彌禍患於機先也。其義皆是。

蔣錫昌氏以"'其安易持'，言人主治民於知欲未起之時，易於執持有效也。'其未兆易謀'，誼同。'其脆易泮'，言人主治民於知欲初起之時，猶易漸使分散，勿生大害也。然若及其橫決而治之，則無能為力矣。'其微易散'，與上句文異誼同"為解。所謂知欲，叛亂之念也。其義亦是。

為之於未有，治之於未亂。

〔註解〕

"未有"，謂"其安"、"未兆"也。"未亂"，謂"其脆"、"其微"也。

【文義】

重申上文之義，謂當安不忘危，豫備不虞；亂萌已生，當乘其勢未成而解散驅除之也。亦重申上章"圖難於其易"，"多易必多難"之義。

【論述】

河上公氏以"欲有所為，當於未有、未萌牙之時，塞其端也。""治身治國於未亂之時，當豫閉其門也"為解。所謂"塞其端"，"豫閉其門"，言防患難於未然也。嚴靈峯氏以"言防患於事變之未然，杜漸於禍亂未作之先。此安不忘危，治不忘亂，存不忘亡，能慎始也”為解。其義皆是。

合抱之木，生於毫末；九層之臺，起於累土；千里之行，始於足下。

【註解】

“合抱”，謂樹之大也。“毫末”，微小也，謂樹之始生也。“九層”，謂臺之高也。“累土”，謂土之漸增也。“千里”，謂行之遠也。“足下”，謂極近也。

【文義】

謂樹之大者，始生甚小，而終成其合抱之大；臺之高者，起於積土累高，而終成其九層之高；行之遠者，由近而起，而終致其千里之遠。重申前章“大小多少”，“天下難事，必作於易；天下大事，必作於細。”而不可輕忽易小之義也。

【論述】

黃茂材氏以“合抱之木，天下以為大也；大生於小，故知合抱卽毫末也。九層之臺，天下以為高也；高起於下，故知九層卽累土也。千里之行，天下以為遠也；遠自近始，故知千里卽足下也。然則物之小者、下者、近者，其可忽諸”為解。所謂“小者、下者、近者”，言其易也。所謂“豈可忽諸”，言不可以其易而輕忽之也。卽上章當“圖難於其易”，及本章“為之於未有，治之於未亂”之義也。宋常星氏以“合抱之勢，非起於一日，其生生之機，始則生於毫末。九層之臺，非成於一時，其巍大之勢，始則起於累土。千里之遠，非行於一蹵，其發腳之初，初則始於足下。

生於毫末者，乃是大生於小；起於累土者，乃是高起於下也；始於足下者，乃是近至遠也"為解。嚴靈峯氏以"合抱，木之大者；毫末，萌芽之小者。言大木必由萌櫱而生，此大生於小。九層，臺之高者；累土，地之低者。言欲築九層之臺，必由低地累積土壤而成。此'圖難於其易，為大於其細'也。千里，行之遠也；足下，由之近也。言行千里者，必由足下頤步不休而至，行遠必自邇也"為解。其義皆是。

為者敗之，執者失之。是以聖人無為故無敗，無執故無失。

【按】

右經文四句，與上下文義不相屬。奚侗氏以為"四句與上下文誼不相屬，此二十九章中文，彼章脫下二句，屢誤於此。"馬敍倫氏以為"倫謂'為者'兩句為廿九章文，此重出。'是以'兩句，乃廿九章錯簡。"嚴靈峯氏以為"奚、馬二說並是也。按'為者敗之，執者失之。'二句複出，當刪；'是以聖人無為故無敗，無執故無失。'諸句，疑當在廿九章'執者失之'句下"，其說是也。因據移廿九章。

民之從事，常於幾成而敗之；慎終如始，則無敗事。

【註解】

"從"，為也。"幾成"，將近於成也。"慎終如始"，謂欲慎其終，於始即須慎之也。

【文義】

謂人之為事，常於事之將及於成功而失敗，若能慎之於始，常懷戒懼，則事無敗矣。

【論述】

河上公氏以“從，為也。民之為事，常於功德既成，而貪位好名，奢泰盈滿而自敗也”“終當為始，不當懈怠”為解。宋常星氏以“天下之民，不知始終俱慎而不可忽，始卽過於慎，終或不慎，終之不慎，所以敗也。果能終慎如始，戒慎於前，恐懼於後，一念不苟，本末相顧，始則無為，終亦無為，安有至於敗而不成者乎”為解。其義皆是。

蔣錫昌氏以“民本可以無為成也，而人主躁急從事，每以有為治之，是常於幾成而敗之也”“此言人主為治，當慎之於始也”為解。其義亦是。

是以聖人欲不欲，不貴難得之貨；學不學，復眾人之所過；以輔萬物之自然而不敢為。

【按】

右經文陳柱氏以為“三十三字，蓋六十三章錯簡。”嚴靈峯氏以為“陳說是也。按：當在‘味無味’句下”其說是，因據移。

第六十五章

古之善為道者，非以明民，將以愚之。

【註解】

"善為道"，謂善以道治國也。"明"，明智，巧詐之義。"愚"，愚魯，淳樸之義。

【文義】

謂古昔善以道治國者，不以巧詐使民，民無巧詐；以淳樸使民，民心淳樸，則國家治平矣。

【論述】

王弼氏以"明，謂多智巧詐，蔽其樸也。愚，謂無智守真，順自然也"為解。所謂"無智守真"，卽淳樸之義也。河上公氏亦以"明"為明智巧詐，以"愚"為質樸不詐偽。其義皆是。

呂吉甫氏以"'眾人昭昭，我獨昏昏；俗人察察，我獨悶悶'。'我愚人之心也哉！'古之善為道者，在己若此，則推之於民也。固非明之，將以愚之也。察察、昭昭，則所謂明之也；昏昏、悶悶，則所謂愚之也”為解。以昭昭察察為“明”，以昏昏悶悶為“愚”，與王氏、河氏之解不同也。

民之難治，以其智多。

【註解】

“其”，謂民也。“智”，巧詐也。

【文義】

謂民之所以難治，以其民之多巧詐也。而民之所以多巧詐者，以其君上之以巧智為治，而民亦應之以巧詐也。

【論述】

王弼氏以“多智巧詐，故難治也”為解。河上公氏以“民之所以難治者，以其智多，故為巧偽”為解。張默生氏以“人民為什麼難治？就是因為他們多智巧詐的緣故”為解。其義皆是。

故以智治國，國之賊；不以智治國，國之福。

【註解】

“賊”，害也。

【文義】

謂君上以巧詐為治，則其民亦應之以巧詐，上下以詭譎相尚，國不能治，故為國之害也。上以無為無私為治，則其民亦應之無為無私而返心於樸；上下和同，國家治平，故為國之福也。

【論述】

王弼氏以"智，猶巧也。以智巧而治國，以智術而動民，邪心既動，復以巧術防民為偽，民知其偽，隨防而避之，思惟密巧，奸偽益滋。故曰：'以智治國，國之賊。'也"為解。宋常星氏以"妄作聰明之邪智，矯偽不實之私智，用之於家國天下，反受其害，所以為國之賊。既知智巧之用，為國家之賊，治國者宜乎無事、無為而已，不必用智也。天下共樂於太平，非國家之福乎"為解。張默生氏以"因為人民多智已經是不易治了，若治民者更憑自己的智謀去治他們，則上下勢必鬥起心智來而互相欺詐，這樣的國家沒有不亂的。所以說以智治國，是賊害國家的。反過來說，是不要開啓人民的智端，讓他們無知無欲，保守其樸厚的本性，而治民者自己亦不用智謀，只是誠信對民。如此，則全國上下必然相安於無事了。所以說不以智治國，真是國家的大福氣"為解。其義皆是。

河上公氏以"使智慧之人，治國之政事，必遠道德，妄作威福，為國之賊。不使智慧之人，治國之政事，則民守正直，不為邪飾，上下相親，君臣同力，故為國之福"為解。所謂"智慧之人"，即巧詐之人，以其巧詐之故，是以"治國之政事，必遠道德，妄作威福"也。

此兩者，亦稽式；常知稽式，是謂玄德。

【註解】

"此兩者"，指上文"以智治國，國之賊；不以智治國，國之福。""稽式"，即楷式，猶法則也。"玄德"，德、道之用，謂自然之道也。

【文義】

謂"以智治國，國之賊；不以智治國，國之福。"乃人主治國之法則。常知守此法則，不以智治國，而福其國，則可謂合於自然之道也。

【論述】

王弼本"此"字上有"知"字。高亨氏以龍興觀碑無，係涉下文而衍。嚴靈峯氏亦以日本市川匡民以"知"字為衍之說為是。因據刪。

河上公氏以"兩者，謂智與不智。常能知智為賊，不智為福，是治身、治國之法式也。""玄者，天也。能知治身治國之法式，是謂與天同德也"為解。所謂"天"，卽道也。"與天同德"，卽合於"道"也。宋常星氏以"若能知此兩者，則必去其為賊於國，而法其為福於國。是福民者，吾之楷式也；賊民者，亦吾之楷式也。楷之言為法，式之言為則也。能常知兩者而楷式之，卽是無為自然真常之大道，所以為玄德也"為解。所謂"為賊於國"，卽"以智治國"也。所謂"為福於國"，卽"不以智治國"也。蔣錫昌氏以"言人主知賊與福兩者之利害，而定取捨乎其間，亦可謂知治國之模則也""言人主知此治國之模則者，是謂合乎無名之道也"為解。其義皆是。

玄德深矣，遠矣，與物反矣；然後乃至大順。

【註解】

"深矣、遠矣"，無深不及，無遠不至也，普被於天下之義也。"物"，萬物，指人民而言。"反"，反於世俗之人而合於道也。"大順"，謂順道以行而成至治之世也。

【文義】

謂以道為治，其德普被於天下，其行與世俗相反而合於道，以成至治之世也。

【論述】

河上公氏以"玄德之人，深不可測，遠不可極也""玄德之人，與萬物反異，萬物欲益己，玄德施與人也""玄德之人，與萬物反異，故能至大順，順天理也"為解。所謂"天理"，謂"道"也。宋常星氏以"太上以深遠見玄德之實，即以深遠贊玄德之妙。物以華為美，玄德必斂華就實；物以用智為能，玄德必去智若愚；物以徇利為快，玄德不生利欲之妄，可謂與物相反矣。雖然與物相反，與道則大順。道本自然，玄德合於自然之體；道本無為，玄德同乎無為之用。民之心德，自然純粹；國之政事，自然清平"為解。其義皆是。

蔣錫昌氏以"'物'，萬物也。'反'借為返。'大順'者，大順自然，即指道而言。此言玄德深遠，人主與萬物皆返於真，然後同至於道也"為解。以"反"為"返"，其義亦通。

第六十五章　　　　　　　　　　　　　　　　　　411

第六十六章

江海所以能為百谷王者，以其善下之，故能為百谷王。

【註解】

"百谷"，猶百川也。"王"，天下所歸往也。"善下之"，謂善於處下。下者，卑下之處也。與八章"水善利萬物而不爭，處眾人之所惡。"義同。

【文義】

謂江海之所以為百川所歸往者，以其以善於處下，自居卑下，故能為百川所歸往也。此以喻人君能效江海之自處卑下，則天下之民歸之矣。

【論述】

河上公氏以"江海以卑下，故眾流歸之，若民之歸就王""以卑下故能為百谷王也"為解。成玄英氏以"王，往也。百谷，猶百川也。言江海所以為百川所歸往者，以其善居窪下之地也"為解。嚴靈峯氏以"言江海善處卑下，而為川谷之水所歸往；以其卑下，故能為百川之王也”為解。其義皆是也。

是以欲上民，必以言下之；欲先民，必以身後之。

【註解】

“上民”，居民之上，謂為民之主也。“以言下之”，言，宣也，宣達其意見也。謂以人民之意見為是，而不以己見為是也。“先民”，居民之先，與“上民”同義。“以身後之”，謂不以己之私利為務，而以人民之利為務也。

【文義】

謂欲上為人民之主，則國政舉措，當以人民之意見為是，而不以己見為是；當以人民之利為務，而不以己之私利為務。此乃效江海之善處卑下也。

【論述】

河上公氏以“欲在民上，法江海，處謙虛。欲在民之前，先人而後己也”為解。呂吉甫氏以“聖人之有天下也，以言其位，固欲上人也。然以孤、寡、不穀為稱，而受國之垢與不祥，則以其言下之也。以言其序，固欲先人也，然迫而後動，感而後應，不得已而身起，則以其身後之也”為解。蔣錫昌氏以“此言聖人欲為民之上者，必以卑下自處也”為解。蔣氏之說固是，惟“卑下自處”，尚不足以盡“以言下之”，“以身後之”之義。河氏所謂“處謙虛”，呂氏所謂“以孤、寡、不穀自稱”，皆以“言”為言辭，而以言辭下人，在政治上並無實質意義。故不若以“言”為意見之解為勝。河氏以“以身後之”為先人而後己，其義是也。

惟若解為"以人民之利為務，而不以己之私利為務。"則意義更為明確。呂氏對"以身後之"之解，為"不敢為天下先"之義，非言理民之道，與經文之義欠合也。

是以聖人處上，而民不重；處前而民不害。是以天下樂推而不厭。

【註解】

"重"，壓制之義。"害"，傷害也。"厭"，憎惡也。

【文義】

謂上為人民之主，以人民之意為是，而不以己見為是；民遂其欲，故無受壓制之感。以人民之利為務，而不以己之私利為務；民遂其生，無受傷害之虞。是以天下萬民皆樂以擁戴之為其主，而無憎惡之心。蓋有其心者，有其民；有其民者，有其地。天下樂推而不厭，得民之心；有其心，有其民也，故可以為天下之主也。

【論述】

周紹賢氏以"聖君對人民，有居下處後之盛德，雖在上位，而其仁如天，為民父母，故人民不感有何壓迫。雖領導行政，居民之先，而是為國興利除弊，人民感受其益，故無疾忌之心。是以天下皆樂推尊之而無厭斁之意"為解。所謂"人民不感有何壓迫"，即無受壓制之感。所謂"無疾忌之心"，即無憎惡之心。其義是也。

　　　　　　　　　　　　　　老子章句淺釋

宋常星氏以"聖人處上，祇見其可親，而忘乎其臨我，非民不重之驗乎！聖人處前，止見其利我，不見其苦我，非民不害之徵乎！天下人之心與聖人之心，萬心一心也。天下之民仰之如和風甘雨，是以樂推而不厭也"為解。所謂"忘乎其臨我"，即無受壓迫之感也。

"重"字或有解為"重勞"，或有解為"負累"，或有解為"累心"，皆不若解為"壓制之感"之為勝。"害"字，或有解為"損害"，或有解為"妨害"，或有解為"禍害"，與"傷害"實皆類同。惟河上公氏解為"無有欲害之心"，則非是。"厭"字，或有解為"厭倦"，或有解為"厭足"，皆不若解為"憎惡之心"之為勝也。

以其不爭，故天下莫能與之爭。

【註解】

"不爭"，謂以言下人，以身後人也。

【文義】

謂聖人以言下人，以身後人，天下樂推而不厭，是天下莫能與之爭也。

【論述】

呂吉甫氏以"夫以其言卜之，以其身後之，則不爭者也。樂推而不厭，則天下莫能與之爭者也"為解。張默生氏以"他有處下居後的不爭之德，所以天下人就沒有能和他相爭的"為解。其說皆是。

　　河上公氏以"天下無厭聖人之時，是由聖人不與人爭先後也""言人皆爭有為，無與吾爭無為"為解。謂人爭有為，不爭無為，而吾為無為，故天下莫能與之爭也。其義亦通。

老子章句淺釋

第六十七章

天下皆謂我：道大，似不肖。夫唯大，故似不肖。若肖，久矣其細也夫！

【按】

右經文，陳柱曰：“馬敍倫以此與下分章，是也。”嚴靈峯氏以為“此數句與下文不相屬，疑當在三十四章‘故能成其大’句下。”其說皆是，因據移。

我有三寶，持而保之：一曰慈，二曰儉，三曰不敢為天下先。

〔註解〕

“寶”，貴重也，重要之義。“持而保之”，謂執而不釋也，遵行之義。

【文義】

謂我遵行三項重要之事：第一項是慈，第二項是儉，第三項是不敢為天下先。

【論述】

河上公氏以"老子言，我有三寶，抱持而保倚"為解。蔣錫昌氏釋"寶"為"道"，張默生氏釋"寶"為寶貝，嚴靈峯氏釋"寶"為珍寶，要皆以"寶"為貴重之義也。河氏所謂"抱持而保倚"，言抱持而行之以為倚仗也。

慈，故能勇；

【註解】

"慈"，愛也。謂愛護人民，愛護將士也。"勇"，敢於行也，勇於戰之義。

【文義】

謂能愛護人民，愛護將士，則國家有難，所有人民、將士，皆勇於作戰，捍衛國家，所謂政為兵本也。

【論述】

河上公氏以"慈仁，故能勇於忠孝也"為解。所謂"勇於忠孝"，卽軍民盡忠孝於國家而致死以戰也。蔣錫昌氏以"老子談戰、談用兵，其目的與方法，不外'慈'之一字。人君用兵之目的，在於愛民，在於維護和平，在於防禦他國之侵略。其方法在以愛民之心，感化士兵，務使人人有慈愛之心，入則守望相助，出則疾病相扶，戰則危難相惜。如此，則此兵不戰則已，戰則無有不勝者矣"為解。其義均是。

呂吉甫氏以"夫慈為柔弱矣，而能勝剛強，是能勇也"為解。王安石氏以"慈則能柔，柔則能勝天下之至堅，故能勇"為解。皆

老子章句淺釋

解"慈"為"柔"也。似不若以"愛"解"慈"之為勝也。

儉，故能廣；

【註解】
"儉"，儉約也，不糜其財、勞其民之義。即節省財力物力之用也。"廣"，大也，豐厚之義。

【文義】

謂能奉行儉約，不糜其財、勞其民，節省財力、物力之用，則國家財力豐厚也。

【論述】

河上公氏以"天子身能節儉，故民日用廣大矣"為解。王弼氏以"節儉愛費，天下不匱，故能廣矣"為解。呂吉甫氏以"儉為不費矣，而用之不可既，是能廣也"為解。皆以"儉"為儉約也。所謂"民日用廣大"，"天下不匱"，"用之不可既"，皆言財之豐厚也。其義均是。

韓非子以"人君重戰其卒則民眾，民眾則國廣"為解。是釋"廣"為廣大國土也。成玄英氏以"捨而不貪，儉素清高，故其德廣大"為解。是釋"廣"為德廣也。似皆不若河、王、呂諸氏之解為勝也。

不敢為天下先，故能成器長。

【註解】
"不敢為天下先"，後其身，外其身也。不爭之義。"器長"，器，神器，帝位也。謂君長也。

【文義】

謂後其身，外其身，而有不爭之德，"夫唯不爭，天下莫能與之爭。"天下歸之，故能成為君長。

【論述】

王弼氏以"唯後、外其身，為物所歸，然後乃能立成器，為天下利，為物之長也"為解。所謂"後、外其身"，即七章"後其身而身先，外其自而身存"也。劉驥氏以"不敢為天下先，則不爭，而天下莫能與之爭，故能成器長"為解。高亨氏以"'成器長'，謂能為物之長也"為解。蔣錫昌氏以"器，物也；物即萬物也……器長，萬物之長，即指人君而言"為解。張默生氏以"成器長，是說能為萬物之長的意思。不敢為天下先，何以能成器長呢？這在上章（六十六章）'欲先民必以身後之'的道理中，已講得很明白了，即是無為居後，而萬民就無不秉意擁戴他"為解。皆以"器"為萬物之"長"，其義亦是。惟老子云："天下神器，不可為也。"故不如解"器"為"神器"較適。

今舍慈且勇，舍儉且廣，舍後且先，死矣。

【註解】

"舍"，同捨，棄也。"且"，求取也。"死"，敗亡之義。

【文義】

謂不能愛護其人民、將士，而但求勇武好戰，軍民不為所用；

不能儉約而糜其財、勞其民，但求財用之豐厚，國為之貧；不能居後以謙下，但求與人爭先，則天下皆與之爭。捨本以逐末，是自趨於敗亡之道也。

【論述】

蔣錫昌氏以"勇者，必以慈為本；廣者，必以儉為本；先者，必以後為本。今俗君捨棄其本是滅亡之道也"為解。以不慈無勇，不儉無廣，不後無先也。其義是。

夫慈，以戰則勝，以守則固。

【註解】

"戰勝"、"守固"，謂勝而無敗也。

【文義】

謂能愛護其人民、將士，則人民、將士將齊力致死以禦寇，故以戰則勝，以守則固，勝而無敗也。

【論述】

河上公氏以"夫慈仁者，百姓親附，并心一意，故以戰則勝敵，以守衛則堅固"為解。蘇轍氏以"以慈衛物，物之愛之如父母，雖為之效死而不辭，故可以戰，可以守"為解。劉驥氏以"慈以愛人，愛人者人常愛之，為之效死，可以無敵於天下"為解。《孫子兵法》所謂："道者，令民與上同意，可與之生，可與之死，而民不畏危。"其義均是。

天將救之，以慈衛之。

【註解】

"天"，謂天下之民也。"救"，助也。"衛"，護也，愛護之義。

【文義】

謂天下之民齊力致死，以戰以守而助其君者，以其君愛護人民之故也。

【論述】

張默生氏以"既是愛惜民命，民反樂為之助，民助是天助"為解。其義是也。

蔣錫昌氏以"言聖人苟有患難，則天將救之，以慈衛之；七十九章'天道無親，常與善人。'也"為解。謂天以慈衛聖人也。河上公氏以"天將救助善人，必與以慈仁之性，使能自營助也"為解。葉夢得氏以"天若救斯民，必使有為慈者出而衛之，此老子之所怛然有期於天下者與"為解。天為無意志之物，如何救人之患難？如何與人以慈仁之性？如何使有為慈者出而衛之？解流於玄，故皆不若張默生氏之解為當也。

第六十八章

善為士者，不武。

【註解】

"士"，將兵之帥也。"不武"，不逞其勇武，慎於用兵之義。

【文義】

謂善於用兵之將帥，慎於用兵，不逞其勇武而輕啓戰端，必料敵制勝，先勝而後求戰，不先戰以求勝也。

【論述】

王弼氏以"士，卒之帥也。武，尚先陵人也"為解。則"不武"者，不尚先陵人也。不尚先陵人，即人以陵我而後戰，所謂"應兵"是也，即不得已而後戰之義也。惟將帥者，將兵以戰者也。故所謂"不武"者，將帥用兵之作為也，而用兵之事，必爭先機，可戰則戰，當守則守，應先則先，須後則後，不能概以"應兵"、"後發"為是也。故"不武"之義，乃言不能逞勇武，必也料敵制勝而後戰也。

宋常星氏以"為士者，身任閫外之重，三軍之所視效，若先以威勇顯露於外，則人皆可窺我之淺深，此不善為士者也。善為士者，斂其威而使人不見其威，藏其勇而使人不知其勇，被服若儒雅，而胸中自有運用；不以武用武，乃為真能武"為解。能武而示人以不武，此"能而示之不能"，以惑誤敵人也。

河上公氏以"言貴道德，不好武功"為解。言不以窮兵黷武為務而爭勝也。惟此為國君之事，而非將帥之事也。蓋將帥者以勝為功也。

善戰者，不怒。

【註解】

"善戰"，謂善於用兵也。"怒"，忿怒也。

【文義】

謂善於用兵者，不為敵所激而忿怒，即不怒而興師，不慍而致戰也。亦不激敵之怒，致其死戰也。

【論述】

王弼氏以"後而不先，應而不唱，故不在怒"為解。言應兵以戰，不怒而興師也。嚴靈峯氏以"言善於應戰者，'主不可以怒而興師，將不可以慍而致戰'，（語見《孫子兵法・火攻篇》）故不怒也"為解。其義皆是。惟兵戰之事，固不可為敵所激而怒，以興師，以致戰也。亦不可激敵之怒，如坑殺降者，戮其使者，

　　　　　　　　　　　　　老子章句淺釋

置敵於死地以怒敵，而致敵之死戰也。然亦有故意激敵之怒而誤之者，此又別為戰之一法也。

善勝敵者，不與。

【註解】
"不與"，不鬥也，不以兵爭勝。重謀攻之義。

【文義】

謂善於勝敵者，不以兵戰與敵爭勝，而以謀攻勝敵，勝而能全也。《孫子兵法》所謂"上兵伐謀"，"百戰百勝，非善之善者也；不戰而屈人之兵，善之善者也。"

【論述】

高亨氏以"與，猶鬥也。夫對鬥而後勝敵，非善也。善勝敵者，師旅不興，兵不接刃，而敵降服。故曰：'善勝敵者，不與'也"為解。所謂"師旅不興，兵不接刃，而敵降服"，謀攻之法也，非以兵爭勝也。王弼氏以"不與爭也"為解。所謂"不與爭"，即不以兵戰爭勝也。

河上公氏以"善以道勝敵者，附近以仁，來遠以德，不與敵爭而敵自服也"為解。謂以政化敵也。以政化敵非不可行，然戰端既啓，則非以德可以勝之者也。蔣錫昌氏以"與，猶敵也……善勝敵者，不敵也"為解。以兵言之，不敵其敵，未有能勝其敵者也。故所解似非是。

善用人者為之下，是謂不爭之德，是謂用人之力，是謂配天

之極。

"下"，自處於下，謙卑之義。"不爭"，謂不矜其能，不爭其功也。"配天"，配，合也；天，謂道也。言合於道也。

【文義】

謂善於用人者，自處謙卑，不矜其能，推功以與人也，此謂不爭之德。不自矜其能，則天下人之能，皆為己能；推功與人，則天下人盡為己助，是謂能用人之力以成己事，此乃極合乎道之以謙卑為用也。

【論述】

"是謂配天之極"，王弼本作"是謂配天，古之極。"奚侗氏以為"各本'天'下有'古'字，誼不可通。"俞樾氏以為"疑'古'字為衍文。"蔣錫昌、高亨、嚴靈峯諸氏，皆以為是。因據刪"古"字。

王弼氏以"用人而不為之下，則力不為用也"為解。所謂"為之下"者，自處謙卑，不矜其能，推功以與人也。其義是也。

第六十九章

用兵有言：吾不敢為主而為客，不敢進寸而退尺。

【註解】

"用兵"，用兵者，謂兵家也。"吾"，兵家之自稱。"主"，主兵，謂先用兵以加諸於人也。"客"，客兵，後用兵以應敵之兵也。"進寸退尺"，進少退多，以喻小勝大敗而貽患也。

【文義】

謂兵家有此言：吾不敢先用兵以加諸於人，而寧願人以兵加我時起兵以應之也。蓋兵者不得已而用之，故兵不先興也。吾不敢狃於小利、小勝而進戰，以貽敗退失計之大患；必謀定而後動，先勝以求戰也。

【論述】

"吾不敢為主而為客"，宋常星氏以"兵之先舉者為主，兵之後應者為客。不敢為主，則我自安於無為。因人之兵而應之以兵，殺以止殺，非以殺為主，非以殺為樂，而傷好生之仁"為解。嚴靈峯氏以"兵者，不得已而用之，迫而後動，應而後起，故為客不為主也"為解。其義均是。

"不敢進寸而退尺"，河上公氏以"侵人境界，利人財寶為進，閉門守城為退"為解。所謂"利人財寶"，貪利而進也。所謂"閉門守城"，敗而退守也。其義是。達真子以"心不勇於勝敵也"為解。宋常星氏以"不敢進寸，而寧退尺，是不忍以武勇殺人，以緩殺全人"為解。兩氏之解，自用兵而言，似皆非是。蓋兵之未起，慎兵為要，不敢為主而為客；兵事既起，以勝為功。未有既戰而不求勇於勝敵者也。勝進敗退，兵之常理，兩軍既交，進勝為事，未有不敢進寸而寧願退尺者也。

是謂行無行，攘無臂，執無兵，扔無敵。

【註解】

"行"，適也，往也，行動之義。謂引兵以戰也。"無行"，行，跡也。謂引兵以戰之行動，無跡可見也。"攘"，取也，取敵之義。"無臂"，臂，取物者也。謂以兵取敵，敵不能見也。"執"，持也。謂持兵以戰也。"無兵"，謂持兵以擊敵，敵不能見也。"扔"，摧也。謂摧破敵人也。"無敵"，敵當者摧，故謂無敵也。

【文義】

謂引兵以戰而取敵擊敵，敵不能先見，不能預知。兵體無形，出敵之不意，攻敵之無備，敵當者破，可以無敵也。即《孫子兵法》所云："形兵之極，至於無形。""微乎，微乎！至於無形；神乎，神乎！至於無聲，故能為敵之司命。"之義也。

【論述】

嚴靈峯氏以"形人而我無形,行無行也。大勇不鬥,大兵不寇,攘無臂也。善勝敵者,不與,扔無敵也。不以兵強天下,不戰而屈人之兵,執無兵也"為解。其義是也。

蘇轍氏以"苟無意於爭,則雖在軍旅,如無臂可攘,無敵可因,無兵可執,而安有用兵之咎耶"為解。以攘無臂,執無兵,扔無敵為不用兵之義也。惟軍旅之事,兵事也,而兵未有不戰者也。且不爭者,不爭名,不爭利,不爭強,非不戰也。吳澄氏以"進戰者整其行陣而行,攘臂以執兵,前進以扔敵。不行,則雖有行如無行;不攘,則雖有臂如無臂;不執,則雖有兵如無兵;不扔之,則雖有敵在前,如無敵也"為解。兵而不行、不執、不攘、不扔,是有兵而無兵也,則兵何用焉!呂吉甫氏以"道之為常出於無為,故其動常出於迫,雖兵亦由是故也。誠知為常出於無為,則吾之行常無行,其攘常無臂,其扔常無敵,其執常無兵,安往而不勝哉"為解。所謂"不爭而善勝",非謂兵戰也。兵雖不得已而用之,然既用之後,則未有不爭而能勝者也。故蘇、吳、呂三氏之說,似皆非是。

禍莫大於輕敵,輕敵幾喪吾寶。

【註解】

"輕敵",以敵為易與,驕恃而不以敵為意也。"寶",身也,位也。

【文義】

謂以敵為易與,驕恃而不以敵為意,必有覆敗之禍,而致喪身亡國也。

　　河上公氏以"夫禍亂之害，莫大於輕欺敵家，侵取不休，輕
戰貪財""幾，近也。寶，身也。輕欺敵者，近喪身也"為解。以
輕敵必敗也。曹道沖氏以"輕敵，必敗之因也。失計則死，得計
則生；其所係之大者，莫若於生與邦家之重。非寶者，何以兵相
抗"為解。是亦以"寶"為"生與邦家之重"，即輕敵失計而敗，
有喪身亡國之虞也。宋常星氏以"不知天時地利，未審虛實強弱，
舉兵妄動，皆輕敵也。由是喪師取敗者有之矣，覆國亡身者有之
矣，禍有大於此乎""幾喪者，切近於喪也。聖人以全物為寶，輕
敵而至於喪師取敗，覆國亡身，則殺傷必多，我之當寶者俱喪矣"
為解。所謂"全物"，即"全軍"之義，勝而能全也。輕敵取敗，
覆國亡身。殺傷既多，軍何能全！河氏、曹氏、宋氏之說，其義
皆是。

**　　故抗兵相加，哀者勝矣。**

【註解】

"抗兵"，謂敵對雙方兵力相等也。"相加"，加，陵也，謂相戰也。"哀兵"，謂同
仇敵愾，爭生死存亡之兵。

【文義】

　　謂敵對雙方兵力相等而戰，則同仇敵愾爭生死存亡之兵，士
氣高昂，可以必勝。

【論述】

王弼氏以"抗，舉也。哀兵必相惜，而不趨利避害，故必勝"為解。所謂"哀兵必相惜"，同仇敵愾也。所謂"不趨利避害"，患難相救，奮勇以戰也。嚴靈峯氏以"兩軍相當，哀者置之死地而後生"為解。置之死地，勝則生，敗則死，則將士奮勇以戰，故能勝也。高亨氏以"哀之者，存不忍殺人之心，處不得不戰之境，在天道人事皆有必勝之理也"為解。其義皆是。

河上公氏以"兩敵戰也""哀者，慈仁士卒，不遠於死"為解。以"哀"為"愛"也。所謂"不遠於死"，不懼死也。易順鼎氏以"哀"即"愛"，古字通。謂將愛士卒，則士為之死而無懼也。其義亦是。

第七十章

言有宗，事有君。

【註解】

"言"，所說也。"宗"，主也，本也，指道而言。"事"，行事也。"君"，與宗同義。

【文義】

謂吾所說無為無私，虛靜謙下，柔弱不爭之道，亦行事之道，即治國之道也。

【論述】

右經文兩句，王弼本在下文"莫之能行"句下。陳柱氏《老子章句》，移至章首，嚴靈峯氏亦以為是，因據移。蓋此二句所以啓下文"吾言甚易知甚易行，天下莫能知莫能行"之義也。

王弼氏以"宗，萬物之宗也。君，萬事之主也"為解。所謂"萬物之宗"、"萬事之主"，皆謂道也。呂吉甫氏以"何謂宗？無為而自然者，言之宗也。何謂君？無為而自然者，事之君也。"為

老子章句淺釋

解。所謂“無為而自然者”，即謂道也。蔣錫昌氏以“宗，主也；君，亦主也。主者何？即道也”為解。其說皆是。

吾言甚易知、甚易行，天下莫能知、莫能行。

【註解】

“吾”，老子自稱。“言”，謂上文所說之道，即治國之道。“天下”，謂天下之人君。

【文義】

謂吾所言無為無私，虛靜謙下，柔弱不爭之道，即治國之道，知之甚易，行之甚易，而天下之人君皆不能知之，不能行之。此為老子慨歎其所言之道不易為天下之君所接受也。

【論述】

河上公氏以“老子言，吾所言，省而易知，約而易行。”“人惡柔弱好剛強也”為解。言天下之君，不知“柔弱者，生之徒；剛強者，死之徒。”之道，故惡柔弱，而好剛強也。王弼氏以“可不出戶牖而知，故曰：‘甚易知’也。‘無為而成’，故曰：‘甚易行’也。惑於躁欲，故曰：‘莫能知’也。迷於榮利，故曰：‘莫能行’也”為解。所謂“惑於躁欲”、“迷於榮利”，言人君皆有私、有欲也。是以對老子所說之道，不能知、不能行也。

夫唯無知，是以不我知。

【註解】

“無知”，不知也，不知以為知之義。“不我知”，不知我也，謂不知我所言之道也。

【文義】

謂天下之人君，不知以為知，是以所知者，非我所言之道也。

【論述】

王弼氏以"以其'言有宗，事有君。'有知之人，不得知之也"為解。所謂"有知之人"，知，讀智。謂有智之人，即自恃其智者，自以為知也。以其自以為知，故不能真知道也。王雱氏以"所知非至理，則所謂知者，非知也。自以為知而不知聖人，則可謂知乎"為解。以"無知"為自以為知也。所謂"不知聖人"，不知聖人所言之道也。

成玄英氏以"不我知，猶不知吾也。唯彼眾生，無知頑頓，故不能知我至言也"為解。此以"無知"為頑頓也。所謂"至言"，謂所言之道也。蔣錫昌氏以"此言夫唯普通人君，頑頓無知，是以不知聖人之教也"為解。所謂"聖人之教"，即聖人所言之道也。

知我者希，則我者貴。

【註解】

"我"，謂我所言之道也。"希"，少也。"貴"，重要之義。

【文義】

謂世之人君，知我所言之道者少，即行合於道者少，則道之於天下益見重要矣。義即世之人君皆宜知道行道以安民治國也。

　　　　　　　　　　　　　　　　　　老子章句淺釋

【論述】

魏源氏以"蓋大道於俗不肖，而玄德與物相反，知者自然希少，此道之所以貴乎俗而不可不知者也。使道亦俗情俗見無異，則無足寶重矣"為解。所謂"俗"，世俗之君也。所謂"俗而不可不知者也"，言世俗之君不可不知"道"也。其義是也。

河上公氏以"希，少也。惟達道者乃能知我，故為貴也"為解。以"少"解"希"，是也。所謂"惟達道者乃能知我"，而達道之人希少，故以"道"為貴也。高亨氏以"則，讀為賊。'賊我者貴'，謂賊害我者皆居上位，知我者既少，賊我者又貴，故聖人被褐懷玉求無人知，且以免禍。老子去周入秦，殆由斯故歟"為解。此以"則"為賊，以"貴"為高官，以聖人為知道之人而解之也。此解所見獨特，可供參考。

是以聖人被褐懷玉。

【註解】

"聖人"，謂持道以行之人君。"被褐懷玉"，被，穿著也；褐，粗衣也。"懷"，藏也；玉，寶玉也。言外著粗衣，人莫知其內藏寶玉也。"寶玉"，貴重之物，謂道也。

【文義】

謂持道以行之人君，所言者道，所行者道，而人莫之知其為道，如"被褐懷玉"也。

【論述】

魏源氏以"使道亦俗情俗見無異，則無足寶重矣。人既莫知，則我有三寶，惟我能持而行之，若'被褐懷玉'，而人莫知之也"為解。所謂"我有三寶"，語見六十七章。言"慈"、"儉"、"不敢為天下先"三者，皆"道"也。

蘇轍氏以"聖人外與人同，而中獨異也"為解。所謂"外與人同"，言聖人不自以為異也。所謂"而中獨異"，言聖人懷道以行，與世俗之君不同也。

呂吉甫氏以"聖人以若愚若辱之容，而大白盛德，天下鮮儷者，是以謂之'被褐懷玉'"為解。所謂若愚若辱之容，言被褐也。所謂"大白盛德，天下鮮儷者"，言行道廣惠天下，無能與之相匹也。其義亦是。

高亨氏以"聖人被褐懷玉，求無人知，且以免禍"為解。是以老子此語有遯世之思想也。

　　　　　　　　　　　　　　　　　　老子章句淺釋

第七十一章

　　知，不知，上；

【註解】

　　"知"，謂知"道"也。"不知"，謂知"道"猶以為不知，而求道不捨也。"上"，與尚通，貴也。

【文義】

　　謂知"道"者，猶以為不知，而求道不捨，則終不離道，斯為貴也。

【論述】

　　河上公氏以"知道言不知，是乃德之上"為解。曹道沖氏以"雖知，謙而曰不知，是實勝於名，故為上"為解。蔣錫昌氏以"言聖人知而不以為知，乃上也"為解。高亨氏以"知而以為不知，斯上也"為解。皆言"知"乃真知"道"者也。其義皆是。以"知而不以為知"，"知而以為不知"，乃能求道不捨，終不離道，故"知、不知"，斯為貴也。

不知，知，病。

【註解】

"不知"，謂不知"道"也。 "知"，謂自以為知"道"，然所知者妄，而非"道"也。

【文義】

謂不知"道"者，而自以為知"道"，所知者妄而非"道"也。以其所知，持而行之，則所行者妄而非"道"，妄作者凶，故終有患也。

【論述】

王雱氏以"未嘗知'道'，而自以為知，則是妄見一切耳，其病大矣"為解。所謂妄見者，所知非"道"也。黃茂材氏以"世人未嘗知'道'，乃自以為知；知之之病，又甚於不知者焉"為解：所謂"自以為知"者，乃妄而非"道"也。所謂"知之之病，又甚於不知者。"以所知者妄而行之，終有患也。

聖人不病，以其病病；夫唯病病，是以不病。

【註解】

"聖人"，謂持道以行之君。"不病"，謂無以不知為知之患也。"病病"，謂知以不知為知之患也。

【文義】

謂持道以行之國君，所知者道，所行不妄，無以不知為知之患，以其知以不知為知之患也。以其知以不知為知之患，知而不知，而去其患，是以無患也。

【論述】

王弼本原文為"夫唯病病，是以不病；聖人不病，以其病病，是以不病。"俞樾氏以為"上文已言'夫唯病病，是以不病'，此又言'以其病病，是以不病。'則文複矣。"謂文中兩見"是以不病"為重複也。蔣錫昌氏以為"《御覽·疾病部》引作'聖人不病，以其病病；夫唯病病，是以不病。'較諸本為長，當據改正。"嚴靈峯氏亦以蔣說為是，因據改如文。

王弼氏以"病而不自知病者，終莫悟矣"為解。聖人知其病，故無病也。劉驥氏以"聖人所以不病，以病其病，而去其病也"為解。曹道沖氏以"聖人緣何不病？聖人知病為病，終日循省，是以不病。能知病為病，則終無病"為解。所謂"終日循省"，所以去其病也。蔣錫昌氏以"言聖人無病者，以其患此病也""夫唯患此病者，是以無此病也"為解。所謂"患此病者"，以此病為患也。其義皆是。

第七十二章

民不畏威，則大威至。

"畏"，懼也。"威"，國之權威，謂法令也。"大威"，大可畏者，謂禍亂之事。

【文義】

謂國之權威，在於法令，法以刑罪，令以使民，所以為治也。
若民不畏懼法令，為所欲為，法令不行，國家將生禍亂之事，此
大可畏者也。

【論述】

黃茂材氏以"夫民冒險而行，死亡有所不顧，何威之畏！不
畏威，則大威及之。孰為大畏？不有人禍，必有天殃是也"為解。
所謂"冒險而行，死亡有所不顧"，不畏法令之刑罰也。所謂"人
禍"、"天殃"，即禍亂之事也。其義是也。

王弼氏以"離其清靜，行其躁欲，棄其謙後，任其威權，則

物擾而民僻，威不能復制其民，民不能堪其威，則上下大潰矣，天誅將至。故曰：民不畏威，則大威至"為解。所謂"威不能復制其民"，言法令不行也。所謂"民不能堪其威"，言法令繁苛，妨民之生也。所謂"物擾而民僻"，"上下大潰"，言民將離貳也。所謂"天誅將至"，言將有傾覆之禍也。其義亦是。

蔣錫昌氏以"'民'當改作'人'，乃指人君言也。此'威'字即可畏之事，如貴貨、多欲、尚智、好兵等皆是也。'大威'，指禍亂而言，言人君不畏可畏之事，則禍亂將至"為解。言人君以貴貨、多欲、尚智、好兵為事，則禍亂將至，人君當以此為畏也。其義亦通。

河上公氏以"威，害也。人不畏小害，則大害至；大害，謂死亡也"為解。吳澄氏以"威可畏者，損壽戕身之事。大威，大可畏者，死也。人不畏其所可畏，必戕身損壽，以速其死，有大可畏者至矣"為解。所謂"戕身損壽之事"，言縱欲也。縱欲則速其死，故以為大可畏者也。皆以個人治身之事以為解也。可供參考。

無狎其所居，無厭其所生。

【註解】
"狎"，亦作狹，隘也，壓迫之義。"居"，居處也。"厭"，損也，壓也。"生"，生命也，生活也。

【文義】

謂勿壓迫人民，使不得安居；勿壓榨人民，使無以為生。蓋人民不得安居，無以為生，則不畏威，卽不畏法令，鋌而走險，將生禍亂也。

【論述】

奚侗氏以“狹，卽《說文》陜字，‘隘也’。隘有迫誼。厭，《說文》：‘笮也’。此言治天下者，勿脅迫人民之居處，使不得安舒，無厭笮人民之生活，使不得順適”為解。張默生氏以“不要壓迫人民不得安居，不要壓榨人民不得安生”為解。其義均是。

吳澄氏以“狎，玩習也。所居，身之所處。厭，猶惡而棄之也。平日所處，凡損壽戕身之事，無所畏憚，狎習為常，安然為之，言不畏威也。厭所生，謂傷生速死；是厭惡共所生，而棄其命，大威至矣。夫唯不狎其居而畏所畏，是以不厭其所生，而大可畏者不至矣”為解。言不縱欲以為戕身損壽之事，則不至傷生速死也。

王道氏以“居處取其容身足矣，不可狹現在之居，而妄想廣廈華屋之侈。衣食取其養生足矣，不可厭現在之生活，而妄想錦衣玉食之享受”為解。言治身當寡欲知足也。

夫唯不厭，是以不厭。

【註解】

“厭”，上“厭”字，卽上文“無厭其所生”之“厭”，壓榨之義。下“厭”字，厭惡也，厭棄也。

【文義】

謂人君不壓迫壓榨人民，使人民安其居，遂其生，則人民不厭惡之，即歸心於其君也。

【論述】

　　高亨氏以"上'厭'字，即上文"無厭其所生"之'厭'。下'厭'字乃六十六章'天下樂推而不厭'之'厭'。言夫唯君不壓迫其民，是以民不厭惡其君也"為解。余培林氏以"正因為執政者不壓榨人民，不脅迫人民，人民才推戴而不厭棄他"為解。其義皆是。

　　王道氏以"夫如是，則知足常樂。我不厭我現在之生活，現在之生活，亦足如我之所願；常享安貧之樂，不蹈危殆之境，大威無徑而至矣"為解。言能寡欲知足，則無危殆也。

是以聖人自知不自見，自愛不自貴。

【註解】

"自知"，卅三章"自知者明"，謂自知於道，私欲盡去，不為物欲所蔽也。"不自見"，廿二章"不自見，故明。"謂不以己之所見為見，而以天下之所共見為見，故能無所不見，則所見公而無私也。"自愛"，愛惜其身，去欲之義。"不自貴"，不以自生為貴也。七十五章"夫唯無以生為者，是賢於貴生。""無以為生"，即不以自生為貴也，言不縱欲奢汰以聚斂於民也。

【文義】

　　謂聖人自知於道，私欲盡去，以天下之所共見為見，公而無私。去欲以愛其身，而不縱欲奢汰，以聚斂於民也。言有道之君無私無欲以為治，則民不厭而畏威矣。

【論述】

文末有"故去彼取此"，高亨氏以為係衍文。是也。據刪。

蔣錫昌氏以"'自知'與'自愛'詞異誼同，'自見'與'自貴'詞異誼同。'自愛'即清靜寡欲，'自貴'即有為多欲。此言聖人清靜寡欲，不有為多欲"為解。其義是也。

或以"自見"之"見"，讀現，為表現、顯耀之義。河上公氏以"不自顯現，德美於外而藏之於內""自愛其身，以保精氣也""不自貴高榮名於世"為解。所謂"不自顯現"，不顯耀其德，即以"見"讀"現"也。所謂"以保精氣"，言不縱欲以愛其身也。所謂"不自貴高"，以謙卑自處也。成玄英氏以"保養真性，不輕染欲，故自愛也""謙卑靜退，先物後己，不自貴也"為解。所謂"不輕染欲"，不為欲惑也。所謂"謙卑靜退"，不自以為貴而驕矜凌物也。吳澄氏以"自知，自知愛身之道。自見，自顯著所知以示人。自貴，即後章'貴生'，言貪生之心太重也。聖人於自愛之道，雖自知於中，然含德襲明，知若不知，不表示人自見於外，雖自愛之篤，然體道自然，若無以生為，亦不切切貪生自貴之過"為解。以"自貴"為"貴生"，其義是也。上解均可供參考。

　　　　　　　　　　　　　　　　　　　　　　老子章句淺釋

第七十三章

勇於敢則殺，勇於不敢則活。

【註解】

"敢"，果敢，剛強、強梁也。逞強爭勝之義。"不敢"，戒慎也，柔弱謙下之義。"殺"，謂死也，亦有失敗之義。"活"，生也，亦有成功之義。

【文義】

謂逞剛強、強梁以爭勝，則見殺而死，或歸於失敗。以柔弱謙下自處，戒慎恐懼，則可以全生而活，或成其功業。

【論述】

蔣錫昌氏以"七十六章'堅強者死之徒，柔弱者生之徒。''敢'即'堅強'，'不敢'即'柔弱'。言勇於堅強則死，勇於柔弱則生也"為解。其義是也。惟堅強者非必死，非即死，柔弱者非必生，非長生，故以"失敗""成功"加解"死""生"，則其義更完矣。

河上公氏以 "勇於敢有為,則殺其身也。勇於不敢有為,則活其身" 為解。所謂 "有為",有所為,爭勝之義也。王弼氏以 "必不得其死也" "必齊命也" 為解。所謂 "必不得其死",言 "強梁者不得其死" 也。所謂 "必齊命" 者,言必能全其生也。

此兩者或利或害。天之所惡,孰知其故!

【註解】

"兩者",謂 "敢" 與 "不敢",卽剛強、強梁與柔弱、謙下也。"利",謂 "活" 也,卽生或成功也。"害",謂 "殺" 也,卽死或失敗也。"天",謂天道,自然之道也。

【文義】

謂勇於不敢者,能全其生或成其功,此為利也。勇於敢者,則見殺而死或歸於失敗,此為害也。或為利,或為害,甚為明顯也。天之道柔弱謙下,以勇於敢為非也。然世俗之人,不知敢之為害,不敢之為利,而皆勇於敢,良可慨歎也。

【論述】

王弼本 "孰知其故" 下,有 "是以聖人猶難之" 一句。奚侗氏以為 "是以" 一句,誼與上下文不屬,蓋六十三章文複出於此。" 馬敍倫氏以為 "'是以' 一句,乃六十三章錯簡複出者。" 蔣錫昌氏以為 "奚、馬二說並是。'是以' 一句當刪去。" 高亨氏以為 "嚴遵本、六朝寫本殘卷、景龍碑、龍典觀碑並無之。此句乃後人引六十三章以註此文者,宜據刪。本章文皆諧韻,而此句獨非韻,以是明之。" 其說皆是,因據刪。惟嚴靈峯氏指其說皆非,並以"言聖人猶難知天之所惡之故也"為解。嚴氏曰："景龍本、強思齊本及他本上文'此兩者'三字上，有一'知'字。此'知'字，疑即下文'是以聖人猶難之'句中所脫落，而混入於上文。此句原當作'是以聖人猶難知之'，言承上句'孰知其故'句也。因奪一'知'字，乃作'是以聖人猶難之'，其義不可強解，校者不察，遂妄移此句於六十三章'多易必多難'句下，並在'終無難矣'句上。反謂此句非本章之文，謬甚！然嚴遵本、次解本、唐人抄本均無此句，則錯誤之由來固已久矣。"其說亦言之成理，謹並錄於此，以為研究之參考。

王弼氏以"俱勇而所施者異，利害不同，故曰：'或利或害'也。孰，誰也。言誰能知天意耶"為解。所謂"所施者異"，"敢"與"不敢"也。所謂"天意"，天道也。河上公氏以"謂'敢'與'不敢'也""惡有為也""誰能知天意之故而不敢犯"為解。所謂"敢"與"不敢"，即釋"此兩者"也。所謂"惡有為也"，以道本無為，有為非道，以釋"天或惡之"也。天非能好惡，而謂惡之者，言其不合於道也。所謂"誰能知天意之故而不敢犯"，言世俗之人皆不知天之道勇於敢則為害，勇於不敢則為利，而皆勇於敢也。蘇轍氏以"勇於敢則死，勇於不敢則生，此物理之常也。然而敢者或以得生，不敢者或不免死；世常僥倖其或然，而忽其常理"為解。此釋或利或害，非必然之謂，其解亦通。所謂"物理之常"，即物之常道也。

天之道：不爭而善勝，不言而善應，不召而自來，繟然而善謀。

【註解】

"天之道"，謂自然之道。"善勝"，莫之能勝也。"不言"，無言也。"善應"，應之不爽也。"不召"，不令使也。"自來"，自行來歸也。"繟然"，繟，同坦，坦然，無為之義。"善謀"，善於擘劃也，無不為之義。

【文義】

謂自然之道："水善利萬物而不爭，故幾於道。"（八章）"天下莫柔弱於水，而攻堅強者莫之能勝。"（七十八章）言柔弱不爭之易為勝也。故曰：不爭而善勝。"天道無親，常與善人。"（七十九章）天地無言也，而其應不爽。故曰："不言而善應。""江海所以能為百谷王者，以其善下之。"（六十六章）以其自處卑下，不加令使而百川自來歸之。故曰："不召而自來。""道常無為而無不為"，（卅七章）以其無為無私，而能成其無所不為之用。故曰："繟然而善謀"。

【論述】

"天之道"，蔣錫昌氏以"廿五章'天法道，道法自然'。是天即自然，'天之道'，謂自然之道也"為解。成玄英氏亦以"天之道"為自然之道，皆是。其他多有以"天"為有意志之物體，以天有好惡之心，以天有賞罰之能者，似皆非。蓋天為無意志之自然之體也。

"不爭而善勝"，王弼氏以"夫唯不爭，故天下莫能與之爭。"（廿二章）為解。張默生氏以"以其不爭，故天下莫能與之爭。"（六十六章）為解。此皆以人事之道為解，而非以自然之道為解也。

　　"不言而善應"，王弼氏以"順則吉，逆則凶"為解。以順道而行則吉，逆道而行則凶，所謂"妄作凶"也。或吉或凶，道之所應也，即"天道無親，常與善人"之義也。

　　"不召而自來"，王弼氏以"處下則物自歸"為解。嚴靈峯氏以"江海處下而百川歸之"為解。此所謂處下，即"江海所以能為百谷王者，以其善下之"之義也。是百川之歸江海者，非使令而然，以江海之處下，百川自歸之也。或有解為善惡報應，不待呼召，而必自來，或有解為"其報應之速，不待召而自來至"，似皆非經文之旨也。

　　"繟然而善謀"，張默生氏以"天之道，是繟然而善謀的，因其是'無為而無不為'的"為解。言道以"無為"為用而能無不為，故謂之善謀。其義是也。

**　天綱恢恢，疏而不失。**

【註解】

"天網"，網，同綱，綱紀，規律之義。謂道之規律也。"恢恢"，寬廣貌，無所不在之義。"疏"，遠也。遠不可見，無形之義。"不失"，無差爽也。

【文義】

　　謂道之規律，無所不在，範圍之廣，涵蓋所有事物；雖無形可見，而順之則吉，逆之則凶。勇於不敢則全其生或其功，勇於敢則見殺而死或歸於失敗，永無差失也。勵人應以道之柔弱、謙下、無私、無為為法也。

第七十三章　　　　　　　　　　　　　　　　449

【論述】

成玄英氏以"恢恢,寬大也,網,憲法也。言天尊自然之網,甚自寬大疏遠,而業無大小,功過酬報,終無差失也"為解。所謂"網,憲法也",憲法,卽規律之義,而非法律也。所謂"天尊自然之網",卽道之自然規律,非謂有"網"之存在也。所謂"寬大疏遠",無所不在之義,言其範圍之廣,涵蓋所有事物而無形可見也。所謂"業無大小,功過酬報,終無差失。"言當順道而行,不能逆道而行;順之則吉,逆之則凶也。其他以"天網"為實體而存在,以"疏"為稀疏之解者,似皆非是。

老子章句淺釋

第七十四章

民不畏死，奈何以死懼之！

【註解】

"畏死"，怕死也，重生之義。"懼"，恐也，威脅之義。

【文義】

謂政繁刑苛，民不聊生，以至於蹈刑犯法，鋌而走險，不重其生，不畏其死，雖以死而威脅之，亦無所用。言專恃嚴刑峻法，不足以為治也。

【論述】

蘇轍氏以"政繁刑重，民無所措手足，則常不畏死，雖以死懼之，無益也"為解。蔣錫昌氏以"此言人君失無為之治，政繁刑重，故天下思亂而不畏死，奈何人君可專以刑罰懼之乎"為解。嚴靈峯氏以"言百姓無所賴，至於不怕死，豈可以死恐嚇之耶"為解。李息齋氏以"此言世之刑法，不足恃以為治也"為解。其義皆是。

若使民常畏死，而為奇者，吾得執而殺之，孰敢？

【註解】

"奇"，譎詐也。邪惡之義。

【文義】

謂若使民重生懼死，而將為邪惡之行者，執而殺之，則無人敢為邪惡之行也。如是，則禍亂不生矣。

【論述】

蘇轍氏以"民安於政，常樂生畏死，然後執詭奇亂羣者而殺之，孰敢不服"為解。所謂"詭異亂羣者"，邪惡之徒也。李息齋氏以"使民果畏死，有為奇者，執而殺之，則殺一人足以為治矣"為解。所謂"使民果畏死"，使民重其生也。所謂"有為奇者"，有邪惡之行者。所謂"殺一人足以為治"，刑期無刑，非以殺為務也。其義皆是。

常有司殺者，殺。夫代司殺者殺，是謂代大匠斵。

【註解】

"司殺者"，謂法也。"代司殺者殺"，謂殺不依法也。"大匠"，木工之長。"斵"，音琢，斫削也。

【文義】

謂法當殺者即為奇者則殺之。然而殺不依法者，是猶代木工以為斫削之事也。

【論述】

張爾岐氏以"司殺者，法也。聖人立法，本乎天討，不可以私意輕重於其間，此為當時廢法任情者警也"為解。所謂"天討"，"眾曰可殺"之義也。所謂"私意輕重於其間"，殺不依法也。其說是也。

蘇轍氏以"司殺者，天也。方世之治，而有詭異亂羣之人，恣行於其間，則天之所棄也，而吾殺之，則是天殺之，而非我也。非天之所殺而吾自殺之，是代司殺者殺也"為解。以"天"而釋"司殺者"也。

夫代大匠斲者，希有不傷其手矣。

【註解】

"希"，少也。"傷其手"，喻失於為政之道也。

【文義】

謂不精於工藝而代木工以為斫削之事，少有不自傷其手者。此以喻代司殺者殺，而殺不依法，失於為政之道，必致傷民之心，招民之怨也。

【論述】

河上公氏以"代天殺者，不得其紀綱，還受其殃也"為解。所謂"不得其紀綱"，言失為政之道也。所謂"還受其殃"，言傷民之心，招民之怨也。王雱氏以"所謂代斲，傷手而已，代殺乃失其道也"為解。其義皆是。

第七十五章

民之饑，以其上食稅之多，是以饑。

【註解】

"饑"，當作飢。飢餓，食不足也，無以維生之義。"食稅"，謂徵斂賦稅於民也。

【文義】

謂人民之所以飢（饑）而無以維生者，乃由於其君徵斂賦稅於民之過多也。

【論述】

朱謙之氏以為"《字林》：'飢，餓也。''饑，穀不熟。''民之飢'，正作飢餓解，宜作'飢'，不作'饑'。"是也。

呂吉甫氏以"一夫之耕，足以食數口，則奚至於飢哉！而至於飢者，非以其上食稅之多，故飢耶"為解。所謂"食稅之多"，卽徵斂於民之過多也。李息齋氏以"上多取，則下貧"為解。宋常星氏以"後世之為君者，恣耳目之欲，縱科派之條，厚徵重斂，不知食稅之多，而民不堪命矣。民之饑（飢）皆上之所致也"為解。蔣錫昌氏以"人君欲多，則費大，費大則稅重，此必然之勢也。然稅重則民饑（飢）矣"為解。嚴靈峯氏以"言百姓之遭饑饉而飢餓者，由於在上者橫徵暴斂，賦役太多，有以致之也"為解。其義皆是。

民之難治，以其上之有為，是以難治。

【註解】

"有為"，有所為而為，謂有私欲也。

【文義】

謂民之所以難於治理者，以其君上之有私欲而賦役繁重，法令煩苛，狹民之居，厭民之生，食稅之多，民不聊生，有以致之也。

【論述】

河上公氏以"民之不可治者，以其君上多欲，好有為也"為解。嚴靈峯氏以"言百姓之難於治理者，由於在上者之政令煩苛，有為多事，使民無所措手足，有以致之也"為解。其義皆是。

王弼氏以"言民之所以僻，治之所以亂，皆由其上，不由下也"為解。所謂"皆由其上"，由其上之有所為，而為之多私欲也。

民之輕死，以其上求生之厚，是以輕死。

【註解】

"輕死"，不重死，即不畏死也。民不畏威，鋌而走險之義。"求生之厚"，謂貴生也，縱欲奢汰之義。

謂人民之所以不畏威懼死而輕其生，鋌而走險者，以其君上之貴生而縱欲奢汰，妨民之生，民生無聊所致也。

【論述】

張默生氏以"民為什麼輕死？就是因為在上的奉養太奢，鬧得人民供不應求，所以才輕死"為解。所謂"奉養太奢"，即縱欲奢汰也。所謂"供不應求"，謂賦斂過重，妨民之生，民生無聊也。其義是也。

蘇轍氏以"上以利欲先民，民亦爭厚其生，故雖死而求利不厭，貴生之極，必至於輕死"為解。魏源氏以"我自厚其生，則人亦各欲厚其生；人各欲厚其生而不得，安得不輕死乎！則是民之輕棄其生，由於生生之厚，而民之厚生，由於上之自厚其生，有以誘之而又奪之也"為解。蔣錫昌氏以"此言上養生太厚，則民亦務於爭競，見利忘生，故輕死也"為解。皆言民之競厚其生而輕死者，以其上之厚其生也。河上公氏以"人民輕犯死者，以其求生活之道太厚，貪利以自危""以求生太厚之故，輕入死地也"為解。言人民以求生太厚而輕死也。惟經文為"以其上求生之厚"，非謂人民求生之厚也。

夫唯無以生為者，是賢於貴生。

【註解】

"無以生為"，謂不以貴生為事也。"賢"，勝也。

【文義】

　　謂人君不以縱欲奢汰而貴生為事，輕賦薄斂，民安其生，而不輕其死鋌而走險，則國家治平，是勝於貴生也。

【論述】

　　高亨氏以“‘無以生為者’，不以生為事也，卽不貴生也。君貴生，則厚養，厚養則苛斂，苛斂則民苦，民苦則輕死。故君不貴生，賢於貴生也”為解。其義是也。

　　河上公氏以“夫唯獨無以生為務者，爵祿不干於意，財利不入於身，天子不得臣，諸侯不得使，則賢於貴生也”為解。此以個人“無以生為”而解之也。然經文之義，似指國君而非個人也。

第七十六章

人之生也柔弱，其死也堅強；

【註解】

"柔弱"，柔輭也，曲伸自如之義。"堅強"，剛直也，僵硬之義。

【文義】

謂人在生時，其肢體柔輭，曲伸自如；人當死後，其肢體僵硬，直而不曲。此以人之生死，而喻柔弱之可貴也。

【論述】

成玄英氏以"言人生存有命，則肢節柔弱；及其死也，則骨肉堅強"為解。蔣錫昌氏以"此以人類生死現象，表示柔弱之可貴"為解。其義均是。

草木之生也柔弱，其死也枯槁。

【註解】

"枯槁"，枯萎也，易折之義。

【文義】

謂草木當其生時，枝條柔輭，不易摧折；當其死時，枝條枯萎，易於摧折。此以草木之生死，而喻柔弱之可貴也。

【論述】

王弼本"草木"之上，有"萬物"二字。據蔣錫昌氏、嚴靈峯氏之考正，皆以"萬物"二字為衍文。其說是也，因據刪。

王弼本"柔弱"二字作"柔脆"。蘇轍本、葉夢得本並作"柔弱"。蔣錫昌氏以為"'脆'作'弱'諡誼。"高亨氏亦以為"'柔脆'作'柔弱'為勝。蓋'柔弱'二字，乃本章之主幹也。"其說均是，因據改。

成玄英氏以"草木之類，生時輭脆（弱），及其死也，條柯枯槁"為解。蔣錫昌氏以"此以草木現象，表示柔弱之可貴"為解。其義均是。

故堅強者死之徒，柔弱者生之徒。

【註解】

"徒"，通涂，道路也。

【文義】

謂人與草木，其生時柔弱，其死時堅強枯萎，是以堅強為走向死亡之路，而柔弱則為走向生存之路。

高亨氏《老子正詁》引馬如龍曰:"徒,讀為道途之途。"馬
氏之說是也。

河上公氏以"以其上二事觀之,知堅強者死,柔弱者生也"為
解。成玄英氏以"徒,類也。是知行剛強者乖於和理,故與死為類;
行柔弱者,順於和氣,故與生為類。此合喻也"為解。蔣錫昌氏以
"徒,類也。此言堅強者為短命之類,柔弱者為長壽之類也"為解。
皆以"徒"為"類"也。河氏所謂"堅強者死,柔弱者生",未必
然也。蔣氏以"生"、"死"為"長壽"、"短命",似亦不適;不若
以"生"、"死"為"生存之路","死亡之路"為勝也。

是以兵強則滅,木強則折,強梁者不得其死。

【註解】

"兵強",謂恃兵以稱強也。"滅",滅亡,謂有滅亡之虞也。"木強",謂木之堅強
者。"折",斷也,謂易於折斷也。"強梁",剛暴也。"不得其死",謂不能善終也。

【文義】

謂恃兵以稱強於世者,則有滅亡之虞;木之堅強者,則易於
斷折;人之剛暴者,不能善終。皆言柔弱之可貴也。

【論述】

"兵強則滅,木強則折",王弼本原作"兵強則不勝,木強則
兵。"嚴靈峯氏據黃茂材、俞樾、易順鼎、奚侗、劉師培、蔣錫
昌、陳柱諸氏之說,並加考證,以為當改正如文。茲從之。

　　　　　　　　　　　　　　　老子章句淺釋

“強梁者不得其死”句，自四十二章移此，說見該章。

蔣錫昌氏以“此以兵、木之強，表示柔弱之可貴”為解。嚴靈峯氏以“凡以窮兵黷武，逞強於天下者，必至滅亡。凡木之堅牢強固者，必至折傷。‘堅強者死之徒’……恃強者不得善終也”為解。其義皆是。

強大處下，柔弱處上。

【註解】

“強大”，謂堅大之物，木之根幹是也。“柔弱”，謂輭小之物，木之枝條是也。

【文義】

謂以木而言，其強大之根幹居處於下，其輭小之枝條則居處於上。此以木之生長而喻柔弱之可貴也。

【論述】

高亨氏以為“‘強大’宜作‘堅強’，上文再言堅強，是其證。”其說可供參考。王弼氏以“強大，木之本也。柔弱，枝條是也”為解。成玄英氏以“堅強之木居下，柔弱之條處上”為解。嚴靈峯氏以“凡強大之物，皆居於下；凡柔弱之物，皆居於上。如草木近根莖之幹皆強大而居下；近末稍之枝葉，皆柔弱而居上也”為解。其義皆是。河上公氏以“興物造功，大木居下，小物處上”為解。此以營造為例而解之也。蔣錫昌氏以“強大者，死之徒，故處下。柔弱者，生之徒，故處上也”為解。皆可通。惟不若王弼、成玄英、嚴靈峯諸氏之解為勝也。

第七十七章

　　天之道，其猶張弓與？ 高者抑之，下者舉之，有餘者損之，不足者補之。

【註解】

"天之道"，謂自然之道也。"張弓"，謂開弓以射的也。"抑之"，損之使低也。"舉之"，謂舉之使高也。"有餘者"，謂高也。"不足者"，謂低也。

【文義】

　　謂自然之道，平而無私，如開弓以射的。開弓時，高者損之使低，低者舉之使高，務使其持平，而後可以中的。此以張弓而喻道之平而無私也。

【論述】

　　河上公氏以"天道闇昧，舉物類以為喻也""言張弓和調之，如是乃可用。夫抑高舉下，損強益弱，天之道也"為解。宋常星氏以"道貴乎平，平莫平於張弓。天之因物付物，無此足而彼歉，

　　　　　　　　　　　　　　老子章句淺釋

無或厚而或薄，其猶張弓之不可高，不可下。此即明張弓之義，以喻天道之意。張弓者，高不可不抑，下不可不舉。高為有餘，有餘則不可以命中，損有餘，乃能與的相對。下為不足，不足亦不可以命中，舉不足，乃能與的相當。張弓之道，即天之道。即是以小見大之義也」為解。呂吉甫氏以「天之道，無為而已矣。無為則無私，無私則均，猶之張弓也」為解。黃茂材氏以「天之道，無高、無下，無有餘、不足，譬之張弓然，適其平而已」為解。其義均是。

「有餘者損之，不足者補之。」，張默生氏以「弦長有餘，則損之使短；弦長不足，則補之使長」為解。高亨之解同此。蓋以「張弓」為「施弦於弓」以為解也。此「張弓」，應為開弓以射的，而弦已在弓，故其所解弦長則損之使短，弦短則補之使長，似與經文之義不恰也。

天之道，損有餘而補不足；

【文義】

謂自然之道，無為無私，其所施於萬物者，平如張弓之損有餘而補不足，言道之無私也。

【論述】

各家解《老子》者，或以寒暑之循環，陰陽之消長為釋；或以謙受益，滿招損為釋；或以天道惡盈而好謙為釋；或以衰多以益寡為釋；或以天道損有餘而益謙為釋；要皆非經文之旨。惟劉驥氏以「天道出於自然，故損有餘而補不足」為解。周紹賢氏以

"予萬物以平等之待遇，使各遂其生"為解。其義尚近是也。

人之道則不然，損不足以奉有餘。

【註解】

"人之道"，謂世俗人君之所行也。"不足"，謂貧苦之民也。"有餘"，謂國君也。國君富有四海，故云。

【文義】

謂世俗人君之所行，與自然之道之無為無私相反，徵斂天下貧苦之民而以之自奉也。

【論述】

經言治國之道，下文並有"孰能以有餘以奉天下？"能以其有餘以奉天下萬民者，國君是也。故釋"人之道"為世俗人君之所行也。

陸希聲氏以"損其不足之民，以奉有餘之君"為解。嚴靈峯氏以"損天下之不足，以奉一己之有餘"為解。所謂"不足之民"，"天下之不足"，皆謂貧苦之民也。所謂"以奉有餘之君"，"以奉一己之有餘"，皆以"有餘"為國君也。其義均是。

其他註者之以普通之人情世故而解"人之道"者，似皆非經文之旨。

孰能以有餘以奉天下？唯有道者。

【註解】

"天下"，謂天下萬民也。"有道者"，謂行與道合之君也。

【文義】

謂誰能以其有餘之資，以奉天下之萬民？唯有行合於道之國君也。言人君之治國，當法道之無為無私以惠民也。

【論述】

河上公氏以"言誰能居有為之位，自省爵祿，以奉天下不足者乎？惟有道之君能行也"為解。成玄英氏以"孰，誰也。言誰能有餘財德以施天下蒼生乎？唯當體道之人，獨能濟物"為解。蔣錫昌氏以"此言世之人君，孰能以有餘奉天下乎？唯有道者能之也"為解。其義皆是。

是以聖人為而不恃，功成而不處，其不欲見賢。

【按】

奚侗氏以為"三句與上文誼不相承，上二句已見二章，又複出於此。"陳柱氏以為"'為而不恃'二句，當是第二章之複錯。"其說是也，據刪。嚴靈峯氏以為"其不欲見賢"，此句當在五十八章'光而不耀'句下。"其說是也。照移。

蔣錫昌氏以為奚說非是。其言曰："《說文》：'賢，多財也。'三章'不尚賢，使民不爭。'謂不尚多財，使民不爭也。此'賢'亦訓多財，即指上文之'有餘'而言。此言聖人為而不恃有餘，功成而不處有餘，以其根本不欲見自己之有餘也。三句正承上文而言。奚說非是。"可供參考。

第七十八章

天下莫柔弱於水，而攻堅強者莫之能勝；

【註解】

"莫"，無過於也。"攻"，摧也。

【文義】

謂天下物性之柔弱者，無過於水，而力能摧破堅強之物者，亦無過於水也。

【論述】

河上公氏以"言水柔弱，圓中則圓，方中則方，壅之則止，決之則行。水能懷山襄陵，磨鐵消銅，莫能勝水而成功也"為解。呂吉甫氏以"天下之物，唯水能因物之曲直方圓而從之，則是柔弱莫過於水者也。而流大物，轉大石，穿突陵谷，浮載天地，唯水為能，則是攻堅強者無以先之也"為解。皆言水以柔弱之故而力能摧破堅強者也。其義皆是。

老子章句淺釋

以其無以易之。

【註解】

“以”，用也。“其”，謂水也。“易”，輕也。

【文義】

謂用水之柔弱，無物可以輕之，卽無物可以勝之也。

【論述】

王弼本經文無第一個“以”字。陶鴻慶氏以為“傅奕本作‘以其無以易之也。’據王註云：‘以，用也。其，謂水也。言用水之柔弱，無物可以易之也。’是其所見本，亦有‘以’字，故順文解之。”蔣錫昌氏以為是，故據補。上兩句，言天下物性之柔弱者，無過於水，而力能摧破堅強之物者，亦無過於水，卽柔弱可以勝剛強也。據上兩句之義，以喻人能法水之柔弱而用之，則無人可以輕易之，卽無人可以勝之也。王弼氏以“言用水之柔弱，無物可以輕之也”為解。謂柔弱之不可輕也。其義是也。

弱之勝強，柔之勝剛，天下莫不知，莫能行。

【註解】

“弱”、“柔”，謂水之性也。“強”、“剛”，謂堅強之物也。“行”，謂法水之柔弱也。

【文義】

謂水性柔弱而攻堅強者莫之能勝，是知柔弱之勝剛強也。天下之人，無有不知此理者，然莫能法水之柔弱，而不免於剛強也。

【論述】

　　成玄英氏以"水能攻於堅強，故知柔弱勝於剛強。此乃愚智同知，而舉世無能依行者也"為解。所謂"依"，即"法"之義也。蔣錫昌氏以"此言水之道，柔弱可以勝剛強，天下莫不知，然竟莫能行也"為解。其義皆是。

　　河上公氏以"水能滅火，陰能消陽""舌柔齒剛，齒先舌亡""知柔弱者長久，剛強者折傷也""恥謙卑，好強梁"為解。其義亦是。惟上文言水性柔弱，而攻堅強者莫之能勝，故所謂"弱能勝強，柔能勝剛"，係以水為例而言也。故河氏之解，不若成氏、蔣氏之解為勝也。

　　是以聖人云：受國之垢，是謂社稷主；受國不祥，是謂天下王。

【註解】

"受"，承受也。"垢"，同訽，恥也。"不祥"，災殃也。"社稷主"、"天下王"，皆謂國君也。

【文義】

　　謂為國君者當承受國之恥辱與國之災殃，即對於恥辱之事與災殃之來，當引以自責而不責於人，效水之柔弱處下也。

【論述】

　　宋常星氏以"外奸內宄，賊寇攘奪，以至不尊王法，不忠不孝，皆國之垢也。不歸罪於民，而必引責於己者，受國之垢

　　　　　　　　　　　　　　　　老子章句淺釋

也……過於旱，過於澇，瘟蝗夭折，以至饑饉流離，皆國之不祥也。不曰氣數民心，必曰予一人之不善。不歸罪於氣數民心，而無不引責於己者，受國之不祥也"為解。其義是也。

蔣錫昌氏以為"凡《老子》書中所言'曲'、'枉'、'窪'、'敝'、'少'、'雌'、'柔'、'弱'、'賤'、'損'、'嗇'、'慈'、'儉'、'後'、'下'、'孤'、'寡'、'不穀'之類，皆此所謂'垢'與'不祥'也。"蔣氏所引《老子》書中之"曲"以至於"不穀"等，乃處事治國之道，非國之垢、國之不祥，故其解似誤。

李宏甫氏以"夫山藪藏疾，至柔也；川澤納汙，至弱也。苟為社稷主而不能受多方之垢，為天下王而必欲國家之無妖孽，四海之無凶人，可得耶？雖欲剪除而撲滅之，祇自勞耳"為解。所謂為社稷主受多方之垢，固是；惟所謂剪除撲滅四海之妖孽、凶人，為"祇自勞耳"，則非"受國不祥"之義也。蓋為國家者，對四海之妖孽、凶人，必謀剪除撲滅，以為安邦福民之計也。

正言若反。

【註解】

"正言"，合乎道之言。

【文義】

謂"受國之垢"，"受國不祥"，為合乎道之言，而世俗之人，則以為反言，以世俗之人不知"道"也，即"道"之所行與世俗之見相反也。

【論述】

蘇轍氏以"正言合道而反俗，俗以受垢為辱，受不祥為殃也"為解。其義是也。《老子》書中"正言若反"者甚多，讀者幸留意焉。

老子章句淺釋

第七十九章

和大怨，必有餘怨，報怨以德，安可以為善！

【註解】

"和"，解也，平也。和解平息之義。"怨"，仇恨也。"餘怨"，怨未盡釋也。"報怨以德"，語見《論語·憲問篇》。謂以恩德報仇怨，不念舊惡也。"安"，何也。"善"，善策也。

【文義】

謂大怨既結，雖加和解而平息之，其怨必難盡釋；報之以德，以解其怨，而餘怨仍在，何可謂之善策！此非謂報怨以德之非是，乃極言怨之不可結也。怨生為爭，不爭，則無怨矣。故經文之義，乃在言不爭之要也。

【論述】

"報怨以德"一句，原為王弼本六十三章經文，馬敍倫氏以為此句當在本章之首。高亨氏、嚴靈峯氏以為當在"必有餘怨"句下。茲採後說移之。

嚴靈峯氏以"大怨，積小怨而成，其怨深。餘怨，藏宿於中而不盡。言大怨雖平，而餘怨難以盡去也""言既有餘怨，又焉可以和怨為善耶"為解。言和怨不足以盡去所怨，不足以為善也。然則所謂善者，不結怨而已，欲不結怨，惟有不爭也。其義是也。

高亨氏以"安，猶爰也，乃也。言和大怨必有餘怨，若報怨以德，則宿怨盡釋，乃可以為處怨之善道也"為解。報怨以德，所以解怨也。而和大怨，必有餘怨，則宿怨不能盡釋也。且經文之義，在於怨不可結，事不可爭，故其說雖通而非是。

蔣錫昌氏以"人君不能清靜無為，而耀光行威，則民大怨生。待大怨已生，而欲修善以和之，則怨終不滅，此安可以為善乎"為解。所謂"安可以為善乎"，言和怨不足以為善策也。此以人君之治國為解。亦通。

是以聖人執左契，而不責於人。

【註解】

"聖人"，謂有道之士。"左契"，契，券要也。右為尊，（見《禮記·曲禮》鄭註）則右券為尊，即右券為上也；右券為上，則左券為下。故執左券乃以喻謙卑柔下也。"責"，求也。

【文義】

謂有道之士，自處謙卑柔下，而不有所責求於人，故無怨於人也。

【論述】

王弼氏以"執左契者，防怨之所由生也"為解。其說是也。

吳澄氏以"執左契不責於人，無心待物也。契者，刻木為券，中分之，各執其一，而合之以表信。取財物於人曰責。契有左右，左契在主財者之所，右契以付來取財物之人。則執左契者，己不責於人，待人來責之於己，有持右契來合者卽與之，無心計較其人之善否"為解。若謂"無心待物"，則又何必刻木以為信！蔣錫昌氏以"言聖人執人所交左契而不索其報也。如此則怨且無由生，復何和之有乎"為解。若謂"不索其報"，則何必執人所交左契！故吳、蔣二氏之說，皆頗牽強。不如解左契為喻聖人之自處謙卑柔下，不與人爭之為勝也。蓋不與人爭，則怨無由生矣。

有德司契，無德司徹。

【註解】

"有德"，謂持"道"以行者，卽上文所謂之聖人。"司契"，司，主也。謂執左契而不責於人，自處謙卑柔下也。"無德"，謂行不由道者也。"司徹"，徹，周之稅法，言取賦於人民，以喻人君之橫徵暴斂也。

【文義】

謂持道以行之聖人，自處謙卑柔下而不責於人。行不由道之人君，則橫徵暴斂，苛求於人民，是以結人之怨也。

【論述】

蔣錫昌氏以"徹，乃周之稅法。言有德之君主，執左契而不責於人；無德之君主，以收稅為事。不責於人，則怨無由生；取於人無厭，則大怨至也"為解。所謂"以收稅為事"，"取於人無厭"，即橫徵暴斂之義也。高亨氏以"'徹'，疑當作'殺'……有德之君，仁而多施，故曰司契；無德之君，暴而多刑，故曰司殺。司契者善人，天之所福；司殺者不善人，天之所禍。故下文曰'天道無親，常與善人。'以戒人君勿司殺而司契也"為解。其疑"徹"為"殺"，並解"司殺"為暴而多刑，頗為牽強。不若經解"徹"為橫徵暴斂之為勝也。

天道無親，常與善人

【註解】

"天道"，謂自然之道。"無親"，無私之義。"善人"，謂如執左契，謙卑柔下以自處而不責於人者。

【文義】

謂自然之道，無親疏之私；人能以謙卑柔下以自處者，自獲福祐，此乃自然之道。言人當法道，亦所以勵人之為善也。

【論述】

嚴靈峯氏以"有道之士，知雄守雌，知白守黑，以曲全，以枉直，以少得，故曰：常與善人也"為解。所謂"以曲全，以枉直，以少得"，即以能守曲、枉、少之道而自獲福祐也。

魏源氏以"善人雖常受虧於人，而天不虧之也。安有善人不矜勝而天遂不助之者哉！然則柔之勝剛，弱之勝強，昭然明矣"為解。所謂"柔之勝剛，柔之勝強"，此自然之道也。能守謙卑柔下者，自獲福祐，以此為自然之道也，非天之有意助之也。

第八十章

小國寡民，使有什伯之器而不用。

【註解】

"什伯之器"，什伯，部曲名，十人為什，百人為伯。器，材能也。謂其材能堪為什伯之長者。

【文義】

謂國土既小，人民又少，使有堪為什伯之材能者，而無所用之。言不以戰爭為事也。

【論述】

高亨氏以為"'使'下當有'民'字。下文再言'使民'，是其證。"

"什伯之器"，蘇轍氏以"'什伯之器'，則材堪任什夫、伯夫之長者"為解。吳澄氏以"什伯之器，重大之器，眾所共也"為解。卽什伯共用之兵器也。俞樾氏以"'什伯之器'，乃兵器也。"

為解。高亨氏亦以為是。惟下文有"雖有甲兵，無所陳之。"故此所謂"什伯之器"，似不當解作兵器也。以蘇氏之說為是。

使民重死而不遠徙，雖有舟輿，無所乘之。

【註解】

"重死"，以死為重，惜其生命之謂。"遠徙"，遠遷他鄉以求生也。

【文義】

謂使民重惜其生命，而不遠遷他鄉以求生，雖有舟車，無所用也，卽使民能安其生業也。民生既安，自無遠徙之念矣。

【論述】

河上公氏以"君能為民除害，各得其所，則民重死而貪生也""政令不煩，則安其業，故不遠遷徙，離其常處"為解。所謂"各得其所"，"安其業"，民生安也。吳澄氏以"重死者，以死為重事，而愛養其生。不遠徙者，生於此，死於此，不他適也"為解。以民不他適之故，舟車無用矣。張默生氏以"使民看重生命，而不向遠處遷徙，這樣，舟車也沒有地方用了"為解。其義均是。

雖有甲兵，無所陳之。

【註解】

"甲兵"，堅甲利兵，戰爭所用。"陳"，讀陣，列兵作戰也。

【文義】

謂不以戰爭為事，"使民有什伯之器而不用"，故雖有堅甲利兵而不用之於戰爭，是甲兵無用也。

【論述】

吳澄氏以“無所陳，不用也。無所爭，則無用乎甲兵”為解。戰起於爭，無爭，則無戰；無戰，則無用乎甲兵矣。劉驥氏以“恬然自足，不相紛爭，故雖有甲兵，無所陳之”為解。曹道沖氏以“大國不侵，小國守土，介胄戈矛，不戰安用”為解。周紹賢氏以“國家宴然無事，無須東征西伐，雖有堅甲利兵，亦無處列陣應戰。蓋既無內亂，自無內戰；不預國際糾紛，亦無國際戰爭也”為解。其義皆是。

使民復結繩而用之，甘其食，美其服，安其居，樂其俗。

【註解】

“結繩”，上古無文字，結繩以紀事，以喻生活之簡樸也。

【文義】

謂使人民生活簡樸，自以其所食為甘，自以其所服為美，自以其所居為安，自以其習俗為樂；淡泊知足，而不事於奢糜也。

【論述】

“使民復結繩而用之”，宋常星氏以“結繩者，上古之時，文字未有，書契未造，結繩為政，而民自化，可謂樸素之至矣。後世文漸開，民心亦漸入於薄，故想像其使民復還結繩之樸”為解。所謂“想像其使民復還結繩之樸”，使民生活復歸於簡樸也。其義是也。王弼氏以“事簡民純，故無用文契”為解。吳澄氏以“民淳事簡，上古結繩之治必可復，雖有書契，亦可不用"為解。蘇轍氏以"事少民樸，雖結繩足矣"為解。蔣錫昌氏以"事簡民純，書契無用，故結繩可復"為解。張默生氏以"使民回復到結繩記事的狀況，這是說不用文字，不要求知識的"為解。皆以使民回復到結繩記事之時為解，似非經文之義。蓋社會不斷進化，老子豈不知結繩之治之不可復，文字之不能不用耶！故經文之義，當為使人民生活如結繩時代之淡泊知足，而不事於奢靡也。

鄰國相望，雞犬之聲相聞，民至老死，不相往來。

【註解】

"鄰國相望，雞犬之聲相聞"，謂疆場之地，卽鄰國之間接壤之地。"老死"，終其生也。

【文義】

謂鄰國疆場之民，相處至近，彼此可以相望而見，雞犬吠鳴之聲，可以互聞，而民有終其生不相往來者，以各安其安，各足其足，無所需，無所求也。言國家治平，民安其生，則民無流離之患也。

【論述】

河上公氏以"相去近也""其無情欲"為解。王弼氏以"無所欲求"為解。所謂"無情欲"，"無所欲求"，卽無所需，無所求也。曹道沖氏以"自耕自織，不闕衣食，無與無求，往來何益"為解。言民各安其生，故無往來也。焦竑氏以"相望相聞，近也。

老子章句淺釋

至老死，久也。近而且久，不相往來者，各足故也”為解。所謂
“各足”者，各足其所需也。其義皆是。

　　“民至老死不相往來”，言往來之少，民無流離也，不宜執著
於疆場之民，皆無往來或永無往來也。《禮·王制》：“關，譏而不
征。”疏：“境上門也。”《周禮·地官序官》：“司關”註：“界上
之門也。”所謂“境”、“界”，謂國境、國界，卽疆場之地也。國
境、國界設關，所以司出入也；既有司出入之關，則民有往來之
證也。故其解不宜執著於疆場之民皆無往來或永無往來也。

第八十一章

信言不美，美言不信。

【註解】

"信言"，誠實不欺之言。"不美"，美，甘也。謂不悅耳也。"美言"，甘言也。謂巧言媚辭也。"不信"，浮誕虛偽也。

【文義】

謂誠實不欺之言，聽不悅耳，俗所謂"忠言逆耳"。然其合於道，可以信。巧言媚辭，雖聽之悅耳，然浮誕虛偽，不合於道，不可信也。

【論述】

河上公氏以"信言者，如其實；不美者，樸且質也""美言者，孳孳之華詞；不信者，飾偽多空虛也"為解。劉驥氏以"信言合於道，美言悅於人"為解。成玄英氏以"信，實也。美，浮艷也。言上德之人，冥真契道，所說言教，實而不華；浮艷之言，俗中小說，既乖至理，所以不信”為解。宋常星氏以“言之有物，言之有徵者，信言也。若美言則必巧為悅人，或稱譽比擬以為工，而究其實，則虛誕無憑”為解。其義皆是。

善者不辯，辯者不善。

【註解】

“善者”，謂持道以行之人。“辯者”，辯，巧言也，謂以巧言爭勝於人者也。

【文義】

謂持道以行之人，篤於行道，不以巧言爭勝於人。以巧言爭勝於人者，非篤於行道者也。

【論述】

河上公氏以“善者，以道修身；不辯者，不綵文也。”“辯者，謂巧言也；不善者，以舌致患也”為解。所謂“以道修身”，持道以行者也。所謂“不綵文”，不以文飾之巧言爭勝於人也。所謂“以舌致患”者，言以巧言爭勝於人，將有禍患也。曹道沖氏以“其行實善，不假辯說；心行不善，自疑而巧說”為解。所謂“其行實善”，行合於道也。所謂“不假辯說”，不逞口舌與人爭勝也。其義皆是。

宋常星氏以“言可以發明天理，言可以‘道’達人事者，善言也。善言則必與人心合，不徒以言爭勝於人，不為巧辭奇說，自然不辯。若辯者禦人取足於口，席上之機鋒甚健，人雖不得不屈，而是者能變為非，邪者能變為正”為解。以言合於道者為“善”也，以詭變是非邪正之言為“不善”也。

知者不博，博者不知。

【註解】

"知者"，謂知"道"而篤行之人。"博"，廣也，多務之義。亦可解為多私欲。

【文義】

謂知"道"而篤行之人，惟務於道，道外皆非所知。多務道外之事，非知道者也。亦可釋為知道而篤行之人，無私無欲。多私欲之人，非知"道"者也。

【論述】

河上公氏以"知者，謂知道之士。不博者，守其一元也""博者，多見聞；不知者，失其要真也"為解。蔣錫昌氏以"知無為之義者，不博；博者不知也"為解。蔣氏所謂"知無為之義者"，即河氏所謂"知道之士"也。無為者，無私欲也。河上公氏所謂"守其一元"者，謂守道不渝也。所謂"失其要真"，言失道也，即不合於道也。

王弼氏以"極當在乎至微，何事於博""溺乎事物之眾，而不能反約，愚之甚者，安在乎有知"為解。所謂"至微"，謂道也。所謂"溺乎事物之眾"，為眾事眾物所惑陷也，即多私欲之義也。

聖人不積，既以為人己愈有，既以與人己愈多。

【註解】

"不積"，謂施德不吝，以財施人也。"既"，盡也。

　　　　　　　　　　　　老子章句淺釋

【文義】

謂聖人治國，守道之無為無私，盡其所有，不吝施德以惠民，不吝施財以與人。其德彌高，其報彌廣，為人所尊，為人所歸，天下樂推而不厭；是以既以為人，與人，而己愈有、愈多也。

【論述】

河上公氏以"聖人積德不積財，有德以教愚，有財以與貧也""既以為人，施設德化，己愈有德""既以財賄布施與人，而財益多，如日月之光，無有盡時也"為解。王弼氏以"無自私有，唯善是與，任物而已""物所尊也。""物所歸也"為解。所謂"無私自有"，言守道之無為無私也。所謂"唯善是與"，以德惠民與以財與人也。成玄英氏以"積，聚也。言聖人有財惠物，有德教人，故不積也""既，盡也。為，施化也。言己所有道德，盡持教人，而心無鄙吝，德彌高遠，故言愈有，此德施也""所有財寶，盡持施散，而果報彌廣，故云愈多，此財施也"為解。其義均是。蘇轍氏以"聖人抱一而已，他無所積也。然施其所能以為人，推其所有以與人，人有盡而物無盡，然後知一之可貴也"為解。所謂"一"，指道也，謂聖人守道以治國，道之用無窮也。

蔣錫昌氏以"四十四章'多藏必厚亡。'此言聖人無藏。《莊子·天下篇》所謂'以有積為不足，無藏也，故有餘'也。此言聖人盡以為人，則己所得愈有；盡以與人，則所得愈多"為解。所謂"多藏"，即多藏財貨也。言以財貨為人、與人也。

天之道，利而不害；聖人之道，為而不爭。

【註解】

"天之道"，謂自然之道。"聖人之道"，謂聖人治國之道。"為"，施也。

【文義】

謂自然之道，生成萬物，有利於萬物，而無害於萬物。聖人治國，法自然之道，施德惠於民，無為無私，而無名利之爭也。

【論述】

河上公氏以"天生萬物，愛育之令長大，無所傷害也。聖人法天所施為，化成事就，不與天下爭功名，故能全其聖功也"為解。所謂"法天所施為"，言法道也。所謂"化成事就"，言國家治平，民安其生也。所謂"不與天下爭功名"，言功成而弗居也。成玄英氏以"天然之道，生成萬物，利益弘多，有何損害""聖人上德，法道虛通，施為至教，化被羣品，謙以自牧，成功不居，推功於物，故言不爭也"為解。其義皆是。

呂吉甫氏以"凡物有所利；則有所不利；有所不利，則不能不害矣。唯天之道無所利，則無所不利；無所不利，則利而不害矣。凡物之有為者，莫不有我，有我故有爭。聖人之道，雖為而無為，無為故無我，無我故不爭，是天之道而已矣"為解。所謂"無所利"，卽無為無私也。無為則無我，無我則不爭。故自然之道與聖人之道一也。蔣錫昌氏以"為，施也。此言自然之道，利而無害，聖人之道，施而不爭也"為解。其義亦均是。

後　記

　　中國之有變，始于外患。而外患足以震撼國人之信念。外患侵入，國人不在改良中喪失，便在革命中淪陷。期間眾人一直追尋的便是一種"道"。傳統之道，或是外夷之道。遍尋古今，縱橫中外，對"道"的闡述最為經典權威的可謂是老子的《道德經》。這部僅有五千餘字的經典分為《道》和《德》兩部分。上至自然規律之萬象，下至修齊治平之根本，古今中外，無能出其右者。新陳代謝、物質循環，演成日新月异之物質文明世界，是蓋有道存焉。萬物負陰而抱陽，沖氣以為和。體悟天道，人與天地萬物本同為一體，又豈能物我兩分？天生五行，海納百川，自然本自我，自我為本然。宇宙天地之運動，世界生化之發展，皆依道而存，循規而行。若然盲目開采，過度索取，使環境惡化，終累及自身。道為自然間一切科學，德由道而生人類智慧。知孔子有為修齊治平，而後知老子無為修齊治平。無為，似無而實有之為，生而不有，為而不恃。吾之為民，因吾有國；我之為人，故我齊家。是無私慾之為，無妄作之為，却又是義所當為，理所應為。以道莅天下，以德安民心，則天得一清，地得一寧，天地清寧，河瀰海夷，天下大同也。大地承載人，容納人，蒼天又予人以陽光雨露，因道天地得以自然運行，而後又返回自身。正是大曰逝，逝曰遠，遠曰反。故道大，天大，地大，人亦大。域中有四大，而人居其一焉。此是常理。人乃萬物之靈，各具本能，咸擁仁智。居於物慾混顛之社會，當以"道法自然"為宗旨，以自然無為為綱紀，以依道修身為中介，做到自身意念，無欲無為，無為而有為，無為而勝有為。隨着現代社會發展，人與自然，人與人，人與社會之間的矛盾日益顯現，而這些矛盾的產生在於過於強調功利和競爭。要實現人與自然，人與人，人與社會之間的和諧，"無為"恰是一劑良藥。《道德經》作為道家思想的代表作，用韻文寫成的哲學詩，短短五千言，却凝結中國古代哲人智慧，對兩千多年來中國社會發展歷程產生了極其巨大而深遠的影響。古代之盛世、近現代之改革發展已經證明，中國未來之命運也必將證明，眾人一直追尋的"道"，終將是"無為"之道。本書著者劉瑞符先生，民國二年生，河南新鄭人氏。早年做過教師，創辦過出版社，後參加國民革命，於一九四七年當選第一屆國民大會河南省代表。後東退臺灣。一九八零年退官後，執念古籍，著有《謀略》《中國古代兵法類編》《讀史兵略評釋》《老子章句淺釋》《易論》等數百萬字。

余二零零零年赴臺拜會先生時，先生自感身體欠佳，遂將所有著述版權交付于余。之後不久先生便駕鶴西逝。余惠巨著却宕

486　　　　　　　　　　　　　　　　**老子章句淺釋**

延至今方有緣出版先生之《老子章句淺釋》，時值清明，慨然深念
泪下盈襟。先生在書中以顯證微，微顯並舉。雖著於上世紀七十
年代，可對當下之社會，依然有諸多參考之處。承北京大學哲學系
博士生導師、中國哲學暨文化研究所所長李中華教授鑄詞推贊，
定令原著燁燁生輝贊譽有加。謹此深表謝意。

何曉岩

二零一三年四月四日於深圳聽雨軒

後 記

圖書在版編目（CIP）數據

老子章句淺釋 / 劉瑞符著．-- 北京：社會科學文獻出版社，2016.6
（述而作）
ISBN 978 - 7 - 5097 - 9225 - 4

Ⅰ．①老…　Ⅱ．①劉…　Ⅲ．①道家②《道德經》- 研究　Ⅳ．①B223.15

中國版本圖書館 CIP 數據核字（2016）第 119061 號

·述而作·

老子章句淺釋

原　　著／劉瑞符
校　　訂／何曉岩

出 版 人／謝壽光
項目統籌／宋月華
責任編輯／范明禮　侯培嶺

出　　版／社會科學文獻出版社·人文分社（010）59367215
　　　　　　地址：北京市北三環中路甲 29 號院華龍大廈　郵編：100029
　　　　　　網址：www.ssap.com.cn
發　　行／市場營銷中心（010）59367081　59367018
印　　裝／北京盛通印刷股份有限公司

規　　格／開　本：889mm × 1194mm　1/32
　　　　　　印　張：16.125　字　數：344 千字
版　　次／2016 年 6 月第 1 版　2016 年 6 月第 1 次印刷
書　　號／ISBN 978 - 7 - 5097 - 9225 - 4
定　　價／59.00 圓